国家社会科学基金一般项目"医患关系规则的法政策学研究"
（15BFX033）成果
南京医科大学学术著作出版资助项目"医患关系的法政策学研究"
（NMUZ20231002）成果

医患关系规制的法政策学研究

——基于医患冲突的实证分析

曾日红 著

中国政法大学出版社

2024·北京

声　　明	1. 版权所有，侵权必究。
	2. 如有缺页、倒装问题，由出版社负责退换。

图书在版编目（CIP）数据

医患关系规制的法政策学研究 / 曾日红著. -- 北京：中国政法大学出版社, 2024. 5. -- ISBN 978-7-5764-1552-0

Ⅰ. D922.16

中国国家版本馆 CIP 数据核字第 2024C0Y006 号

出 版 者	中国政法大学出版社
地　　址	北京市海淀区西土城路 25 号
邮寄地址	北京 100088 信箱 8034 分箱　邮编 100088
网　　址	http://www.cuplpress.com（网络实名：中国政法大学出版社）
电　　话	010-58908586(编辑部) 58908334(邮购部)
编辑邮箱	zhengfadch@126.com
承　　印	固安华明印业有限公司
开　　本	720mm×960mm　1/16
印　　张	14.25
字　　数	240 千字
版　　次	2024 年 5 月第 1 版
印　　次	2024 年 5 月第 1 次印刷
定　　价	66.00 元

医患关系法律化的问题
（代序）

医患关系的纠结点之一是，究竟谁对医疗具有最终决定的权利。这个问题之所以重要，是因为它对医疗责任的分配很重要。在逻辑上，医疗决定权的主体无非是两个，或是医生，或是患者。由医生决定，就是说，当需要作医疗决定时，医生的意见往往起着主导的作用，患者所要做的仅仅是对于医生指示的遵从。这种医患关系在医学史上被称为"医疗父权主义"，意即医生就像患者的父亲一样充满慈爱，以患者利益为最大利益。在"医疗父权主义"的说法下，医生也被人们誉为"白衣天使"。既然医生是"父亲"、是"天使"，那么也就说明，医患双方的关系充满温情和友善，当然医患纠纷也就无由发生或很少发生。"父亲"和"天使"，作为文学性的比喻，反映了人们对医生伦理的期待。从历史来看，医生决定作为一种普遍的医疗模式，主要发生在传统医学时期。在传统医学时期，医疗信息严重不对称，医疗被看作一种带有某种神秘性的职业，常与"天机不可泄露""祖传秘方不可示人"等警示语联系在一起。巫医就是典型。在这种背景下，患者往往会因担心触怒神灵而产生紧张、恐惧心理，听从医生的安排是其唯一的选择。也就是说，医疗完全由医生决定，并不是因为患者自觉地信任医生，而是因为患者在信息强势的现实下被迫作出的妥协。所以也就可以理解，在"医疗父权主义"下，医患纠纷之所以不发生或很少发生，并非因为患者的温情，而是因为患者没有能力。

与医生决定相对的是由患者决定。由患者决定，就是说，当需要作医疗决定时，患者具有最终决定权，医生的意见只起着次要的作用，医生所要做的仅仅是根据患者的决定作出安排。这种医患关系在医学史上被称为"法律父权主义"，意即法律就像患者的父亲一样充满慈爱，为了患者利益而以法律来规范医生的行为。在"法律父权主义"下，医患双方关系就转变为法律关系，由权利义务规范来调整。"医疗父权主义"转变为"法律父权主义"的物质基础是，现代医学的产生，特别是随着高科技医疗技术的广泛运用，医生垄断医疗信息已难可能。在现代医学技术的支持下，患者作决定的意愿开始增强，医生的神圣性和权威性被逐渐消解。在这种背景下，如果依然坚持"医疗父权主义"，那显然已不合时宜。于是，"法律父权主义"就产生了。

在"法律父权主义"下，患者对医生的诊疗过程具有充分的知情权，并对医疗决定享有完全自主的权利。理论上来说，患者自我决定，任何风险都由患者自担，这就在很大程度上减少了医患的纠纷，而这也应该就是"法律父权主义"代替"医疗父权主义"的重要原因之一。但是，任何事情总是具有两面性。在"法律父权主义"下，医患关系似乎被法律塑造为甲方与乙方的合同关系，患者成了医疗服务的消费者，而医生则成了医疗服务的提供方。这样一来，原本温情的合作关系转瞬之间就变成了相互提防的对立关系。在合同关系下，任何一方都被对方视为潜在的诉讼当事人。患者为免于被宰或便于将来追责，偷着录音、录像，像防贼一样地防着医生，于是过度质疑医生的现象出现了；而医生为了免责，则尽量将诊断交给机器，于是过度检查的现象出现了。我们有理由担心，随着人们法律意识的不断提高，医患对立的态势还将不断升级，并日趋普遍和严重。

医疗过程本身就具有探索性，医疗风险原本就是医疗本身所不可避免的，它的发生具有概率；所以，医生的诊疗必须在一个较为宽松的环境下才能顺利进行。但是，在医疗责任的重压下，医生作为理性人，他/她显然宁愿放弃探索也不愿意冒被患者诉为被告的风险，这就极大地降低了患者的病愈机会。而医生对于科学的探索，也会在医疗责任的重压下望而却步；这也就严重地制约了医疗科学的进步，而这个后果最终也都得由全体患者来买单。也就是说，"法律父权主义"的产生原本是出于维护患者的权益的目的，但发展的结果却反噬到了全体患者的身上，这就事与愿违了。

这个事与愿违的事实就给我们提出了新的问题，即医患关系为什么就不能法律化？医患关系法律化问题的根源究竟在哪里？进一步的问题是，医患关系的紧张与医疗资源的分配究竟有没有关系？我的不成熟思考是，如果患者的医药费有充分的福利保障，他/她或许就没那么在意医生的过度检查。如此一来，患者或许就可以恢复对医生的信任，从而消解医患关系的紧张。当然，找到问题的根源或许容易，但剔除这个根源似乎并不容易。当然，也正因为不容易，所以才更值得人们去思考和研究。

我的博士生曾日红，自博士论文选题以来就一直从事医患关系法律化的研究，迄今以来已经十年有余。最近听说她的著作《医患关系规制的法政策学研究》即将出版，我作为她的导师由衷地替她高兴。上面这几段文字，既是为她的书所作的序，也是我的一点思考，希望有助于她进一步的研究。倘若我的问题最终能被消除，则不只是医生和患者之幸，更是全体国人之幸。

周安平
2023 年 9 月 6 日于南京大学

目 录

导 言 ··· 001
　一、医患关系规制问题的提出 ································· 001
　二、法政策学视角的引入 ······································· 004
　三、以案论理为主的研究路径 ································· 010
　四、医学的特性：医患关系规制的逻辑基础 ················ 012

第一章　医患关系法律属性之争：资源配置机制对交往机制的影响 ··· 018
　一、引发医患关系法律属性之争的因素 ······················ 019
　二、医患关系的契约性 ·· 032
　三、法律对医患关系契约性的强化 ···························· 038
　四、医患关系契约性被强化引发的问题 ······················ 046
　五、医患关系法律属性的多层次性：医患关系的法政策学定位 ····· 055

第二章　医疗纠纷诉讼的启动与纷争：交往机制向矫正机制的演进 ··· 062
　一、医疗纠纷诉讼的启动 ······································· 064
　二、医疗损害过错及因果关系举证责任之争 ················ 077
　三、病历真实性引发的争议 ···································· 096
　四、医方应积极、诚信引导患方：医患纠纷处理的法政策学剖析 ··· 120

第三章 鉴定结论的公正性与科学性：矫正机制对交往机制的审视 … 123
  一、鉴定结论的得出与评判 … 126
  二、交往机制的还原与评判 … 139
  三、医患双方的偏好差异 … 154
  四、鉴定结论对审判结果的影响 … 179
  五、公正而科学的矫正：医患关系新规制目标的法政策学根基 … 192

结　语　法政策学研究的进一步探索 … 198

参考文献 … 212

后　记 … 217

导　言

一、医患关系规制问题的提出

医患关系作为社会关系的一种，以疾病、伤痛为前提而建立，是治疗与被治疗的关系。疾病、伤痛，是人类社会任何阶段都不可回避的话题，医学由此贯穿人类社会的全过程。正所谓，"一部医学史，就是一部人类史"。而这也就意味着，医患关系规制，也是人类所要面对的一个永恒的话题。理想的医患关系应该是互信、合作而富有成效的，其应该作为医患关系规制的航标存在，作为构建、检验医患关系规制体系的标尺。然而，现实中的医患间还存在诉与被诉、伤与被伤等非正常关系。违法犯罪，则直接意味着病态人际关系的存在，其被视为社会危机的一种预警。尤其被治或需治的患方伤害、杀害作为治疗者的医方这一社会现象，更意味着医患关系存在一定程度的危机，需要引起医患关系规制的重视。据统计[1]，2019年1月1日至2020年4月30日期间，人民法院一审审结严重扰乱医疗机构秩序、伤医、杀医等"涉医"犯罪案件共计159件，生效判决涉及189人。2020年5月11日，最高人民法院发布2019年以来审结的8件典型涉医犯罪案例，其中有2起死刑案例，一起为"甘肃兰州杀医案"，一起为"北京民航总医院杀医案"。[2] 几乎与此同时，最高人民检察院

---

[1] 本书统计的相关数据主要以2020年（即新型冠状病毒疫情）之前的、常态下的医患关系为基础。

[2] 甘肃兰州杀医案：2018年1月22日，员某因对治疗效果不满意，在索要高额赔偿未得到满足后蓄意报复，到医生办公室持尖刀、菜刀连续捅刺、砍击医生致死。员某经法院认定，构成故意杀人罪，被依法判处并核准死刑，剥夺政治权利终身，并于2020年5月9日被依法执行死刑。北京民航总医院杀医案：2019年12月24日，孙某因其母就医期间病情未见好转，归咎并迁怒于首诊医生杨某，并在医院急诊科当众持刀行凶，致杨某死亡。孙某经法院认定构成故意杀人罪，被依法判处并核准死刑，剥夺政治权利终身，并于2020年4月3日被依法执行死刑。参见《最高人民法院发布8件人民法院依法惩处涉医犯罪典型案例》，载http://www.court.gov.cn/zixun-xiangqing-228851.html，最后访问日期：2022年8月4日。

统计,2019 年起诉聚众扰医、伤医等涉医犯罪共1637 人,同比下降48.9%。[1]其中,起诉故意杀人、故意伤害、寻衅滋事、聚众扰乱社会秩序等四类涉医犯罪226 人,继2018 年同比下降30.8%后再下降46.9%[2]。再据2019 年 3 月统计,2018 年检察机关就暴力伤医、聚众扰医等犯罪起诉3202 人。[3]此后,伤医、扰医等典型犯罪仍有发生。例如,2020 年崔某国因其眼睛治疗效果未达预期而伤害北京朝阳医院陶某等诊治医生[4];2021 年的"江西吉水杀医案"[5];2022 年 1 月 13 日,武汉儿童医院一医生被砍伤;[6]2022 年 6 月,广西壮族自治区柳州市发生杀医案。[7]

从上述数据与案例不难发现,自2013 年"温岭杀医案"[8]以来,虽然司

---

[1] 参见《最高人民检察院工作报告》(2020 年),载 https://www.spp.gov.cn/gzbg/202006/t20200601_463798.shtml,最后访问日期:2022 年 8 月 4 日。

[2] 《最高检开聊 | 专访张志杰:对暴力伤医犯罪,依法从重从严打击!》,载 https://www.spp.gov.cn/zdgz/202005/t20200528_463455.shtml,最后访问日期:2022 年 8 月 4 日。

[3] 参见《最高人民检察院工作报告(摘要)》(2019 年),载 https://www.spp.gov.cn/zdgz/201903/t20190313_411639.shtml,最后访问日期:2022 年 8 月 4 日。

[4] 崔某因其眼睛治疗效果未达预期,对北京朝阳医院陶某等诊治医生心生怨恨,伺机报复。2020 年 1 月 20 日,崔某持事先准备的菜刀进入北京朝阳医院,将医生陶某及其他三人砍伤。经鉴定,陶某身体损伤程度为重伤二级,其他三名被害人身体损伤程度为一人轻伤二级、二人轻微伤。2021 年 2 月 2 日上午,北京市第三中级人民法院公开宣判了该案,以故意杀人罪判处被告人崔某国死刑,缓期二年执行,剥夺政治权利终身。参见《北京三中院依法对崔某国伤医案宣判》,载 http://bj3zy.bjcourt.gov.cn/article/detail/2021/02/id/5792644.shtml,最后访问日期:2022 年 8 月 4 日。

[5] 2021 年 1 月 26 日,江西省吉安市吉水县人民医院发生一起伤医事件,曾某因不满被害人胡某、赵某的医疗行为,心生怨恨,持匕首刺被害人,致胡某死亡,赵某轻微伤。同年 9 月,吉安市中级人民法院判决被告人曾某犯故意杀人罪,判处死刑,剥夺政治权利终身,同时赔偿附带民事诉讼原告人经济损失 19.7 万余元。参见《江西吉水杀医案二审维持死刑原判》,载 https://www.chinanews.com/sh/2022/01-15/9652996.shtml,最后访问日期:2022 年 8 月 4 日。

[6] 石伟:《武汉江岸警方通报儿童医院伤医事件 目击者称有三位奶爸按住了嫌疑人》,载 https://www.sohu.com/a/516674321_120952561?spm=smpc.content.content.2.1690846366861w8rOLH1,最后访问日期:2022 年 8 月 4 日。

[7] 2022 年 6 月,广西壮族自治区柳州市一男性专科医院医生梅某被患者黄某杀害。2023 年 4 月 14 日,柳州市中级人民法院对该案作出一审判决:黄某犯故意杀人罪,判处无期徒刑,剥夺政治权利终身,赔偿被害医生家属经济损失 6.7 万余元。参见《广西柳州"男子杀医案"一审宣判:无期徒刑!》,载 https://baijiahao.baidu.com/s?id=1763390012529268785&wfr=spider&for=pc,最后访问日期:2022 年 8 月 4 日。

[8] "温岭杀医案":2012 年 3 月,连某因鼻部疾病,在浙江省温岭市第一人民医院就诊并进行了手术治疗。此后,连某因手术效果不佳,多次到该医院复查、投诉,并要求再次手术未果。尽管其间连某多次到其他医院就诊,均被诊断鼻部无异常,但其仍对温岭市第一人民医院相关医务人员心生怨恨,预谋报复杀人。2013 年 10 月 25 日,连某到温岭市第一人民医院持械行凶,故意非法剥夺医生生命,致 1 人死亡、2 人受伤,其行为已构成故意杀人罪,被依法判处并核准死刑。罪犯连某已于 2015 年 5 月 25 日

法机关、卫生行政机关业已采取一系列针对性的预防和打击措施[1]，但违法伤医甚至犯罪等失范现象仍是一个需要引起高度重视的社会问题。归纳一下至少有三个方面需要引起关注：①纠纷化解路径设计是否存在问题？分析"温岭杀医案""甘肃兰州杀医案""北京民航总医院杀医案"等典型"涉医"犯罪案件发现，最初的医患纠争往往缘于患方对诊疗活动或疗效的不满，其中有些患方曾试图与医方沟通，但这些犯罪案件中绝大多数患方没有启动第三方调解机制、行政救济程序或司法诉讼程序。为何这些刑事案件中的患方没有启动第三方或公权力的法律救济路径，而选择"害人害己"的极端方式？是其不知道这些路径的存在，还是知道这些路径但放弃对这些路径的选择？②民众的忧虑何以消解？实际上，当某一特定医患矛盾纠纷案件被告知已经处理完毕，尽管"事情"实际上已经处理结束了，如法律责任已经落实甚至死刑已经执行，但人们给予的反应常常是"事情还没完呢"，还需要探究其"前因"与"后果"。因为，民众通常不仅仅局限于从司法矫正视角看问题，也不仅仅局限于从法律视角看问题，而经常以社会人的视角，即采用更宽广、更多元化的立场观察问题。③制度设计如何"防患于未然"？确实，"事后"的法律处理已完毕或终将处理完毕，"过去"的已经"过去"，未来还将继续。但"防患于未然"的"深思熟虑"究竟依靠什么去指引，又依靠什么去保障呢？

诚然，在医疗领域，医疗行业的传统文化精神、主导性的伦理规范、当下的政策信息以及医疗领域的现实状况等，均是我们深思与判断的基础。但旨在实现医患关系理性化的角色规制目标与策略，终究需要通过制度化的方式来加以表达，并最终以具体行为规范的适用来加以落实。所以，谋划规制策略时，不仅要从法律规范的维度去寻找对策，还需要关心整个医疗行业秩序的结构安排，以及规范的社会实际效果。为了更有效地规制医患关系，进而有效地预防医患关系恶化为"涉医"犯罪，本书试图通过分析司法诉讼纠

（接上页）被依法执行死刑。参见《最高法2015年5月26日发布涉医犯罪典型案例》，载http://www.court.gov.cn/zixun-xiangqing-14552.html，最后访问日期：2022年8月4日。

[1] 最高人民法院、最高人民检察院、司法部2014年、2015年、2016年连续3年与国家卫生行政部门（即原国家卫生和计划生育委员会）、公安部等共同发布"惩处涉医犯罪、维护医疗秩序"的意见。参见《最高人民检察院工作报告》（2018年），载https://www.spp.gov.cn/tt/201803/t20180030_369886.shtml，最后访问日期：2022年8月4日。2014年4月，最高人民法院会同最高人民检察院、公安部、司法部和原国家卫生和计划生育委员会联合印发了《关于依法惩处涉医违法犯罪维护正常医疗秩序的意见》。

纷案件一探究竟，以对医患矛盾背后的复杂因素作实质性研究。

二、法政策学视角的引入

医患冲突作为一综合性社会问题，需要多方解读、多元规制。大体上，法学界针对医患冲突问题的研究思路分两种：第一种偏重医疗服务监管的制度建构[1]，注重医疗服务质量的提高，将医患矛盾的改善寄希望于医方的改变。确实，缓解医患关系的紧张局面，离不开医疗行业服务质量的提高与医疗队伍的建设，相关研究成果认为，医疗行业本身虽然已经建立了由政府管理机构实施的严格标准，但由于外行人一般难以判断技术行为，因此国家对医疗行业的监督需要加大投入成本。[2]这种研究无疑对于改进医疗服务有帮助，其将医患矛盾的改善寄希望于医方的改变，这是一个重要的方面。但医患矛盾是一个综合性的社会问题，非采用综合治理的方法不能加以化解。第二种偏重法教义学式研究，在现有法律规范下研究怎么适用法律的问题，注重分析个案中患者的诉求以及相应规范的完善问题。就第二种研究思路，法学界对医患冲突化解的对策性研究成果非常丰富，研究方法也呈多样化趋势。按照研究视角其大致亦分为两类：一类是传统部门法范畴下的一般法视角，多数学者主要从传统法学原理出发，在各自的部门法范畴内就医疗相应领域展开相关研究[3]；另一类为特别法视角即医事法视角，有不少学者主张法律

---

[1] 医疗卫生领域法律规范不断建构与完善，例如2018年6月通过的《医疗纠纷预防和处理条例》、2019年12月通过的《中华人民共和国基本医疗卫生与健康促进法》、2021年8月通过的《中华人民共和国医师法》，2022年5月起施行的《医疗机构管理条例》、2022年12月印发的《医疗机构手术分级管理办法》及2023年2月印发的《医疗质量控制中心管理规定》等。2023年9月27日，国家卫生健康委办公厅发布《患者安全专项行动方案（2023-2025年）》，以维护患者健康权益，保障患者安全，进一步提升医疗机构患者安全管理水平。

[2] 参见宋华琳：《医疗服务监管的国际经验及启示》，载《中国卫生政策研究》2009年第4期。

[3] 在此仅做不完整的列举。杜仕林：《医疗资源配置法律制度研究——以健康公平为中心》，光明日报出版社2010年版。刘鑫：《医疗侵权纠纷处理机制重建——现行〈医疗事故处理条例〉评述》，中国人民公安大学出版社2010年版。朱柏松等：《医疗过失举证责任之比较》，华中科技大学出版社2010年版。王旭：《医疗过失技术鉴定研究》，中国人民公安大学出版社2009年版。刘士国主编：《医事法前沿问题研究》，中国法制出版社2011年版。姜柏生编著：《医学受试者权利保护研究》，中国政法大学出版社2022年版。[荷]米夏埃尔·富尔、[奥]赫尔穆特·考茨欧主编：《医疗事故侵权案例比较研究》，丁道勤、杨秀英译，中国法制出版社2012年版。[美]费雷德里克·M.阿尔伯特、[挪]格雷厄姆·杜克斯：《全球医药政策：药品的可持续发展》，翟宏丽、张立新主译，中国政法大学出版社2016年版。

对医患关系的规制，应考虑该社会关系的特殊性，并倡导综合性医疗事务法的研究方法及专门的医事法学研究，甚至应该从行业法角度进行专门的医事法学研究与教学[1]。各部门法是法学内部的分科；综合性医疗事务法打破了传统法学部门的分科，其本质上也是分科的产物，只是其是以特定社会领域为标准所作的划分。但是，理论研究可以"分科"，动态、复杂社会现实问题的解决与预防却不能"分科"进行，而需综合治理。不过，"全科式"的综合研究本身是一个浩大的工程，非一时一人所能完成，其也需要选择一定的研究视角，逐步展开。

就社会实际问题的研究与解决，国外早有学者提出应革新学科意识。在日本学界，东京大学名誉教授平井宜雄就曾提出，确立一门打破科际界限的、着眼于法与公共政策相互关系的、最广义之法律制度设计学科，即法政策学[2]。法政策学强调通过促成制度性的理性选择达到预防社会矛盾的目的，探寻以及实现制度性理性选择[3]的可能性。将这一理念推用至医患关系规制领域就是，出于预防与治理的需要，打破学科疆界，合理使用其他学科的研究成果，对医患关系问题作"全景式""动态式"的关照，以探求医患关系的综合调整与医患矛盾的预防之策。事实上，美国学界亦有类似理念的提出[4]，更有学者将该理念应用于医患问题研究。大致的思路是，从法的角度对决策理论

---

[1] 在此仅做不完整的列举。黄丁全：《医疗法律与生命伦理》（2007年修订版），法律出版社2007年版。孙笑侠：《论行业法》，载《中国法学》2013年第1期。赵西巨：《医事法研究》，法律出版社2008年版。夏芸：《医疗事故赔偿法——来自日本法的启示》，法律出版社2007年版。王岳、邓虹主编：《外国医事法研究》，法律出版社2011年版。[日]植木哲：《医疗法律学》，冷罗生等译，法律出版社2006年版。[美]劳伦斯·O.戈斯廷：《全球卫生法》，苏宏丽、张立新主译，中国政法大学出版社2016年版。汪建荣主编：《卫生法》（第5版），人民卫生出版社2018年版。陈云良主编：《卫生法学》，高等教育出版社2019年版。姚军：《医事法学》，复旦大学出版社出版2020年版。姜柏生、顾加栋主编：《医事法学》（第6版），东南大学出版社2022年版。申卫星主编：《卫生法学原论》，人民出版社2022年版。[英]乔纳森·赫林：《医事法与伦理》，石雷、曹志建译，华中科技大学出版社2022年版。

[2] 参见解亘：《法政策学——有关制度设计的学问》，载《环球法律评论》2005年第2期。本书选择法政策学视角的原因主要有：①对一个社会问题的解决，国家采用的最直接、最重要的路径，就是法与政策。②既有理论中已有法政策学这一概念，且本书思路与法政策学研究思路本质是一致的。

[3] 个人的策略选择往往是收益大于成本，这被认为是个人的理性选择。但个人的选择受制于制度，制度差异会让个人的理性选择发生变化。为此，制度为实现其自身的预设目标，需要让个人的理性选择符合或有利于其制度目标的实现。

[4] 参见[美]保罗·A.萨巴蒂尔编：《政策过程理论》，彭宗超等译，生活·读书·新知三联书店2004年版。

医患关系规制的法政策学研究——基于医患冲突的实证分析

进行重构,或从政策的角度重新审视法律制度的运行[1],借此对医患关系的和谐建构提出可能的建设性建议。虽然,世界各国医疗问题的起因与消解路径存在差异,但是分析问题、研判问题的路线是可以被参考、借鉴与反思的。[2] 法政策学以预防为主并强调科学化解矛盾问题的思想,特别有意义[3],值得关注与尝试。

(一) 打破学科界限

无疑,法与政策针对医患冲突,都在试图通过促成制度性的理性选择来加以消解。而实现制度性理性选择的前提是,法与政策构建的规制体系本身是科学合理的:既满足规则需求,又符合医疗发展规律规制模式。否则,其对医患冲突的消解将作用甚微,甚至适得其反。

规制体系满足规则需求,意味着需要打破传统部门法的界限。因为医患关系规制,是以特定社会领域即医疗领域为标准所作的划分,其必然涉及民法、刑法、行政法、社会法以及三大诉讼法等所有传统部门法的知识。规制体系符合医疗发展规律,则必然要对疾病及医学有足够的了解。但还不仅如此,出于对规范社会效应的考量,法社会学、医学社会学、健康经济学、医学史等领域的成果也应纳入研究的范畴。有鉴于此,对医患关系作规制,有必要借鉴医疗行业的研究成果,在行业发展全过程中整体性地去把握医患关系的问题究竟出在哪里,以及正确的应对之策应该为何。事实上,这与医学上"对于疾病本质和原因的研究现已更倾向于从'整体病理学'的角度去考虑"[4],是一个道理。所以,对医患关系现状作评价并试图适用规范手段作相应调整,需要从公正的标准出发,检视医学的特性、医患双方的偏好、医患关系的法律属性、医患双方的权利义务设置等。其不仅需要打破法学部门

---

[1] See Elhauge, Einer R, "Allocating Health Care Morally", *California Law Review*, 82 (1994), 1503.

[2] 例如,相关研究成果在美国医疗特定领域已成功转化为医疗福利成果。参见 [美] 菲利普·朗曼:《最好的医疗模式:公立医院改革的美国版解决方案》,李玲等译,北京大学出版社2011年版。

[3] 法学理论是多元的,也就是说,法学可以以不同的方式从不同角度加以叙述。只有经过鉴别、检验和确证,我们才可能在相互争论的法学中判断哪一种法学理论所提出的法律问题解答方案是有效的,哪一种提供的解答方案是无效的,甚至是错误的。参见舒国滢:《法哲学沉思录》,北京大学出版社2010年版,第33页。

[4] 参见 [意] 卡斯蒂廖尼:《医学史》(下册),程之范主译,广西师范大学出版社2003年版,第1056页。

法之间的学科界限[1]，还需要打破法与政策之间的学科界限；不仅要打破法学与医学之间的界限，还要打破法学与相关社会学之间的界限。

（二）"全景式"关照

医患关系规制必然涉及政策与法律制度，而所有相关政策与法律制度，都需要落实到医患关系规制中的资源配置机制、交往机制、矫正机制（本书主要涉及民事诉讼机制）。资源配置机制影响医患关系的整体格局，可以视作医患关系的"事前"阶段；交往机制呈现医患关系的现状，可以视作医患关系的"事中"阶段；而矫正机制，是对交往机制中偏离规范明确的行为标准的失范行为的干预，可以视作"事后"阶段。"全景式"关照，意味着对医患关系规制中的资源配置机制、交往机制、矫正机制，均应加以关注。当然，这只是一个视角，另一个视角是医患关系规制中的"全景式"关照，意味着要在同时关注医患双方诉求的前提下展开。

一方面，制度应理解患方的诉求。疾病给患者带来诸多痛苦，这些痛苦来自身体的疼痛、心理的煎熬、生活与工作的困顿等；如果在医治过程中，医务人员还让患者感受到不公、不礼、不敬，甚至自私、贪婪、欺骗、伤害（这些问题都是个案而非医疗常态，但是医疗界的个案总会引起民众的广泛关注，因为人人都将或正是患者），则患方的不满将是难免的。如果这种不满以及引起不满的现象增多，则医务人员遭遇到理性不足患者的概率以及遭遇突破理性、对医务人员做出过激行为甚至伤医等犯罪行为的患者概率，就会加大。事实上，不论在社会生活的哪个领域，都存在一定比例的理性不足的个体。但医疗领域会汇集社会生活所有领域的自然人，再加上疾痛本身的负担，不难推断，较之其他社会领域，医疗领域面临不理性自然人的风险更大、问题更突出。所以，在惩治涉医违法者的同时，"医治"医务工作中存在的"对患者不公、不礼、不敬，甚至自私、贪婪、欺骗、伤害的行为"，则是更为重要的任务。而治理让医务人员"对患者实施不公、不礼、不敬，甚至自私、贪婪、欺骗、伤害等行为"的根源，又是更深层次的问题化解，涉及教育、制度、经济、文化、治安、宣传等。这是一个循环的过程。

另一方面，制度应理解医方的诉求。作为医疗职业人，医方对医患关系

---

[1] 例如，[德]乌尔里希·马格努斯主编：《社会保障法对侵权法的影响》，李威娜译，中国法制出版社2012年版。

的理解是最深刻的，其面临资源保障有限、技术有限、工作量大、专业解释难、职业责任重大、职业风险高等客观现实。由此，医务人员自我发展、自我保护的需求，成为制度不得不考量的重要因素。总的来看，具有法律知识优势的法律人与医方、患方的立场可能会不一样，其评价虽然有规范的指引，但就医学问题却可能因医疗知识不足，与大众的评价一样，在一定程度上会受到结果导向影响；而具有医学知识优势的医方的评价更多是过程性的，结果只是一个方面，导致结果的因素客观上则是多方面的。于是，医方（含鉴定专家）与患方、医方（含鉴定专家）与法律人、患方与法律人，对医疗纠纷的立场与观点，难免存在出入。制度需要理解医方的合理诉求，然后引导法律人、患者、大众理解医方。

为此，作为对涉事主体进行追责的公权力主体，在对事件进行评论前，应尽可能地还原事件、了解整个过程、掌握各方当事人的诉求。事件经过，是在力求有证据前提下的还原。但是囿于还原者（不论是研究者、患方、鉴定专家、司法裁判者）掌握证据以及医学专业知识储备的有限性，不得不事先声明，本书中涉及的"被还原的事实"未必就是100%的客观事实。此外，探求医患双方诉求能否满足之现状，必然涉及医患关系规制的社会效果。

(三)"动态式"研究

医患关系规制中的资源配置机制、交往机制、矫正机制，并非各立门户的独立体。三者作为"事前""事中""事后"的承接关系，是医患关系相互衔接、相互交织的动态环节，必然存在影响与被影响的关系。该影响如何发生？制度设计者希望发生怎样的影响？客观上这个影响为何？这本身需要运用系统、动态的研究思路，进行动态跟踪与探索。

长期以来，法学的研究思路主要是法教义学式的。医患关系规制研究偏重对医方的监管，立足于患方的维权立场。按照这一思路做延伸：强调医患关系紧张，势必对现行法与法秩序构成挑战，进而带来行政、司法等资源的供给紧张。最终，需要根据关系紧张程度差异，以及矛盾双方力量对比的情况，再考虑对现行法作调整。法教义学式研究，确实是医患关系规制中不可或缺的部分，其是对相应政策、制度在现实生活中的展示与审视。但这种法学研究在履行其使命时面临诸多的困境，比如，一方面要保持在现行法秩序范围内进行评价，另一方面又不得不回应来自现行法秩序之外的问题的挑战；一方面守成传统、权威和秩序，另一方面又不得不适时顺应时代需求、社会条件以及法学研究范式的转变。在此情况下，法教义学可能宁愿放弃无所不能的解答方案，而倾向于选择规范分析的、有限度的、比较稳定的、比较保守的论证方式。如果坚持按照既有的思路研究下去，法学的研究重点自然将偏重医疗侵权纠纷处理机制完善。这是一种救济式的研究，侧重矫正机制研究，其通过矫正机制间接、局部地触动医患关系的其他机制。而囿于矫正机制属从事后阶段性视角看问题，存在一定的局限性，这种"触动"的社会效果是不确定的，可能正确、可能偏颇、可能错误。从这个意义上讲，法教义学所承担的使命是有限的[1]，特别是在医疗体制改革（以下简称"医改"）大背景下对医患关系的规制研究。而且，在中国现阶段，医患关系的紧张度还随着信息技术以及商业化的浪潮不断加剧。随着新技术和信息的日益涌现，现代医师面临如何应对日益上升的公众期待和日益下滑的公众信任之间的不平衡，避免引发公众投诉和医疗诉讼，防止商业考虑对医患关系带来冲击等方面的挑战越来越多。面对此种局面，如何预防又如何科学化应对，即如何贯彻落实预防思想以及科学治理的思想。

所以，固然有人认为，对现行法律制度加以研究与解释，才能更好地解决医患矛盾。但是，从法政策学立场看，医患纠纷这种涉及法律制度方面的问题，要想得到全面的改善，必须以制度设计者观念的刷新为前提。相比传统的研究，法律改革梦想一定程度上反映了预防为主的法学思想。这和传统以救济为主的研究思想有很大的区别。其必然要求，法律专家发挥政策决定者或者法律制度设计者的作用。如果说法教义学注重"在社会生活中如何适用法律"的问题，即"社会生活如何适应法律"的问题，那法政策学则注重"制度如何设计"的问题，即"法律应如何适应社会生活"的问题，并同时关注"在社会生活中如何适用法律"的问题。为此，需要尝试通过法政策学分析，以刷新制度设计者的观念。其新观念，既包括预防思想，又包括科学化解决问题思路。就医患关系规制而言，需要运用医学思想、资源配置理论、政府责任、矫正正义等。

综上，法政策学既不同于着眼于具体纷争之解决的法律学，也有别于依赖目的-手段思考模式的政策学，同时也不同于对法社会效果进行描述的法社会学，其是能将法律学、政策学、法社会学串联起来，探讨在设计法律制度

---

[1] 参见舒国滢：《法哲学沉思录》，北京大学出版社2010年版，第44页。

时如何兼顾纷争解决、目的与手段、效率与正义的方法论。本书就是尝试在法政策学视野统领下，研究医患关系规制中资源配置机制（事前）、交往机制（事中）、矫正机制（事后）相互间的关系。基本思路如图1所示。

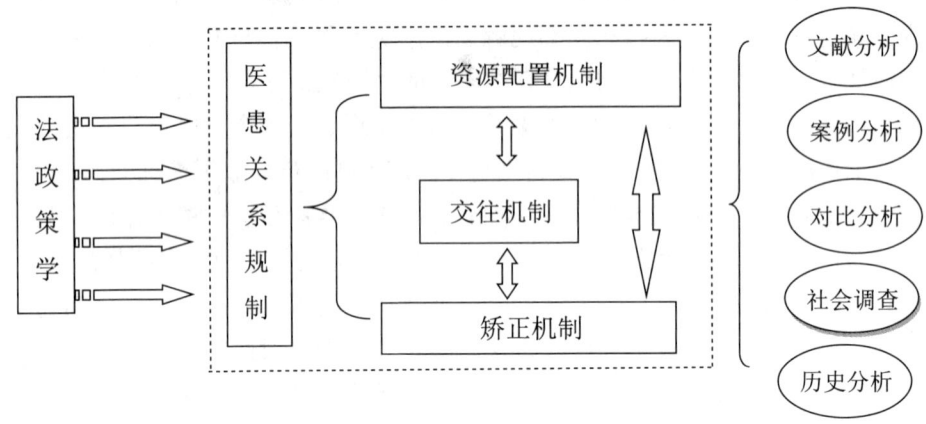

图 1　研究基本思路

三、以案论理为主的研究路径

无疑，图1中每一个部分都可写成宏大论著。但是任何一个宏大论著都需要从点滴细节积累而成。当下，笔者仅将现有的积累、学习体会做一整体展示，粗浅、片面、遗漏在所难免。但只有整体的展示才是完整的表达，这种表达的目的更多的是笔者试图就医患关系法律规制与其他关注者进行互动。所以，本书更多的意义和价值是提供一个研究的思路——整体、动态的研究思路，即在法政策学视野的统领下，打破各部门法之间、法与政策之间、法学与医学之间、法学与相关社会学之间的界限，综合运用文献分析、比较分析、历史分析、案例分析、社会调查等研究方法对医患关系规制进行探讨。

考虑资源配置机制、交往机制、矫正机制各个环节中的冲突与矛盾都会在矫正机制中得以集中展示与释放，所以，笔者将尝试基于医患冲突的案例分析来展开医患关系规制的法政策学研究。一般而言，具体案例分析属于实证分析，与法政策学相比较：后者属于制度设置，前者属于制度落实与效果；后者会影响前者，前者又会将问题反馈至后者。所以，基于医患冲突的实证分析，看似与"法政策学"研究视角、理念迥然不同，却同是医患关系规制不可分割、紧密结合的组成部分。为此，本书在各个环节均会借助案例来加以展开论述，相关章节要么以案件发展、解析的层次逻辑来呈现，要么对案件分析所涉及的制度进行历史梳理与解析，要么比较案例间的裁判差异。具体而言，本书以一典型案例（即本书第19页涉及的案例1）的发展进展为线索，追随案件发展进程，梳理该案件处理过程中遇到的医事法律制度，剖析具体制度的演变逻辑与不足，并在中国裁判文书网成千上万份医疗损害纠纷判决书中选取百余份对应的案例判决加以论证。

第一章以案例1中的医患关系为引线，基于医学特性，探讨医患关系的法律属性，论述资源配置机制对交往机制的影响。即探寻资源配置机制对医患关系的法律属性的影响，以及法律属性的定位对交往机制与矫正机制的影响。

第二章阐述案例1医疗纠纷诉讼的启动与纷争，呈现交往机制向矫正机制的演进，探讨患方损失，梳理医疗纠纷预防与处理制度中相应条款的演变，依次介绍尸检程序启动制度的变迁、医疗损害过错及因果关系举证责任的制度演变逻辑及不同阶段面临的问题等，以此诠释基于对医学特性认识程度变化下的制度调整；并进一步明确在从交往机制转入矫正机制的制度设计中，为避免引发新的冲突，应尊重医学专业特性让医方积极地、诚信地、合规范地引导患方。同时，针对案例1中的争议以及处理结果预判的需要，在中国裁判文书网查找相应情形既有的司法处理方案，并对案件处理结论进行评析。

第三章介绍与评析案例1中的鉴定结论。医疗损害鉴定在司法裁判中的引入及制度设计与完善，体现了对医学特性的关照。通过依赖专家鉴定的矫正机制，对交往机制进行还原与审视，这一方面呈现了案例1中医患双方的具体争议，另一方面推衍出医患双方的偏好差异及其协调机制。此外，为了解鉴定结论对审判结果的影响，该章还设定了特定的检索标准，通过在中国裁判文书网查找案例，并以这些案例为研究对象进行统计分析，结合案情研究医疗纠纷"同案不同判"的相关问题。矫正机制对交往机制的这种审视，无疑又将成为医患关系新规制目标确立与践行的基础。

第四章是对整个研究进行总结与展望。对医患关系作实质性思考，必然须将医学特性作为构建、审视、完善医患关系规制的逻辑基础。医患关系规制中的资源配置机制、交往机制、矫正机制并非各立门户的独立体，而是医患关系规制中相互衔接、相互交织的动态环节，彼此间存在作用与反作用关系，不可割裂。

四、医学的特性：医患关系规制的逻辑基础

公正无疑是医患关系规制机制的核心目标，但确保公正又需要基于一重要的逻辑基础，那就是医患关系规制必须遵循医学的特性，这也是保障医患关系规制科学性的必然要求。为此，该规制必然要运用医学思想。过去医学思想主要影响哲学、临床医学和实验室等范围，今日早已扩大到立法范围，其对立法具有重要的启发、甚至决定作用。例如，推求病理学和经济与社会条件之间存在的关系，克服职业病，研究精神病与犯罪的关系，对卫生统计作适当评估以及对妇婴加以保护等。[1]医学本身具有什么特性？哪些特性应该压制、应如何压制？哪些特性应该尊重、应怎样体现尊重？这些均是规制医患关系的法与政策首先需要了解、如不了解应尝试解答的问题。然而，事物自身的特性并不总是显露在外，其往往会隐匿在复杂、多样的日常社会生活中，有时需在一些特殊事件中才以最真实状态呈现、凸显，医学的特性亦是如此。所谓"偶然事件改变历史"是有科学依据的，因为偶然事件会将事物属性或问题最真实、最集中、最完整地呈现出来。事实上，相关问题或属性往往原本既已存在或隐藏着，只是在一般情形下其危害性或属性并不凸显，或未显露，或被人们因其他问题所干扰而未加以关注与重视，或已经发现却遭遇忽视甚至无视。但在特殊事件中，问题的危害性或属性被更多暴露甚至彻底地暴露，进而不得不引起公众及相关部门的重视。特殊事件以"事实胜于雄辩"的压倒优势，让所涉问题或属性得以公认与受到重视。同理，医疗纠纷中存在太多诊疗细节、太多规范条文，当事人和法官往往主要围绕现有的诊疗细节与规范条文进行阐述与考量，而忽视影响这些细节与条文变化的医学的特性。2019年新型冠状病毒（以下简称"新冠"）疫情的暴发与防治，使得疾病与人类的冲突成为特定时期、特定地域社会最突出的矛盾，也让具有对抗疾病的医学专业知识与能力的医务人员以民众健康守护者的形象深入人心，更让医学的意义、价值和特性得以全面展示。对于新冠的认识以及基于该认识所作出的诊断，需在一定诊疗基础上不断积累、总结经验与教

---

〔1〕参见［意］卡斯蒂廖尼：《医学史》（上册），程之范主译，广西师范大学出版社2003年版，第6页。

训，并最终形成新型冠状病毒肺炎（感染）防控方案。但是，该方案不是一成不变的，随着人类对疾病认知的深化，其存在从无到有、从有到优的演变过程。对于新型疾病，人们最初只是尝试着治疗，经验积累到一定程度才会有方案，而随着进一步的治疗经验积累、研究，以及解剖分析、病理分析的深化，陆陆续续会出现第二版、第三版、第四版治疗方案……而且，治疗方案仍处于不断完善中（如图2所示）。事实上，医学中绝大多数疾病治疗方案都不是最终版本，而是不断发展过程中的某一阶段的某一版本。对新冠疫情的认知与防治，何尝不是医学的缩影！

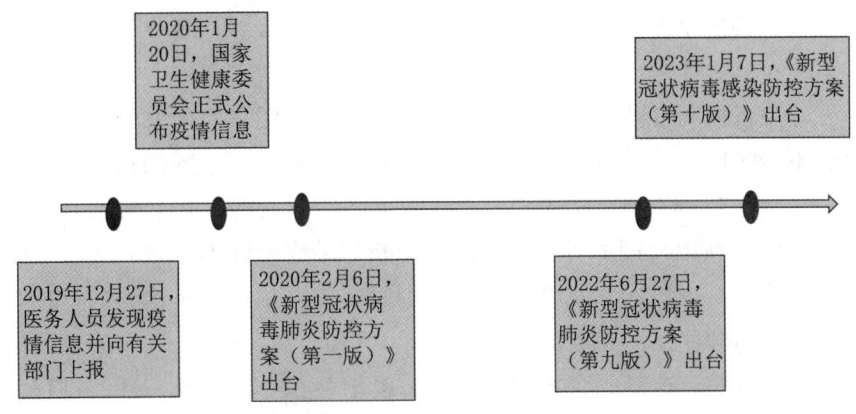

图2　不断更新的疾病防控方案

医学作为积累了诸多经验教训的学科，一直担负着重要的社会责任，医生被要求兼具技术（科学家）和政治（人们公认）的双重素质。在柏拉图理想的国家中，医生的主要职务被设定为是政治性的。[1]对医学与医生的这种期待与定位，在现代社会依然存在，国家治理不得不对此加以重视。医务人员不仅仅是疾病的诊断者、治疗者，还是疫情防控的中坚力量，是国家公共卫生制度等诸多法律规范建立与完善的立法顾问、立法参与者，是裁断社会纠纷是非及责任大小的鉴定专家等。[2]通常，医学被认为具有以下特性：

---

[1] 参见[意]卡斯蒂廖尼：《医学史》（下册），程之范主译，广西师范大学出版社2003年版，第1055~1066页。

[2] 参见曾日红、曾日东：《医务人员的疫情信息披露权》，载《南京医科大学学报（社会科学版）》2020年第1期。

第一，专业性。这一特性意味着普通社会主体需要被假设为非专业者，也意味着遵循生老病死自然规律的民众对医务人员具有天然的依赖性，还意味着非医学专业人员难以对医疗行为进行准确评价——专业问题终需专业人员来解答与评判。总之，专业性，意味着医学术语，并非一般社会主体能掌握；同时更意味着，其专业技术并非一般社会主体能掌握与运用。

第二，不确定性。基于医方主体经验的差异性、医疗技术的有限性以及患者体质的特异性，误诊在所难免，由此带来的诊疗效果难以确定。如果抛开医方的过错，单就结果而言，医疗不确定性意味着医疗风险性的存在。而当医方存有过错的时候，其也可能会利用疗效的不确定性来掩盖或混淆事实真相，以逃避法律责任。

第三，试错性。不确定性意味着，应允许"试错性治疗"行为的存在。当然，在患者权利日益完善的环境下，这种试错是需要患者知情同意的。对一时查不清病因，或难以判断功能、形态变化，或难以诊断的疾病，医方可暂记载"症状待查"或"待诊"，并注明可能性较大的疾病名称，并可在名称后加"？"。所以，医方对患者的初步诊断与最终诊断不一致，或者入院诊断与出院诊断不一致，不能简单认定初步诊断或入院诊断是错误的；补充诊断、修正诊断的存在，亦是正常医疗现象。〔1〕而且，有时医方需要先控制症状，再进行诊断。这是一个客观的现实，医学存在一个不断完善的过程，医学知识不断更新，每一阶段的治疗方案，只是当时被认为最好的或可行的，但并不意味着是绝对准确的，很可能会在未来某个时刻被调整甚至推翻。

第四，容错性。允许试错，就应包容错误。首先，不能简单以不满意的结果直接判定医疗行为的对错。其次，疾病的诊断需要一个过程，尤其是对新型疾病的认识，需要一个分析、研究、诊断的过程。最后，特定时间、特定主体对病历的修改，是医方的法定权利。同时，这也就意味着应留给年轻医务人员一定的成长空间：临床经验本身存在从无到有、从少到多的积累过程。但从患方的视角看，其健康不能成为试验田，其需要尽可能安全的医疗。事实上，医学教育以及临床实践对此已经积累了不少经验，并有一定的规范

---

〔1〕 参见季国忠、杨莉主编：《医政管理规范之一：病历书写规范》（第2版），东南大学出版社2015年版，第11页。

制度加以保障〔1〕，以解决患者健康与青年医生成长之间的冲突。

第五，风险性。医疗行为一旦错误，就很可能危害到人的生命健康；而且，对于直接关乎人的生命健康的医疗行为，即便是正确的，很多时候也带有危害性。这也就意味着，当个体生病时，接受即便是正确的医疗行为，因为医疗行为本身会侵害到身体，患者也需面临健康的损害甚至死亡的风险。但是，如果患者不接受正确的医疗行为，放任疾病的发展又必将遭受健康的进一步损害甚至死亡。法与政策对医患关系的规制，需要尊重这些特性。于是，作为风险防范与分担重要机制的保险，不得不被加以重视。

需要声明，以上仅是医学技术的部分特性，并非完整的医学特性，这些特性的分类不是精准的，可能彼此间存在衍生与被衍生的关系。而且，这些特性还没有涉及医学人文的特性如情感性、公益性等。医学的人文特性与社会生活一样，是发展的、变化的，属于特定时空下的产物。所以，对特定时期、特定地域医患关系的认识，还不能忽视医学的人文特性。

总之，不难发现，因为医学的专业性，使得遭遇到疾病或伤痛危害的患者不得不求助于医务人员，但因为医学的不确定性、试错性、容错性所导致的侵入性，又最终可能会损害患者的生命健康权。医学带来的风险与疾病带来的损害，存在轻重缓急之差异。如果二者的差异明显悬殊，则由患者参与决策的医疗行为所产生的纠纷相对要少一些，医患关系也相对简单些。例如，在直接危害生命健康的疫情下，传染病是所有社会主体共同的敌人，最突出的矛盾是医疗的技术、资源保障与救治需求间存在的距离。由于公共卫生问题在特定情形的极端重要性，以致社会各界间、甚至各国间的边界问题都要

---

〔1〕 实习医务人员、试用期医务人员书写的病历，应当经过所在医疗机构合法执业的医务人员审阅、修改并签名。修改病历应在 72 小时内完成。实习医师、毕业后第一年住院医师书写的住院病历，经上级医师补充修改后、确认并签字以示负责后，上级医师可不再书写入院记录，但必须认真书写首次病程记录。参见季国忠、杨莉主编：《医政管理规范之一：病历书写规范》（第 2 版），东南大学出版社 2015 年版，第 1 页。医学作为一个经验性的学科，在医学教育、对医务人员的培养中不得不重视医学生的临床实践。医学生的临床实践活动，曾被患方视为非法行医活动，由此产生的医疗纠纷，有不少进入了司法诉讼程序。为确保医学生临床实践的合法性，相关法律规范应将其予以确立并加以保障。2008 年 8 月原卫生部、教育部印发《医学教育临床实践管理暂行规定》，2017 年 7 月国务院办公厅出台《关于深化医教协同进一步推进医学教育改革与发展的意见》（国办发〔2017〕63 号），2020 年 7 月教育部印发《大中小学劳动教育指导纲要（试行）》，2020 年 9 月国务院办公厅发布《关于加快医学教育创新发展的指导意见》（国办发〔2020〕34 号）以及 2022 年 3 月 1 日《中华人民共和国医师法》开始施行等，先后对医学生的临床实践加以合法化，排除了非法行医的嫌疑。

退居次要地位。[1]在疫情暴发期间，常态的法律适用有时会严重脱离实际，或者出现极不公平的结果，甚至引发社会动荡。此时需要打破常态，转而选择特殊的法律路径[2]。例如，《传染病防治法》[3]第39条第1款第2项规定，医疗机构发现甲类传染病时，对疑似病人，确诊前应当在指定场所单独隔离治疗。但是在甲类疫情暴发初期，医疗资源被严重挤兑时，坚持对"疑似病人"单独隔离治疗，显然脱离现实。

在疫情暴发、流行的特殊事件中，在国家或社会提供免费医疗资源保障下，医务人员与患者的目标高度一致，医患关系会呈现出信任、高效的良性互动模式。但在一般状态的社会现实中，医学带来的损害与疾病带来的损害之间的差异不明显或不确定；医疗资源的配置与医患双方的需求虽也存在一定的距离，但二者的距离对医患关系的影响往往是隐性的。此时，虽然疾病仍是医患双方共同的敌人，但是医患双

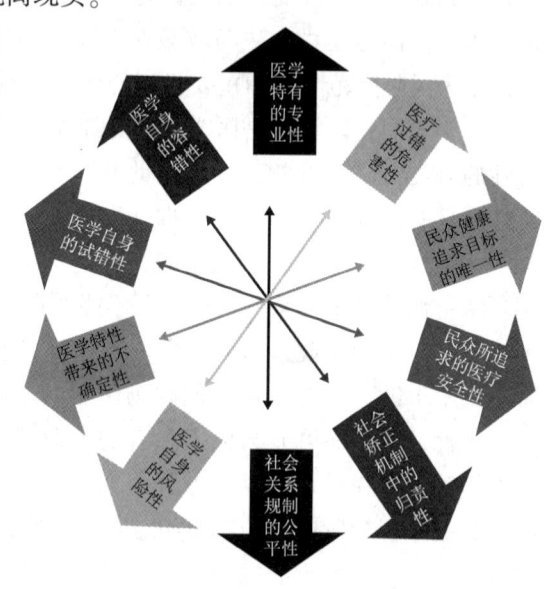

图3　被拉扯中的医患关系

方已产生各自不同的诉求与偏好。在这一前提下，各自诉求与偏好难免会产生冲突，尤其在患者期待与医疗结果不一致时，患方会不满意，进而引发纠纷。为此，合理的、科学的行为评判机制显得必要。不难设想，医学自身的风险性与医疗过错的危害性、医学自身的容错性与社会矫正机制中的归责性、医学自身的试错性与民众所追求的医疗安全性、医学特性带来的不确定性与

---

[1]　参见［意］卡斯蒂廖尼：《医学史》（下册），程之范主译，广西师范大学出版社2003年版，第1057页。

[2]　参见刘思萱：《政策对我国司法裁判的影响——基于民商事审判的实证研究》，中国政法大学出版社2016年版，第286页。

[3]　《传染病防治法》，即《中华人民共和国传染病防治法》。为表述方便，本书后文中涉及我国法律文件，均省去"中华人民共和国"字样，全书统一，后不赘述。

民众健康追求目标的唯一性、医学特有的专业性与社会关系规制的公平性，相互之间会存在各种冲突与张力，如图3所示。医患关系及其规制，由此也将变得复杂。因此，医学的特性，必然是法政策学构建、审视、完善医患关系规制的逻辑基础。

第一章

医患关系法律属性之争：资源配置机制对交往机制的影响

法与政策对医患关系的规制，需要留意医学特性带来的风险性、容错性、试错性、不确定性、专业性，与医务人员过错带来的危害性、社会矫正机制中的归责性、民众所追求的医疗安全性、社会关系规制的公平性等之间存在的冲突与张力。这些冲突与张力，往往会在医患关系法律属性之争中被集中体现。因为法律属性的定位差异，会直接影响医患关系规制的目标与方法。社会关系的法律属性不仅影响该社会关系的交往机制，更直接影响其矫正机制。归属不同的法律属性，医患关系规制将对应不同的目标与方法。而在任何一种规制机制下的医患关系法律属性，都或多或少、或直接或间接地受到资源配置的影响。在新型疫情暴发等非正常社会状态下，如新冠疫情暴发初期，这种影响主要体现为国家及社会资源保障与医患共同需求之间的矛盾。国家免费医疗政策的实施会让医患之间保持利益的一致性，医患之间的直接冲突在疾病侵虐与资源紧张面前，不再是突出的社会问题。而在正常社会状态中，医疗资源的配置与医患双方的需求虽然同样存在一定张力，但这种张力对医患关系的影响是隐性的，主要体现在患方/院方没满足医方的需求或医方没满足患方的需求。在资源配置这种隐性影响中，如果规制目标与路径不断发生转变或改革，现实中医患双方各自诉求与偏好的冲突就会凸显出来。为此，对医患关系的规制，需要考虑医学自身的特性以及医患关系的特性。正如有学者所言，"不研究医患关系法律属性的学者，不是真正的医事法学研究者"。[1]而法律属性确定的准确性依赖于，医患关系本身特性被掌握的程度。为此，在试图进一步了解医学特性的前提下，我们有必要剖析一下医患

---

[1] 参见胡晓翔、姜柏生编著：《冷眼观潮：卫生法学争鸣问题探究》，东南大学出版社2001年版，后记。

关系的属性，以期对医患关系的法律属性进行准确定位。

案例：医患关系的确立

【案例1】[1] 患者李某，因出现无明显诱因头晕，伴恶心，呕吐鲜红色血性液体，于2018年12月27日至2019年1月12日就诊河北省的A医院（以下简称"河北A医院"），医疗总费用为21 892元，医疗保险事务管理中心总报销金额14 987元，患者自付金额6905元。2019年2月16日至2019年2月18日，患者李某为进一步治疗，前往江苏省的C医院（以下简称"江苏C医院"）就诊，门诊以其"食管静脉曲张出血"收住院，科别为消化内科，医疗费共计31 243元，医疗保险事务管理中心总报销金额14 869元，患者最后实际承担16 374元。

在这两次就诊过程中，医患关系属于何种法律属性的社会关系呢？行政法律关系？普通民事法律关系？抑或消费者权利保护法律关系？

一、引发医患关系法律属性之争的因素

在案例1中，患者基于对身体健康的追求，寻求医方的救治，从而与医疗机构建立医患关系，患者在向医方支付医疗费后，转而向医疗保险事务管理中心进行大部分金额的报销，患者实际所支付金额接近医疗费的1/2 [（6905元+16 374元）/（21 892元+31 243元）≈43.8%]。这一就医行为模式，是目前我国较为普遍的现象，只是在实际支付金额上，不同患者报销比例会有所差异。显然，这看似平常的就医行为，背后其实是以我国的医保政策、就医保障体系为制度支撑的。据统计，2019年全国卫生总费用预计达65 195.9亿元，其中政府卫生支出17 428.5亿元（占26.7%），社会卫生支出29 278.0亿元（占44.9%），个人卫生支出18 489.5亿元（占28.4%）。[2] 换言之，民众就医行为的基石是我国医疗资源的配置机制。但不同的医疗行为，医疗资源的配置存在差异。有一部分医疗行为涉及公共利益的维护，实行免费，如免疫规划疫

---

[1] 案例1涉及的各方主体是虚构的，但涉及的医疗行为、争议、处理均来自真实案例。案例1贯穿本书主要章节，依据其发展逻辑即医患关系确立、医患纠纷引发、医疗损害鉴定展开，从而引出问题与思考。

[2] 参见《2019年我国卫生健康事业发展统计公报》，载 http://www.nhc.gov.cn/guihuaxxs/s10748/202006/ebfe31f24cc145b198dd730603ec4442.shtml，最后访问日期：2020年7月15日。

苗接种[1]，但会存在一定的强制性；还有一部分医疗行为是因患者个人能力有限，国家或社会承担对其救助的责任，如特定情形下的医疗急救[2]；另有一部分是国家和个人按一定比例共同分担支付责任的医疗行为，正如案例 1 中，患者在河北 A 医院住院治疗得到的是总费用为 21 892 元的医疗服务，但其个人最终支付的金额仅为 6905 元，仅约为总费用的 1/3；还有一部分医疗行为实行的则是正常市场价格。除最后一种情形外，其他情形均会涉及医疗公益性。虽就医疗卫生的公益性质，现实存在各种模板的解读，但有一点是一致的，即从交换的视角看，就患方而言应意味着"所得"之价格比"所付"之金额要多，而且这个要求会体现在医疗合同的履行上，并得到相应法律的支持与维护。患方支付一定医疗费用的客观现实，让医疗行为具有一定的交易性，但医疗公益性的存在以及程度差异，必然让医患关系不能被简单、笼统地界定为普通合同关系。从我国现有的医患关系探究不难发现，引发医患关系法律属性之争的因素主要有三类：一类是政策定位，另一类是患方主体地位需求，还有一类是实质正义。

（一）医方法律主体属性的政策定位

《消费者权益保护法》对消费者的倾斜性保护，在医事法领域引发了一场尚未终结的争议，即医患纠纷能否适用《消费者权益保护法》，或者说患者能否被定位为消费者、医方是否系经营者，以及患者被定位为消费者是否会影响医方"非经营者"的性质。而这些争议背后的本质问题是，医患关系的契约性与包括公益性在内的非契约性的关系为何？二者关系如何处理？契约性，

---

[1]《疫苗管理法》第 97 条明确，免疫规划疫苗，是指居民应当按照政府的规定接种的疫苗，包括国家免疫规划确定的疫苗，省、自治区、直辖市人民政府在执行国家免疫规划时增加的疫苗，以及县级以上人民政府或者其卫生健康主管部门组织的应急接种或者群体性预防接种所使用的疫苗。第 6 条第 2 款明确，居住在中国境内的居民，依法享有接种免疫规划疫苗的权利，履行接种免疫规划疫苗的义务。政府免费向居民提供免疫规划疫苗。

[2]《院前医疗急救管理办法》第 25 条明确，急救中心（站）和急救网络医院按照国家有关规定收取院前医疗急救服务费用，不得因费用问题拒绝或者延误院前医疗急救服务。同时，国家卫生健康委员会等部门《关于进一步推进疾病应急救助工作的通知》（国卫医发〔2021〕1 号）明确，对于身份明确但无力缴费的患者（包括急救后明确身份的），其所拖欠的急救费用，按照规定由责任人、工伤保险和基本医疗保险、公共卫生经费、医疗救助、道路交通事故社会救助等已有渠道支付，对无支付渠道或通过已有渠道支付后费用仍有缺口的，由疾病应急救助基金予以补助；对于身份不明的患者，其急救费用由疾病应急救助基金予以补助。对于经甄别符合生活无着的流浪乞讨人员救助条件的，由民政部门救助管理机构为其办理救助登记手续，依法依规提供急病救治。

第一章　医患关系法律属性之争：资源配置机制对交往机制的影响

主要是借鉴法社会学中有关"关系性契约"[1]之预设，其主张社会关系包括非契约性交换与契约性交换。无疑，医疗领域同样存在这种预设。正如《来自陌生人的照顾》(The Care of Strangers)（哈佛大学查尔斯·罗森伯格教授所著）所批判的：医院制度近200年的变迁即由"诊所巡医"到"医院坐诊医"，意味着医患关系从"熟人关系"转变为"陌生人关系"，从"以非契约性为主关系"转变为"以契约性为主关系"。[2]与此同时，国家和社会在医疗健康事业中的责任也逐渐明确于各国法律规范制度中，医疗公益性或慈善性在不同国家都有所体现。于是，契约性与公益性，两个貌似相互冲突的概念，往往都会在医患关系中有所体现。

个人需要通过与他人换取劳动成果，维持生存与发展，这是社会分工所产生的专业化的必然要求。劳动成果的交换，实现着个体间的互惠、互补。作为可度量、可物化、可检验、可约定的一种交换方式，契约[3]与交换关系密切，契约常常被简化为"要约"与"承诺"[4]。契约的成立至少要求交换双方就标的与价格达成一致。其中，"一锤子买卖"即个别性交易，意味着"除了物品的单纯交换外当事人之间不存在关系"[5]。其承诺被要求与要约完全一致，故被视为最典型的契约。医患关系，无疑也是社会分工、专业化的产物[6]，这一点与其他社会交换是相同的。契约性，不仅仅关乎患方的支出与收益，还关乎医方的劳动与酬劳。但用"一锤子买卖"来界定关乎"健康""人照顾人"的医疗事业，显然不准确。1948年生效的《世界卫生组织宪章》就已明确："健康，不仅仅指躯体无病痛，还应包含心理的平衡、社会

---

[1] 参见［美］Ian R. 麦克尼尔：《新社会契约论》，雷喜宁、潘勤译，中国政法大学出版社2004年版，第9页。

[2] 参见王一方：《医学是什么》，北京大学出版社2010年版，第48~49页。

[3] 在中国法律规范体系中，"契约"一词是复古式的表述，很多时候被"合同"一词所替代，但是在日常用语及论著中仍存在。

[4] 参见［美］A.L. 科宾：《科宾论合同》（一卷版），王卫国、徐国栋、夏登峻译，中国大百科全书出版社1997年版，第51页。

[5] 参见［美］Ian R. 麦克尼尔：《新社会契约论》，雷喜宁、潘勤译，中国政法大学出版社2004年版，第10页。

[6] 每个生物体都会在受伤或受病菌侵扰时，调动自我防御机制，设法维系生命。人类则不同凡响地引入了第三方来照顾和处置病人——治疗者。在每个已知的社会里，总有人担任治疗者这一角色。参见［美］约翰·伯纳姆：《什么是医学史》，颜宜葳译，张大庆校，北京大学出版社2010年版，第10页。

关系的完善。而且，当涉及公共健康安全时，对健康的供给与保障，不仅关乎个人安危，还直接影响到公众、社会与国家的安危，需要患方、医方、社会、国家多方主体协力合作才能完成。"所以，医患关系有其特殊性，其存在明显的非契约性，包括情感性[1]与公益性。例如，《传染病防治法》明确规定，国家对患有特定传染病的困难人群实行医疗救助，减免医疗费用；《突发公共卫生事件应急条例》明确规定，县级以上各级人民政府应当提供必要资金，保障因突发事件致病、致残的人员得到及时、有效的救治。所以，如果说医患间的契约性交换是社会分工的产物，那么对于双方的非契约性交换则并非完全由分工所致，而是人与其社会交往对象的一种情感供需，以及国家或社会对个体健康保障的承诺兑付。就2019年新冠疫情而言，2020年1月22日国家医疗保障局、财政部联合下发的《关于做好新型冠状病毒感染的肺炎疫情医疗保障的通知》明确，确保患者不因费用问题影响就医，并确保收治医院不因支付政策影响救治。[2]对于因疫情中的强制、免费治疗而产生的医患关系，甚至一般的医患关系，一直有观点认为其均不属平等、自愿、等价有偿的"民事法律关系"，而是行政法律关系。[3]这一主张并非毫无根据，事实上中华人民共和国成立后，行政法律关系的医患关系就曾确立，且其确立的因素至今仍然存在，并在卫生政策中得以体现。

一般而言，经济政策与医患关系法律属性的对应关系，大致如图4所示：在完全国家资源投入模式，如计划经济模式下，医疗被定位为公益性，医患关系往往被视为行政法律关系；在国家资源完全不投入模式，即绝对商业性（或者说契约性）模式下，医患关系往往被定位为民事法律关系，甚至消费者

---

[1] 参见曾日红：《医患关系契约性被强化的困境——基于契约法语境下的探讨》，载《南京医科大学学报（社会科学版）》2014年第6期。

[2] 国家医疗保障局、财政部《关于做好新型冠状病毒感染的肺炎疫情医疗保障的通知》，首先确保患者不因费用问题影响就医：一是对于确诊新型冠状病毒感染的肺炎患者发生的医疗费用，在基本医保、大病保险、医疗救助等按规定支付后，个人负担部分由财政给予补助，实施综合保障。二是对于确诊新型冠状病毒感染的肺炎的异地就医患者，先救治后结算，报销不执行异地转外就医支付比例调减规定。三是确诊新型冠状病毒感染的肺炎患者使用的药品和医疗服务项目，符合卫生健康部门制定的新型冠状病毒感染的肺炎诊疗方案的，可临时性纳入医保基金支付范围。其次确保收治医院不因支付政策影响救治。对收治患者较多的医疗机构，医保经办机构可预付部分资金，减轻医疗机构垫付压力。医保经办机构应及时调整有关医疗机构的总额预算指标，对新型冠状病毒感染的肺炎患者医疗费用单列预算。各级医保经办机构要确保与医疗机构及时结算，保证救治工作顺利进行。

[3] 参见胡晓翔：《从新冠肺炎的诊治费用谈起》，载《月旦医事法报告》2020年第45期。

权益法律关系（消费者权益保护法是由过度契约化所催生的社会法）；而在社会主义市场经济下，医疗领域的资源配置属混合模式，完全公益性、绝对商业性、商业性与公益性以一定比例共存的现象存在，此时医患关系呈现出多样性。在从计划经济向社会主义市场经济转型的大背景下，我国医疗政策定位经历了医疗福利化确立、医疗市场化尝试、市场基础上的医疗公益化回归的演变，具体演变的简要时间线如下：

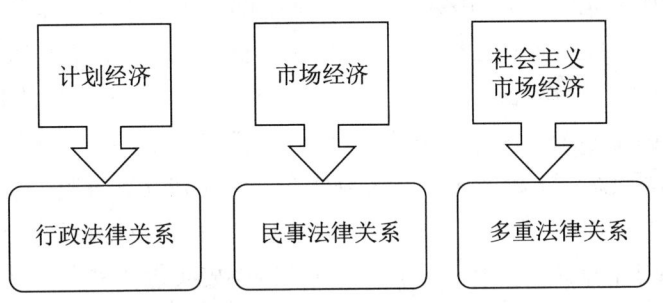

图4　医患关系法律属性与经济政策的关系

（1）医疗福利化确立。1951年，原卫生部《关于健全和发展全国卫生基层组织的决定》提出对公立医院实行"统收统支"管理。随后，为调动公立医院的积极性，政策相继调整为"以收抵支、差额补助""全额管理、差额补助"。自1953年开始，政府、工业及其他部门建立了大批公立医院。自1956年初开始，在社会主义改造背景下，部分民营医院转为公立医院。到1965年，中国城市公立医院体系基本构建完成。与此同时，根据毛泽东同志关于"把医疗卫生工作的重点放到农村去"的指示，农村合作医疗和"赤脚医生"热潮出现，县、乡、村三级农村医疗卫生服务网络开始建立。当时我国对医院实行的是单纯福利性事业和计划经济的管理模式，即对全国医院"包起来、养下去"。此时，把基本上免费的医疗当成一种福利，提供给一部分特定的社会群体，包括国有部门的职工（即正式雇员）、离退休者、退伍军人、革命或因公伤残人士和在校大学生；免费医疗的资金来自工作单位，而不是国家，更不是来自保险机构；人口众多的农民则由其所在的人民公社实行合作医疗。中国医疗政策嵌入在高度行政化的政治经济体制之中，行政协调成为医疗领域的主宰性甚至排他性治理机制。公立医疗机构像其他事业单位一样，是各自所属的政府行政部门的组成部分，在庞大的行政等级体系之中，医疗机构管理者没有管理自主性，也没有决策权，只负责执行计划，完成任务。[1]但是，由于经费与投入不足、三次大幅度降低医疗收费标准，公立医院亏损严重、"吃大锅饭"现象严重，不得不进行改革。

(2) 医疗市场化尝试。1979年1月，时任原卫生部部长的钱信忠提出"要运用经济手段管理卫生事业"。1980年8月，国务院批准原卫生部《关于允许个体开业行医问题的请示报告》，民营医院开始迈出第一步。1985年(被称为"医改元年")，国务院批准原卫生部《关于卫生工作改革若干政策问题的报告》，提出放权让利，扩大医疗卫生机构自主权，提高医疗卫生机构的效率与效益。1992年，原卫生部下发《关于深化卫生改革的几点意见》，要求医疗卫生机构在"以工助医""以副补主"等方面取得新成绩，医疗卫生机构进入市场化阶段。1998年，国务院颁布《关于建立城镇职工基本医疗保险制度的决定》，中国医保改革开始，随着城镇居民医疗保险和新农合的实行，医疗保障体系基本建立。2000年，地方公立医院率先实行"完全市场化"医院改制，国务院原经济体制改革办公室等多部门联合发布《关于城镇医药卫生体制改革的指导意见》，鼓励"各类医疗机构合作合并"，公立医院迎来改制高潮。[2]这一时期，中国的医疗政策以调适性体制改革、行政治理弱化和市场机制发育不良为特征。医疗领域主要发生了一些零碎性的调适性体制改革，公立医疗机构基本上都从政府部门的预算单位转变为具有财务自主性的公立机构。1998年，我国在全国范围内建立了"城镇职工基本医疗保险制度"，但在城镇地区的非工作人群以及在农村地区的绝大多数农民，没有任何医疗保险。从1994至2002年，政府在医疗卫生领域诸多服务的筹资和提供上减少了责任，呈现出国家退出的特征，导致公共卫生的停滞和农村医疗保障的孱弱[3]。然而，国家退出或行政治理的弱化并不意味着市场机制能够自然运转正常。

(3) 市场基础上的医疗公益化回归。事实上，在医疗市场化已启动但未完全确立时，对医疗市场化的反思就已经开始，而且因2003年SARS疫情所引发的对公共卫生体制漏洞的反思，进一步放缓了医疗市场化的进度。这一

---

[1] 顾昕：《新中国70年医疗政策的大转型：走向行政、市场与社群治理的互补嵌入性》，载《学习与探索》2019年第7期。

[2] 一旦医疗领域无节制地市场化，医患关系适用《消费者权益保护法》将指日可待。

[3] Duckett, Jane, *The Chinese State's Retreat from Health: Policy and the Politics of Retrenchment*, Routledge, 2011.

时期，中国的医疗政策以国家再介入为特征，寻求行政治理与市场治理的再平衡。2005年9月，公立医院开始探索管办分离的发展模式。2007年，党的十七大报告明确坚持公共医疗卫生的"公益性质"；此"坚持"随即成为我国"医改"的核心原则。2009年，中共中央、国务院发布《关于深化医药卫生体制改革的意见》，新"医改"拉开序幕，"推进公立医院改革"是新"医改"方案中的五项重点内容之一。新"医改"方案推出了庞大而又复杂的改革配套，其核心内容可以概括为三大战略性举措：①建立全民医疗保险制度；②推进医保支付制度改革；③形成多元办医的格局。在涉及全民医保推进和公共财政转型的需求侧改革上，新"医改"很快取得了实质性的进展，政府财政预算支出通过"补需方"的强化及其制度化，不仅使基本医疗保险体系在2012年就实现了全民覆盖，而且还为推进医保支付制度改革，进而重构医疗供给侧的激励机制奠定了基础。2012年，北京、深圳等地公立医院率先实行"医药分开"试点，旨在倒逼公立医院停止"以药养医"，实行近60年的药品加成政策开始退出历史舞台。2014年党的十八届四中全会提出，社会主义市场经济本质上是法治经济，要发挥市场在资源配置中的决定作用，必须完善社会主义市场经济法律制度。2015年，国务院办公厅发布《关于推进分级诊疗制度建设的指导意见》，全国各级公立医院开始推行分级诊疗。这一制度的推行必将限制患者就医行为的选择权，是对市场行为的干预。2017年9月，国务院新闻办公室发表《〈中国健康事业的发展与人权进步〉白皮书》，强调"实现全民健康是中国共产党和中国政府对人民的郑重承诺"。2017年10月，党的十九大报告提出"实施健康中国战略""坚持在发展中保障和改善民生"，其中强调"病有所医""老有所养""弱有所扶"。[1]

无疑，政策具有政治性，有关政府选择做哪些事情而不做哪些事情，其涉及社会行为调节、机构组织、利益分配、征税等，或者同时完成这些任务。[2]而且，政策学界往往将法律法规视为政策的一种形式。[3]2020年6月1日起施

---

〔1〕 文件梳理参见中国卫生监督协会：《建国70年我国卫生法制建设成效》，载《中国卫生法制》2019年第5期。

〔2〕 参见［美］托马斯·戴伊：《理解公共政策》（第11版），孙彩红译，刘新胜、张国庆校，北京大学出版社2008年版，第2页。

〔3〕 参见刘思萱：《政策对我国司法裁判的影响——基于民商事审判的实证研究》，中国政法大学出版社2016年版，第7页。

行的《基本医疗卫生与健康促进法》，是医疗政策典型、权威的载体。当然以"法"方式加以明确意味着，其所涉及的政策在一定时期往往具有一贯性与稳定性，并是带有全局性、根本性、决定发展总体部署方向的医疗政策。该法第3条第2款明确规定，医疗卫生事业应当坚持公益性原则。该法律的出台过程，意味着公益性从政策目标演变成了法律要求，完整呈现了医疗政策演变为医事法律的过程，诠释了党的政策、国家政策或者公共政策对立法的重大甚至决定性的影响与作用〔1〕。但法律法规除了承载政策目标，还承载着善、公平、正义等目标。对于法律专家来说，正义是最重要的德性之一，只有那些拥有正义美德的人才可能知道如何运用法律。〔2〕尤其是法官，其工作的重点在于个案的矫正正义，虽然其对影响当事人行为背后的政策因素以及政策的定位会有所考虑，但其需要选择合适的路径与方式来体现其对政策的"考虑"。所以，在政策转化为法律之前，法与政策不能绝对等同。事实上，在法学界，政策与司法的关系一直是一个重要的话题。

（二）患方主体地位需求

医疗卫生事业公益性的定位与实现，属于"公共权力机关经由政治过程所选择和制定的为解决公共问题、达成公共目标、以实现公共利益的方案"〔3〕之范畴。但是，在现代法律文明的推动下，医患关系被纳入法律规范范畴后，患方对主体地位的需求不断明确化。以职业健康检查为例，费用由用人单位承担，就劳动者个人而言，该医疗行为完全免费。这在一定程度上也证实，医疗公益性不是让医方承担患者的费用，而是由其他主体如人社部门、用人单位等承担相关费用。那劳动者与体检医疗机构之间的社会关系是什么样的法律性质呢？从"谁是送达职业健康体检报告给患者的主体"这一细节，能大致发现患方对主体性需求的演变逻辑。

第一阶段：医疗机构应将检查报告发送给行政部门，行政部门给体检者发放健康合格证明。1995年6月2日原卫生部发布的《预防性健康检查管理办法》第11条至第14条规定的健康检查流程如下：第一步，受检单位应按

---

〔1〕 参见李友根：《政策研究的部门法理学探索》，载刘思萱：《政策对我国司法裁判的影响——基于民商事审判的实证研究》，中国政法大学出版社2016年版，序第1页。

〔2〕 参见［美］阿拉斯戴尔·麦金太尔：《追寻美德：道德理论研究》，宋继杰译，译林出版社2011年版，第192页。

〔3〕 宁骚主编：《公共政策学》，高等教育出版社2003年版，第109页。

规定向卫生监督机构提交受检人员名单。第二步，承担健康检查的单位根据卫生监督机构确定的受检人员名单，按规定的应检项目安排健康检查。第三步，健康检查单位应将受检人员的检查、检验等原始记录及健康检查结果报送卫生监督机构。第四步，卫生监督机构根据健康检查结果，对预防性健康检查合格者签发健康合格证明，对不合格者提出处理意见并监督执行。同时，原始材料交受检单位或规定的存档单位存档。所以，不难设想，如果卫生监督机构延误签发健康合格证明，将引发行政争议。而如果承担健康检查的单位延误报送"检查、检验等原始记录及健康检查结果"给卫生监督机构，将会受到一定的行政责罚。

第二阶段：医疗机构应将检查报告给用人单位，用人单位再将体检结果告知体检者。2001年《职业病防治法》第32条规定，对从事接触职业病危害的作业的劳动者，用人单位应当按照国务院卫生行政部门的规定组织上岗前、在岗期间和离岗时的职业健康检查，并将检查结果如实告知劳动者。需说明的是，2017年修正的《职业病防治法》仍沿袭了该条款的精神。可见，此时行政机关不再作为体检报告送达的直接参与者，而是监管主体；送达职业健康体检结果给劳动者的义务方为用人单位，劳动者与医疗机构没有形成完整的合同关系，似乎因为直接签订合同、付费主体均是用人单位，所以体检合同的主体是用人单位而非劳动者，劳动者似乎成了该合同客体的一部分。

第三阶段：一般情形与第二阶段相同；但特定情形下，出于对劳动者健康负责的考虑以及对用人单位因欠缺医学专业知识可能的错误判断或延误送达的顾虑，医疗机构在将提交报告送达给用人单位外，还应将职业健康检查报告送达给体检者。早在2002年5月1日起施行的、由原卫生部出台的《职业健康监护管理办法》第15条就已规定，体检机构应当自体检工作结束之日起30日内，将体检结果书面告知用人单位，有特殊情况需要延长的，应当说明理由，并告知用人单位。用人单位应当及时将职业健康检查结果如实告知劳动者。发现健康损害或者需要复查的，体检机构除及时通知用人单位外，还应当及时告知劳动者本人。可见，对于特定情况（不仅包括职业病相关的身体健康问题，还包括非职业病身体健康问题），体检机构应自行及时将体检结果告知劳动者。上述规定，其实是规范对重要事项所作的双重保障。这意味着参加职业健康体检的劳动者与医疗机构建立了完整的合同关系，只不过体检合同签订与费用支付的义务在用人单位。无疑，行政法律规范对《职业病防治法》的瑕疵，进行了一定程度的修补。随后原卫生部发布的《职业健康监护技术规范》（GBZ188-2007）第4.2.2条在劳动者的权利和义务中更进一步明确，如果该健康检查项目不是国家法律法规制定的强制性进行的项目，劳动者参加应本着自愿的原则。可见，劳动者的主观意志在非强制项目检查中，将直接决定合同的成立与否，其主体性得到了进一步的尊重。当然，为强化用人单位的责任，《用人单位职业健康监护监督管理办法》第7条明确规定，用人单位是职业健康监护工作的责任主体，强调用人单位告知劳动者体检结果的义务。

第四阶段：医疗机构应将检查报告给体检者。2014年10月1日施行的《职业健康监护技术规范》（GBZ188-2014）第4.8.3条更明确医疗机构的送达义务，要求"个体体检结论报告应一式两份，一份给劳动者或受检者指定的人员，一份给用人单位"。为此，如果医疗机构延迟下发体检报告，在患方与医疗机构之间将会引发关于民事医疗损害赔偿纠纷的诉讼[1]。

但是，以强调医疗机构责任的2015年《职业健康检查管理办法》第15条规定，职业健康检查机构应当在职业健康检查结束之日起30个工作日内将职业健康检查结果，包括劳动者个人职业健康检查报告和用人单位职业健康检查总结报告，书面告知用人单位，用人单位应当将劳动者个人职业健康检查结果及职业健康检查机构的建议等情况书面告知劳动者。同时，其第16条规定，职业健康检查机构发现疑似职业病病人时，应当告知劳动者本人并及时通知用人单位，同时向所在地卫生计生行政部门和安全生产监督管理部门报告。发现职业禁忌的，应当及时告知用人单位和劳动者。不难发现，这里存在一个漏洞，即如果职业健康检查机构发现不是疑似职业病病人，而存在"非职业病"的异常结果时，其是否存在同时直接告知劳动者的义务？如果医疗机构认为自己没有义务告知劳动者"非职业病"的身体异常，而作为重点关注职业病防治的用人单位因缺乏医学专业判断能力未及时告知劳动者体检结果，最后造成劳动者非职业病延误治疗，医疗机构是否需要承担延误责任便会存在争议。换言之，该规定让新法与旧法、上位法与下位法之间的衔接、

---

〔1〕 江苏省徐州市中级人民法院审理的董某等诉徐州矿务集团职业病防治院医疗损害责任纠纷一案（案号：[2014]徐民终字第189号），载 https://wenshu.court.gov.cn/website/wenshu/181217BMTKHNT2W0/index.html? pageId=43d5edd46a48b3c1d3161094e423915e&s21=[2014]徐民终字第189号。

适用，面临争议。为减少争议，在职业病健康体检活动中，医疗机构应与劳动者明确约定属于劳动者的体检结果报告的送达方式，即直接送达给劳动者还是由用人单位转达。现实中也确实没有必要要求用人单位和医疗机构都分别送达一份体检报告给劳动者，因为劳动者并不需要两份一模一样的体检报告。为此，即便就劳动者而言，职业健康检查完全是公益性的，但医疗机构与劳动者关于体检报告送达事项的约定，无疑具有民事性质。当然，如果可以，法律规范应将用人单位与医疗机构二者的衔接事宜作进一步明确，以满足患者及时获取体检结果、及时就医的现实需求。

可见，患方意志的彰显、个体自主权的法定化、法律责任的落实，都体现了法律对患者需求的尊重，并最终在医患关系中确立了患方在职业体检合同中的主体地位，包括作为相关诉讼纠纷的适格原告。

(三) 实质正义

医患关系被纳入民法领域范畴后，又进一步被纳入契约法领域。但纳入一般民事领域或契约法范畴还仅是医患双方形式平等的体现，考虑到医方在医疗专业技术知识掌握中具有绝对优势以及在诊疗中处于主导地位，有学者提倡将医患关系纳入《消费者权益保护法》调整范畴即社会法领域，以实现实质平等。毕竟，《消费者权益保护法》正是契约法为确保交易双方的实质平等而衍生出来的产物。我国早在1993年10月31日第八届全国人民代表大会常务委员会第四次会议通过《消费者权益保护法》（自1994年1月1日施行），该法确立了消费者的知情权、平等交易权、依法求偿权，对经营者的欺诈行为实行双倍赔偿等。2013年10月25日，第十二届全国人民代表大会常务委员会第五次会议通过《关于修改〈中华人民共和国消费者权益保护法〉的决定》，该次修法主要从强化经营者义务、规范网络购物等新的消费方式、建立消费公益诉讼制度、对经营者的欺诈行为实行3倍赔偿等方面完善消费者权益保护制度。有学者认为《消费者权益保护法》比一般民事法、卫生行政法规更适于保护患者利益，更有利于患者在损害纠纷中获得惩罚性赔偿。[1]司法实践中，更有患方直接向法院主张依照《消费者权益保护法》追究医方的责任，且该主张在极少数案例中获得了法院的支持。甚至还有部分

---

[1] 时颖：《医患关系社会法属性分析及法律适用》，载《新疆大学学报（哲学·人文社会科学版）》2011年第2期。

省份如浙江省、广东省、吉林省曾通过地方立法明确规定"医疗纠纷应适用《消费者权益保护法》调整"。不过,我国医疗市场化并没有绝对化,仅有部分领域属于绝对市场化如美容领域,所以司法实践中,绝对市场化医疗领域适用《消费者权益保护法》,而医疗领域绝大多数案件并不适用《消费者权益保护法》。[1]

与此同时,食品领域实行了比《消费者权益保护法》更严格的惩罚性赔偿。①2009年《食品安全法》第96条第2款明确,生产不符合食品安全标准的食品或者销售明知是不符合食品安全标准的食品,消费者除要求赔偿损失外,还可以向生产者或者销售者要求支付价款10倍的赔偿金。②2013年12月9日最高人民法院审判委员会通过的最高人民法院《关于审理食品药品纠纷案件适用法律若干问题的规定》第15条明确规定,生产不符合安全标准的食品或者销售明知是不符合安全标准的食品,消费者除要求赔偿损失外,向生产者、销售者主张支付价款10倍赔偿金或者依照法律规定的其他赔偿标准要求赔偿的,人民法院应予支持。③2015年修订、2018年修正的《食品安全法》均在第148条第2款中明确,生产不符合食品安全标准的食品或者经营明知是不符合食品安全标准的食品,消费者除要求赔偿损失外,还可以向生产者或者经营者要求支付价款10倍或者损失3倍的赔偿金;增加赔偿的金额不足1000元的,为1000元。但是,食品的标签、说明书存在不影响食品安全且不会对消费者造成误导的瑕疵的除外。

但是,长期以来在医疗领域的立法中,药品的生产企业、经营企业、医疗机构违反相关法律规定,给药品使用者造成损害的,仅依法承担损失填补性的赔偿责任,并未实行3倍损失赔偿或10倍价款等惩罚性赔偿。直到2019年12月1日,《药品管理法》施行,才在其第144条第3款中规定,生产假药、劣药或者明知是假药、劣药仍然销售、使用的,受害人或者其近亲属除请求赔偿损失外,还可以请求支付价款10倍或者损失3倍的赔偿金;增加赔偿的金额不足1000元的,为1000元。2020年12月29日最高人民法院审判委员会第1599次会议通过的最高人民法院《关于审理食品药品纠纷案件适用法律若干问题的规定》第18条还明确规定"药品的销售者"包括医疗机构,

---

[1] 例如,广东省湛江市中级人民法院民事判决书[2018]粤08民终2565号,认为医院、患者不属于《消费者权益保护法》中所指的"经营者""消费者"。

第一章　医患关系法律属性之争：资源配置机制对交往机制的影响

并在第 15 条第 2 款中明确 "明知是假药、劣药仍然销售、使用的，受害人或者其近亲属除请求赔偿损失外，依据药品管理法等法律规定向生产者、销售者主张赔偿金的，人民法院应予支持"。

无疑，对患者的保护规范，目前在很多方面比对消费者的保护更周全，例如，医疗行业的准入要严于一般经营者的准入，医疗广告的审查要严于一般的商业广告，患者知情同意权比消费者知情权更全面。但医疗侧重对 "事前" 规制，以防控风险；《消费者权益保护法》则在 "事后" 救济方面存在更有力的举措，如公益诉讼（医疗领域没有公益诉讼）、消费者协会的参与（医疗领域有医师协会，但没有患者协会）、惩罚性赔偿（医疗领域一般不支持惩罚性赔偿，直到 2019 年才开始仅就假药、劣药实行惩罚性赔偿）等[1]。不难发现，主张适用一般民法、契约法及《消费者权益保护法》的论点背后，强调的是医患关系的契约性；而拒绝适用一般民法、契约法及《消费者权益保护法》的论点，强调的是医患关系的公益性。契约性与公益性，是貌似相互冲突的两个概念：注重契约性，会损害公益性；注重公益性，就需要忽视契约性。如果在契约性与公益性之间无法做到 "非此即彼" 的选择，则让二者在何种比例、何种状态下共存，如何实现 "市场不让医疗公益性变味" "公益性不让市场失灵"，便是 "医改" 不可回避的话题。要了解医患关系的法律

---

[1]《消费者权益保护法》第 36 条规定："消费者协会和其他消费者组织是依法成立的对商品和服务进行社会监督的保护消费者合法权益的社会组织。" 第 37 条规定："消费者协会履行下列公益性职责：（一）向消费者提供消费信息和咨询服务，提高消费者维护自身合法权益的能力，引导文明、健康、节约资源和保护环境的消费方式；（二）参与制定有关消费者权益的法律、法规、规章和强制性标准；（三）参与有关行政部门对商品和服务的监督、检查；（四）就有关消费者合法权益的问题，向有关部门反映、查询、提出建议；（五）受理消费者的投诉，并对投诉事项进行调查、调解；（六）投诉事项涉及商品和服务质量问题的，可以委托具备资格的鉴定人鉴定，鉴定人应当告知鉴定意见；（七）就损害消费者合法权益的行为，支持受损害的消费者提起诉讼或者依照本法提起诉讼；（八）对损害消费者合法权益的行为，通过大众传播媒介予以揭露、批评。各级人民政府对消费者协会履行职责应当予以必要的经费等支持。消费者协会应当认真履行保护消费者合法权益的职责，听取消费者的意见和建议，接受社会监督。依法成立的其他消费者组织依照法律、法规及其章程的规定，开展保护消费者合法权益的活动。" 第 47 条规定："对侵害众多消费者合法权益的行为，中国消费者协会以及在省、自治区、直辖市设立的消费者协会，可以向人民法院提起诉讼。" 第 55 条规定："经营者提供商品或者服务有欺诈行为的，应当按照消费者的要求增加赔偿其受到的损失，增加赔偿的金额为消费者购买商品的价款或者接受服务的费用的三倍；增加赔偿的金额不足五百元的，为五百元。法律另有规定的，依照其规定。经营者明知商品或者服务存在缺陷，仍然向消费者提供，造成消费者或者其他受害人死亡或者健康严重损害的，受害人有权要求经营者依照本法第四十九条、第五十一条等法律规定赔偿损失，并有权要求所受损失二倍以下的惩罚性赔偿。"

属性，首先要了解医患关系自身固有的属性以及国家政策赋予其的属性为何。换言之，在确定哪些属性应该尊重、哪些属性应该抑制以及尊重到何种程度、抑制到何种程度后，法律才能在时机成熟时明确医患关系的法律属性。无疑，政策变动，会让政策赋予医患关系的属性发生变化，进而影响其定位及应呈现的程度，并最终引发医患关系的法律属性改变。为进一步论证，以下研究将从社会交换视角，沿医患关系契约性这一线索，来分析法律对社会交换主体、交换标的、交换正义、交换形式的影响。

二、医患关系的契约性

人的生物性表明，其生存和发展要与作为契约性交换标的的物质性事物紧密相关。医患关系，由于药品、技术服务和货币等医患间交换标的的存在，不可避免地具有物质性。所以，医患关系被建构、被定义为契约关系，并不是一种纯粹的人为杜撰，而是由于该关系在自身发展过程中、在依赖物质性事物的基础上所形成的契约性。契约是社会分工后产生的必然制度，这是人们不得不承认的客观事实。

（一）医患关系满足契约的主体要件

每个人都要经历生、老、病、死，或早或晚会成为某个医学分支范围内接受照顾、料理的患者，[1]这驱动着人类无论何时都要与疾病抗争。正是在这一抗争过程中，医疗职业得以出现并成长、壮大。在人类发展阶段的初期，创伤、生育、疾病等并不会由于当时人类医疗技术的缺乏而离席。只是当时的治疗大都是患者自我求生的本能反应，抑或只是少部分人的自助或互助行为：患者自己及身边人往往扮演了医生的角色。在不断寻求救治方法的行动中，一部分人借助个体经验积累的优势差异拥有了医生角色的初步形态。但由于医疗技术的匮乏，这些人在医学发展初期阶段，并没有足够的医学专业技能来保障其以独立的"医者"身份与"患者"进行交换，也缺乏足够的医学知识来解释治疗效果和成败。此时，鬼神往往成为他们借助的一个强大身份符号。所以，在职业医生进入历史视野前的一段较长时期，巫医是典型的治疗者，其是用宗教仪式和特殊材料治疗疾病的人。这种神职与医职的重叠、

---

〔1〕 Joan Lane, *A social History of Medicine: Health, Healing and Disease in England, 1750-1950*, London: Rout-ledge, 2001, p. vii.

医学功能与宗教功能的结合，让"医者"的个人权威被无限放大。随着医疗技术不断发展，职业医生逐步形成。其实，早在希腊文明时期，尽管祭司和医生都仍从事着治疗行当，但祭司和医生的身份已被明确界定。〔1〕后来，医疗技术的持续累积，让医生获得了越来越高的社会地位，还原论〔2〕在医学领域主导地位的确立，更使得医生拥有依靠自身专业技能在施救患者时独当一面的能力。据此可以发现，在医疗行为逐渐摆脱神秘色彩的同时，人与人之间的关系也慢慢成为医患关系的"主旋律"。

虽然在很长一段时间，公正、平等的交换由于人与人之间存在身份等级差异，难以实现，但上述"蜕变"已为医患关系契约性的形成迈出了最重要的一步，其是医患之间平等关系得以实现的起点。只有在人与人之间的不断博弈中，医患契约中的平等才能得以实现。作为一种交换方式，契约正是基于主体间的你我之别而产生，以你我之名义，就你我之利益作交换所作的一种处置。所以，只有在医患关系成为平等关系时，双方的对话与约定才具有可能性，从而具备现代意义契约的主体要件。

（二）医患关系满足契约的标的要件

正如路德维希·冯·米塞斯在《人类行为的经济学分析》中所阐述的，社会的公式是：为取而予。〔3〕从这个意义上分析，人的社会交往行为总是一种情况与另一种情况的交换。〔4〕为准确认识医患间的交换关系，有学者以爱、地位、服务、货物、信息以及金钱等方面来划分医患间的交换资源。〔5〕而其中的"服务、货物、信息以及金钱"符合契约的内容要件，即为"可约定、可物化、可量化、可检验"的事物。

医疗技术含量低、医疗成本不高，是医疗职业成长初期的特点。彼时，声望与尊敬是医生的治疗行为的首要换取对象，其次才是钱财。于是，医疗

---

〔1〕 参见［美］约翰·伯纳姆:《什么是医学史》，颜宜葳译，张大庆校，北京大学出版社2010年版，第10、12~14页。

〔2〕 将人体还原为独立的器官、组织、细胞、蛋白或基因，以发现导致疾病的生物学变化。

〔3〕 参见［奥］路德维希·冯·米塞斯:《人类行为的经济学分析》，聂薇、裴艳丽译，聂薇、裴艳丽审校，广东经济出版社2010年版，第171页。

〔4〕 参见周安平:《社会交换与法律》，载《法制与社会发展》2012年第2期。

〔5〕 Foa, E. B. and Foa, V. C, " Resource Theory of social Exchange", in J. W. thibant, T. T. spence, and R. C. Carson（eds）, *Contemporary Topics in social psychology*, worroestown, N. J. : General learning, 1976, pp. 15~32.

更多地被视为一种"礼物"。礼物与人的身份紧密相关,给予者具有一定优越感;礼物则不仅具有工具性,更具有情感性,同时其还有让礼物接受方承担"回馈"义务的重要功能。医患关系在医生接受患者"回馈"的物质或钱财时,便自然具有了契约性。事实上,人类的医疗活动——不论何种存在形式,都存在一个普遍的程序。首先,治疗者作出诊断;然后,治疗者预测病情的发展趋势和进程,即预后,这是不确定性最高的部分;接着,治疗者开具处方;最后,形成账单。[1]即便患者到神庙去看病,也会献上合适的祭品并给付祭司报酬。职业医生由于专业分工的不断细化,其自身需求的满足更需要通过医疗行为来实现。同时,医疗成本随着医疗技术不断发展、在治疗中的分量逐渐增长而不断提高,于是医疗技术越重要,契约性交换亦变得越重要。货币便成了衡量医疗技术价值的不错选择。货币具有可量化、可物化的特性,是资源中最具契约性的一种,具有像尺子一样衡量价值的功能和价值储藏、支付手段等重要作用。用货币作为计算单位,可以让行为主体对不同货物、服务进行估值、对比、购买或销售,其具有"在使社会物质变换超越一切地方的、宗教的、政治的和宗族的区别方面成为异常有力的因素"。[2]因此,在契约式交换中,货币起着非常重要的作用。当药品、物、价格、数量、货币和技术信息逐步固化为医患关系的内容时,医患关系便被转换成货物销售和服务合同。正如哈佛大学查尔斯·罗森伯格教授在其《来自陌生人的照顾》(The Care of Strangers)专著中所揭示的:"现代医患关系的本质是陌生人与陌生人之间的求助与救助关系,并往往伴随着药品与医疗服务的交易活动。"[3]

(三)医患关系满足契约的实质要件

契约的本质是每一方都要通过增进他人利益来增加自己的利益,使双方实现等值互惠。霍曼斯曾认为,可以将社会交往过程设想为"一种两个及以上个体之间的交换活动,无论这种活动是有形的,还是无形的,无论是多少有报酬的,有多少代价的"。[4]而关于报酬与代价的关系,齐美尔称:"给予

---

[1] 参见[美]约翰·伯纳姆:《什么是医学史》,颜宜葳译,张大庆校,北京大学出版社2010年版,第12页。

[2] 《马克思恩格斯全集》(第46卷)(下),人民出版社1979年版,第435页。

[3] 参见王一方:《医学是什么》,北京大学出版社2010年版,第48~49页。

[4] 转引自[美]彼得·M.布劳:《社会生活中的交换与权力》,李国武译,商务印书局2008年版,第88页。

第一章　医患关系法律属性之争：资源配置机制对交往机制的影响

和回报等值这一模式是人们之间的所有接触的前提。"[1]可见，付出与收获等值是多数人的天然心理需求，物质交换和情感交换都是如此。充分利用各自的资源，来实现人际的互惠。一般而言，个人在社会生活中能够实现的互惠程度和满足自我需求的程度由其拥有资源的多寡决定。拥有的资源越多，用于交换的付出才能够越多，从而交换所得才可能越多；所得越多，拥有也就越多。"商品是天生的平等派"[2]，在商品交易中被具体而深刻地诠释着。"等价交换"作为商品经济领域的重要概念，是商品交换的基本原则；在人际关系中，该原则要求一方主体在与其他社会主体交往中需要实现付出与收益对等。医患间的交换一定程度上也受到了该原则的影响，不遵循互惠原则，将难以为继。

既然公平交换要求在与其他个体进行交换的过程中，人们会希望双方的报酬与其付出的成本成比例，成本越多则代表着所期待的报酬越多；那么，医患关系的维系就必须考虑各自的付出与所得。在现代社会，不同个体基于不同的动机，为获得必要的资格和技能以成为一名合格的、被认可的医生，必然要投入大量的资源、时间和精力等成本，经过长期的教育、培训、考核和选拔后，才能以医生身份执业。目前，全世界范围内，医学的学制与训练方式多半相同，医学生在大学需要学习五六年时间，甚至更长时间，如美国除了四年医学本科，还需要两三年的医学预科，更有一两年的医院见习。[3]我国八年制临床医学专业学生需完成近50门课程的学习，俨然一个医学精英教育的"金字塔"。同时，随着现代医疗机制集团化，医疗管理经营成本增大，特别是随着具有先进科技含量的大型先进医疗设备、器械的使用，医疗成本不断攀升。此外，医疗领域内的研发、创新成本巨大。在医疗服务提供方的软件与硬件成本都非常高昂的前提下，其需要的相应补偿和回报也会相当高。当来自国家或社会的资助有限时，从患者处获得一定比例的物质补偿或对价也就理所应当、自然而然了。

---

[1] 转引自[美]彼得·M.布劳：《社会生活中的交换与权力》，李国武译，商务印书馆2008年版，第33页。

[2] [德]马克思：《资本论》（第1卷），中共中央马克思恩格斯列宁斯大林著作编译局译，人民出版社1975年版，第104页。

[3] 参见[意]卡斯蒂廖尼：《医学史》（下册），程之范主译，广西师范大学出版社2003年版，第1033页。

（四）医患关系满足契约的形式要件

虽然医患关系双方是平等的法律主体，二者交换标的可以被物化、量化（以下简称"物量化"），但绝对等值互惠，即使是事物性的交换也难以实现。因为"合同交易的所有物品价值是依据合同当事人的个人喜好来设定的，公平价格就是他们同意给出的价格"。[1]医患间的交换更是如此。因此，协商甚至"讨价还价"的现象，必然会出现在医患间的交换中，特别是交互行为在陌生人之间往往要以契约中的要约承诺形式呈现。承诺的生效，是契约成立的标志。本质上是通过在当前进行交流从而作出的一个从事互惠性、可度量交换的允诺，继而对未来进行规划。通常，要约人的意志、承诺人的意志、为限制未来的选择而采取的现时行为、交流、可度量的互惠性，是交换中的承诺所具有的五个要素。[2]

现代医患关系是"信任（选择）—诉求—承诺—履约"的循环加速过程，信任与承诺是其核心。[3]一方面，医方应增加患者对自己的信任，让患者愿意前来就诊；另一方面，患者也应该让医生产生信任，以保障后者获得所期待的地位与金钱等回报。具体分析现代就医流程，在医患关系中存在一定程度的契约性交换方式。从表面上看，医患关系的形成可大致分为一般情形与特殊情形。

在特殊情形下，医患之间会存在先治疗再付费或患者不需给出任何对价或补偿的现象。这些情形是医疗者救死扶伤的职责以及社会或国家给予民众健康公益保障或福祉的体现。我国《宪法》第45条明确规定，我国公民在年老、疾病或者丧失劳动能力的情况下，有从国家和社会获得物质帮助的权利。而且在明知无诊金无薪酬情形下医治病人、宣讲医学知识的医生，在中外医学史中大量存在。[4]当然，简单依赖医方来完成这项医疗活动是有风险的，需要完善相关的资源与规范保障。例如，2011年7月27日21时许，河北省安国市街头发生一起交通事故，一名女性流浪者（身份不明）被撞伤。安国市中

---

[1] Pollock, supra n. 47, p. 172.

[2] 参见［美］Ian R. 麦克尼尔：《新社会契约论》，雷喜宁、潘勤译，中国政法大学出版社2004年版，第7页。

[3] 参见王一方：《医学是什么》，北京大学出版社2010年版，第329页。

[4] 参见［美］约翰·伯纳姆：《什么是医学史》，颜宜葳译，张大庆校，北京大学出版社2010年版，第26页。

第一章　医患关系法律属性之争：资源配置机制对交往机制的影响

医院接到 110 指挥中心报告后，指派医院救护车司机王某将该名在交通事故中受伤的流浪女接至医院，值班外科医生刘某仅对患者进行了简单处理。随后医院相关人员因考虑医疗费用问题，将患者运至邻县，抛弃在一树林的空地上。7月 28 日 6 时左右患者被人发现时已死亡，经鉴定符合创伤性休克、失血性休克死亡特征。[1]就此问题，国家制定并完善了一系列急救规范文件，例如国家卫生健康委员会等部门《关于进一步推进疾病应急救助工作的通知》（国卫医发〔2021〕1 号）明确，对于在中国境内发生急危重伤病、需要急救但身份不明确或无力支付相应费用的患者，各地区可根据实际情况启动疾病应急救助基金。

而在一般情形中，医患关系往往表现为以药品、医疗器械以及包括手术在内的其他治疗服务为内容的契约关系，患者需要支付相应的医疗费用，当然政府定价以及医保制度的落实会让该费用低于纯粹的市场价格，其通常被认为具有一定的公益性。一般情形可概括为：挂号、检查、诊断、付费及治疗五个阶段。基于治病救人的天职以及现代医师执业的准入要求，医生执业本身就是一种信任宣示、是一种要约；作为一种行为承诺，病人成功交钱挂号就意味着医患服务关系建立，患者由此获得了要求医生履行其诊疗义务的权利。当然，在现代医疗按项目支付的模式中，医患间的交换往往由一组连环契约组成。虽然单项医疗项目收费本身的费用是预先规定的，但交流与协商仍存在于患者的选择过程中。以项目检查为例，医生开具检查单，是履行因挂号而成立的契约、同时是检查要约，患者可以选择是否检查。如果患者选择不检查，医生诊断的模糊性会增加并影响下一步具体的治疗方案；而如果患者选择检查，则该检查契约在患者缴费后成立。诊断是检查的目的，同样可被看作对挂号阶段形成的契约的履行，其结果又是医患关系继续即治疗的前提。医生诊断并开具处方后，患者往往有权拒绝拿药或采取进一步治疗。但通常情况下，医患关系最终会表现为两种主要形式，即药品或医疗器械，以及包括手术在内的其他治疗。[2]划价、付费、履行是药品或医疗器械的交换流程的一般表现，是一种以药品或医疗器械为标的的买卖契约形成的过程。如医患关系最终表现为进行手术或其他治疗时，医疗服务契约便自然形成。所

---

〔1〕　卢朵宝、岳文婷：《流浪女被撞伤遭医院遗弃身亡 院长称哪来扔哪去》，载 http://news.sohu.com/20110818/n316620088.shtml，最后访问日期：2018 年 8 月 15 日。

〔2〕　纪建文：《关系视角下中国的医患契约与医患纠纷》，载《法学论坛》2006 年第 6 期。

以，在一般情形下，医患沟通中患方的意志往往决定了药品或医疗器械买卖契约或服务契约成立与否，其又必然是在患者与医方沟通协商探索中达成的。

三、法律对医患关系契约性的强化

毋庸置疑，任何交换的发生都要基于当事人的信任，有效的信任机制是交换行为的重要保障。从历史的角度看，社会交易互惠的信任机制主要有：习俗、信仰、伦理和国家强制力等；其中，法律是国家惯用的社会控制手段，特别是当其被视为现代民主社会的标志时。当然，渐进式是社会历史进程的主要特征，虽然上述四种信任机制出现的时间早晚不同，但往往以混合体的形式发挥作用；只是其中之一会在某一特定历史时期具有相对优势。最初人类活动的范围较小，彼此较为了解，医患契约在这种熟人社会中主要靠风俗习惯来维系互惠。人类服从互惠的原则，便可以从中受惠，否则就会受到习俗的惩罚。信仰是巫医模式下的契约互惠的维持条件；此时的医患契约等同于一份誓言，具有神圣的色彩——一方签订合同的对象不仅仅是另一个人，还包括鬼神。陌生化在医学不断祛魅的过程中，也随着人类活动范围的扩大逐渐显现。通过不断增强医疗技术的优势以及遵守高标准的伦理规范，职业医生逐渐获得社会的认可，医患间的互惠信任机制建立在医疗职业伦理的基础上。而当医生过度追求自我利益[1]或与强权政治相勾结并不断突破医学职业伦理的限制时，国家强制力为保障交换互惠，便担负起为医疗职业设立伦理底线的职责。作为"善良和公正的艺术"，法律漫长的发展史，其实就是一部向交换"等值互惠"目标靠近的进程史。因其注重外在行为调整的特性，使得其实现正义的方式主要是保障医患二者地位平等、交换标的物量化、交换结果的公平、交换方式协商化等。契约性交换中的互惠是经法律保障的互惠的主要部分，被法律所保障的事物，基于法律背后的国家强制力得到强化。为此，法律关系的介入，无疑在客观上强化了医患关系的契约性。

（一）法律强化医患主体的平等性

法律对医患关系进行调整的重要前提之一是，后者实现了从"神与人"到"人与人"的转变。因为当医生被患者赋予太多人身依赖时，法律的介入

---

[1] 参见［美］约翰·伯纳姆：《什么是医学史》，颜宜葳译，张大庆校，北京大学出版社2010年版，第26页。

第一章　医患关系法律属性之争：资源配置机制对交往机制的影响

是非常有限的。如最早的医事法《汉谟拉比法典》，论及了外科医生，却忽略了"内科医生"。之所以这样是因为外科诊疗行为的原理容易被人理解与接受，治疗效果亦是可视的，外科医生如一般工匠一样，做得出色，便受人尊敬；若有闪失，则将遭受惩罚。而使用特定语言"苏美尔语"、带有神秘性的内科医生，则受人尊敬，似乎对普通法律无须服从。[1]

毫无疑问，在任何等级社会中，权力会以一种"资源"的形式融入医患之间的交换系统。作为国家控制的重要方式，法律在等级社会中会被优势阶级用以保障自身利益。因受等级社会科层制的渗透，医患关系呈现多样性：医生在与其地位不同的人交往时，所呈现出来的关系是不完全相同的。而且在很长一段时期，医学行业标准没有形成，"医生"本身也具有多样性：民间医学的存在，让江湖游医、巫医等各类医疗主体共存、博弈。为在行业博弈中生存与获胜，各类医疗主体都在积极争取民众的认可，其中遵循教诲和行为的医学精英在博弈中获得了优势。希波克拉底的作品中的人情世态、自然主义，一直激励着历代的医生，其中的《希波克拉底誓言》和医学伦理在获取社会认可中发挥了巨大作用。中世纪，从医学院成长出来的医生经过努力，不断提升了医疗职业在社会中的地位。某种程度上可以说，医生获得地位、权威和收入的过程，促进了医学的进步，并让医疗行业逐渐成形。医生在文艺复兴时期以自己的方式让医疗成为专门的职业；20世纪，医生穿上实验室白大衣，以提醒公众和患者"医学代表科学"，并通过科学技术赢得医疗行业的主导地位；20世纪中期，飞速发展的医疗技术让医生获得公众极高的认可，这种高度认可的状态引发部分医务人员的专横——当命令未被及时执行，其便会用最苛刻的话训斥患者，或者毫不犹豫地打患者。[2]医方通过一般人难以驾驭的医疗技术很自然地掌握了治疗方案的决定权，医疗父权主义[3]此时达到前所未有的地步。当医方拥有绝对决定权时，法律因社会主体身份的存

---

〔1〕 参见［美］乔治·萨顿：《希腊黄金时代的古代科学》，鲁旭东译，大象出版社2010年版，第110页。

〔2〕 参见［美］约翰·伯纳姆：《什么是医学史》，颜宜葳译，张大庆校，北京大学出版社2010年版，第28—30页。

〔3〕 医生像父亲那样行为，替病人作决定。参见陈麟、徐新娟：《医事法学课程中对父权主义理论的批判与继承》，载《中国高等医学教育》2007年第12期；［日］五十岚靖彦：《医疗化社会的伦理思考》，张长安译，载《中国医学伦理学》2002年第3期；陈树林、李凌江：《知情同意中病人自主权和传统医疗父权的冲突》，载《医学与哲学》2003年第6期。

— 039 —

在，对医患关系的调整是有限的。

随着自由、平等理念深入人心，社会等级观念日渐弱化，医方的绝对决策权也日渐受到冲击。医方的过度权威给社会带来的不利影响，在特殊历史事件中被毫不留情地暴露出来。第二次世界大战中，医疗权威与政治军事权威联手，德国纳粹医生假借"发展医学科学的名义"，对战俘实施秘密的、惨无人道的人体试验，[1]严重瓦解了社会大众对医生的信任。而和平年代出现的医学实验丑闻[2]进一步消减了曾赋予给医生的信任与权威。部分医生在法律责任的追究中，一度从民众健康的"守护神"转为"罪人"。医生过去的神性光环被一层层褪去，从神坛推向了世俗，社会地位与大众等同。而视患者与医生为独立、平等的两类交换主体，正好契合了契约对社会主体的要求，即平等、独立、无人情羁绊、陌生、可权责清晰分明，能被要求"彼此间任何活动都遵循一个完备且能严格执行的合同"。[3]在医患关系中，注入双方地位平等之理念，为把该关系界定为契约关系提供了法理基础。该理念赢得世界各国立法及司法的普遍认可，民主国家或标榜民主的国家几乎认定，医患双方的法律地位是平等的。

（二）法律强化交换标的的物量性

法律技术化与程式化的目标是，终结人际交往关系的模糊与不确定，为人类的交换关系划定界限和设定蓝图。法律规范被认为应确保交换中的每一方都接受等价物。[4]而契约性交换作为一种直接交换（特别在陌生人之间的交换往往是利益之间直接平衡的结果）往往表现为价格等值。可见，法律与契约在追求标的物量化这一目标上是一致的，这为二者的同构奠定了基础。互惠是法的天平，是"所有法律的社会心理基础"[5]。天平作为法律公正的象征绝非偶然，其公正性要求，天平两边的托盘必须是平稳的，不能向一方

---

〔1〕 参见［美］斯塔夫里阿诺斯：《全球通史：从史前史到21世纪》（第2版），吴象婴等译，吴象婴审校，北京大学出版社2006年版，第719~720页。

〔2〕 如美国塔斯基吉梅毒系列研究及在危地马拉进行的医学研究。See Tim Johnson. U. S. apologizes for abhorrent' Guatemala syphilis study.

〔3〕 ［美］萨缪·鲍尔斯：《微观经济学：行为，制度和演化》，江艇等译，周业安校，中国人民大学出版社2006年版，第7页。

〔4〕 参见 J. Gordley, "enforcing Promises", *California Law Review*, 83 (1995), 547.

〔5〕 转引自赵旭东：《法律与文化：法律人类学研究与中国经验》，北京大学出版社2011年版，第78页。

第一章 医患关系法律属性之争：资源配置机制对交往机制的影响

倾斜。其同时隐射出由法律称量的事物，应该尽可能物量化。交换标的的物量化，在法律上的重大意义是能被执行。美国《法律重述》第二版（1973年）将契约定义为一个或一组承诺，法律对于契约的不履行给予救济或者在一定意义上承认契约的履行为义务。"这个定义不是事实上的契约，而是法律上的契约的定义。根据这个定义，任何关系，不论包含了怎样多的交换，只要不具有法律给予救济或被法律承认为义务的可能性，就不是契约。"[1]

物量化的交换标的，才能够让法律救济得以执行。《汉谟拉比法典》的奖罚依据为治疗结果，治疗一旦失败，医生应赔偿特定数额的金钱或接受特定体刑；治疗成功，患者应支付特定费用给医生。总之，该法典对奖罚作了非常明确的规定。[2]同时该法典明确，患者在社会中所处的等级，会影响到对医生实施奖罚的金额与方式，同一等级患者获得的赔偿相同，支付的价款也相同。无疑，虽然以现代的视角分析，直接以医疗结果来论法律责任不具科学性，但以治疗结果与社会等级作为评判标准，因果关系明确、简单、便于执行。现代医学极力追求的医疗服务标准化，其实也是这种思维。其一，统一教育标准、准入标准、执业规范要求，以保障医疗质量。世界各国几乎对医务人员均实行行业准入制度，医师资格考试的设置，意味着只有经过正规职业训练、具备标准化的医疗职业技能，经考核合格的人员才能被允许进入医疗领域。目前对医疗人员的管制模式主要有三种：带有服务垄断色彩的许可制度、证明制度、注册制度，[3]以免医疗技能不够的人员侵害到公众健康。例如，2021年8月20日我国第十三届全国人民代表大会常务委员会第三十次会议通过的《医师法》第2条明确，医师，是指依法取得医师资格，经注册在医疗卫生机构中执业的专业医务人员，包括执业医师和执业助理医师；第

---

[1] [美] Ian R. 麦克尼尔：《新社会契约论》，雷喜宁、潘勤译，中国政法大学出版社2004年版，第4~5页。

[2] 《汉谟拉比法典》第215条规定：倘若一医生以青铜手术刀为一贵族实施一大手术且挽救了该贵族之性命，或用青铜手术刀割开贵族之眼窝且医治好贵族之眼疾，彼将获银10锡克尔。第218条规定：倘若一医生以青铜手术刀为一贵族实施一大手术且导致该贵族丧命，或用青铜手术刀割开贵族之眼窝且导致该贵族之眼失明，须断其一手。第219条规定：倘若一医生以青铜手术刀为一平民之奴隶实施一大手术且导致（其）丧命，彼须以一奴隶作赔偿。《汉谟拉比法典》第216条、第217条、第218条、第219条、第220条、第221条、第222条、第223条有类似规定。参见[美]乔治·萨顿：《希腊黄金时代的古代科学》，鲁旭东译，大象出版社2010年版，第110页。

[3] 参见赵西巨：《医事法研究》，法律出版社2008年版，第6页。

59条规定，违反该法规定非医师行医的，由县级以上人民政府卫生健康主管部门责令停止非法执业活动，没收违法所得和药品、医疗器械，并处违法所得2倍以上10倍以下的罚款，违法所得不足10 000元的，按10 000元计算。同时，我国《刑法》第336条第1款规定，未取得医生执业资格的人非法行医，情节严重的，处3年以下有期徒刑、拘役或者管制，并处或者单处罚金；严重损害就诊人身体健康的，处3年以上10年以下有期徒刑，并处罚金；造成就诊人死亡的，处10年以上有期徒刑，并处罚金。其二，现代医院对医疗服务项目及药品均实行明码标价。只不过基于医疗公益性考虑，医疗服务与药品的价格不完全是市场价格，而是由当局的相关部门（如我国的物价管理部门）进行拟定。其三，现代医疗活动，对治疗效果判断往往强调对恢复身体的正常生活、生理指标的修正，并不过分信任患者自身的感受。其四，格式合同。这种在现实商业活动中广泛采用的模式，早已被医疗领域使用，以明确医患双方的权利义务。其五，主体评判标准化。以一般理性人的标准来检测医生是否存在过失，在医疗损害赔偿责任中被世界各国普遍适用；同理，判断患者能力，往往以"合理人"或一般理性人标准，如基于自然人的智力状况、年龄来界定民事行为能力。

无疑，当医患关系间存在大量货币、药品、物、技术信息、价格、数量的要素，且面临市场化、产业化大潮的冲击时，医疗被商品化就会成为现实。而当治疗被视为商品时，医方就很可能像有理性的经济人一样，受商品的价值体系主控与引导。而不可物量化的因素如情感，则因无法被法律强制执行，而与法律发生分离，变得边缘化。

（三）法律强化交换内容的公平性

为了便于交换公平的实现，医患间交换的标的被物量化。法律作为人类文明的体现其发展的重要标准是否公平、公正。不论是实体法对医患双方进行权利义务的配置，还是程序法对相关主体权利救济的规范设置，都以立法者当时所认知的公平为标准。

以"就医贵"为例，除了之前所谈及的医务人员个人时间精力的付出、医药器械以及管理的成本，对此还不得不提及的是，为鼓励医学创新与研发的积极性、确保社会医疗技术的不断进步与发展，世界各国均以专利法等知识产权形式保护医疗仪器及药品的创新，不仅允许其商品化，还允许其在一定时间、一定区域获得合法垄断地位，实行一定标准的高价格销售。实行知识产权的保护，在促进技术进步与发展中发挥着重要激励作用。《专利法》明确不对疾病的诊断和治疗方法授予专利权，但对医疗器械、药品等授予专利权。医疗似乎越来越依靠医疗器械检查、药品等物质性事物。同理，民商法中的商业秘密、商标等知识产权在医疗领域同样适用。对于这些智力成果的保护，在客观上难免会提升医疗费用。专利权的存在，会让诊疗成本加大；而诊疗成本的加大，一定程度上不利于特定患者的身体健康。专利权带来的财产权与患者健康权在特定情形下存在冲突，虽就权利位阶而言，后者高于前者；但从人类长远的健康与发展看，前者不可被轻易地否决，其关乎人类对维护健康不断探索的机制保障是对更多患者健康、人类进步的保障。[1]

再以医疗事故损害赔偿标准为例，其曾经历了从低到高的演变过程（后文将有更详细的阐述）。1995年5月24日《上海法制报》曾刊出《医疗事故经济补偿纠纷是否适用〈民法通则〉第119条》的文章，作者胡晓翔强调，医患关系不具民法调整的平等主体间的横向经济关系，而是行政法律关系，对应的补偿标准与一般民事赔偿标准应该不一样。事实上，这种观点并非个案，且在很多规范中均有体现。1987年实施的《医疗事故处理办法》采用的是一次性经济补偿；2002年实施的《医疗事故处理条例》规定了少于/低于民事人身损害赔偿的医疗事故赔偿项目/标准。但对患者而言，就同样的损害结果，却因造成损害的行为是医疗事故而较之一般侵权获得较低赔偿金额的救济，显然不公平。为患者权益救济的公平起见，2010年施行的《侵权责任法》将医疗事故直接纳入医疗损害行为范畴，将医疗事故与一般医疗人身损害的赔偿项目与核算标准统一到了这部民事法律中。自2021年1月1日开始施行的、以保护民事主体合法权益为立法宗旨的《民法典》沿袭原《侵权责任法》的精神，同样将医疗损害赔偿纳入调整范畴。

同样的身体损害结果，在司法层面上的赔偿项目与计算方法受到区别对

---

[1] "是保护药品专利还是拯救生命"这种冲突不仅是政策领域的冲突，有时还会转化为具体司法审判面临的冲突。例如，2001年3月5日，包括美国默克公司在内的39家大型跨国制药公司就艾滋病药品进口与生产问题向南非高级法院提起诉讼，控告南非政府威胁它们的制药专利权。缘由是：因为跨国制药公司销售的抗艾滋病药品，普通病人根本用不起，而印度、巴西等国能够提供廉价的抗艾滋病药物。所以，南非政府计划实施一项进口和生产廉价、非专利艾滋病药物的新法案。参见王俊鸣：《拯救生命还是保护专利 艾滋病药品引发纠纷》，载http://www.100md.com，最后访问日期：2020年1月5日。

待，显然不公平。但是，上述"统一"也同样引发质疑，被认为是对医疗行为特殊性的忽视，例如医方属非营利性主体、医方没有选择自由等。而且这种忽视，极有可能损害医方的权益，并可能损害患者权益。因为部分赔偿款项最终会作为医疗成本由患者群体承担，从而导致医疗费用上升。似乎考虑了患方的利益，就需忽视医方的利益；而考虑医疗的特殊性，就难免要牺牲患者的利益。事实上，要顾及医方的公平，不能仅着眼于患方，还应看到医患关系背后的国家或社会的作用。考虑医疗特殊性，应该从给付主体多元化视角着手。或许正是基于这样的公平理念，世界各国包括我国都在建立或已建立一整套包括社会保险、商业保险在内的医疗风险分担机制。但除非国家与社会承担全部的成本与赔偿，否则这些分担机制便终究只是一部分，其并不能将医疗视为绝对、完全的公益性活动。而且即使是公益性活动，医方与患方就医疗损害所涉及的法律责任，仍然存在博弈与对抗。这种博弈与对抗，最直接、最激烈的场景往往出现在法庭上，而法庭上的博弈与对抗，必然波及法庭外的医患关系。而无论是法庭内还是法庭外，医方均具有有力的武器即专业优势。针对医患纠纷处理中存在的先天缺陷，法律还需继续不断追求与保障公平。

（四）法律强化交换方式的协商性

法律与契约要求物量化，但物量化却并非易事，特别是关乎健康的供需。这在客观上使得法律不得不放弃机械的对等互惠公平原则，转而依靠某种能产生公平条款的程序来使契约正当化。于是，契约被要求在当事人就契约内容进行反复交涉达成完全合意时方成立，契约的生命便成了约定的等价交换，古典契约法理论更是认为无约定则不产生责任。

然而，社会交易极其复杂，不仅契约是博弈的产物，契约法本身也是妥协的产物。但在没有更佳方式出现前，契约双方的意志还是非常重要的："一方只有符合另一方的意志，也就是说，每一方只有通过双方共同一致的意志行为，才能让渡自己的商品占有别人的商品。"[1]另外，交换往往不是要求"给予"的同时立即"回报"，也不限于每次个别交换的利益对等或者利益均等。[2]

---

〔1〕［德］马克思：《资本论》（第1卷），中共中央马克思恩格斯列宁斯大林著作编译局译，人民出版社1975年版，第102页。

〔2〕参见［美］詹姆斯·戈德雷：《现代合同理论的哲学起源》，张家勇译，法律出版社2006年版，第8、70页。

法律仅为等值交换的可能性创造条件，等值交换是否落实将由法律的更高价值——自由来决定。为此，当事人的意志被认为是契约发生规范效力的根据，契约自由被视为契约法的基本原则之一，甚至有不少学者认为契约自由是契约法核心的价值追求。[1]当然，这也正是法律局限的一个体现。"约定"作为非等值交换正当化的程序，其本身便是承认了非等价交换在现实生活中的普遍性的体现。

平等有利于博弈的公平，能增强当事人间"约定"的正当性。医患间存在的最大不平等是，医方因掌握医学专业知识而具有绝对优势，患者需直接承受医疗风险。于是，在医患间的平等交往过程中确保患者知情同意权，就显得异常重要。医方要确保患者的充分知情，以让患者自由选择并承担自己选择带来的结果。1946年公布的《纽伦堡法典》明确，受试者的自愿与同意是人体试验中必须确保的。大概自1960年起，社会各界开始质疑与攻击医师的权威。[2]随后，各国陆续确立了患者知情同意权。[3]我国《医疗机构管理条例》（1994年版第33条、2022年版第32条）、原《侵权责任法》第55条、现在的《民法典》第1219条，均通过设立医务人员告知义务的方式明确了患者的知情同意权，[4]当然，无法获得患者或其近亲属意见的法定情形除外。某种意义上可以说，知情同意权遵从了自然法中所谓的没有同意就没有合同

---

[1] 参见孙学致：《唯契约自由论——契约法的精神逻辑导论》，吉林人民出版社2006年版，第128~129页。

[2] 参见[美]约翰·伯纳姆：《什么是医学史》，颜宜葳译，张大庆校，北京大学出版社2010年版，第4页。

[3] 1972年美国医院协会（联合会）发表了全美最有名的《病人权利宣言》（Patient's Bill of Rights）以及随后的《病人权利法案》，1979年欧共体医院委员会的《患者宪章》（Charter of the Hospital patient），1981年世界医学会公布的《里斯本患者权利宣言》（Declaration of Lisbon on the Rights of the Patient），1990年美国国会立法正式通过的《患者自我决定法》（Patient Self-Determination Act），均确立了患者知情同意权。

[4] 1994年《医疗机构管理条例》第33条规定："医疗机构施行手术、特殊检查或者特殊治疗时，必须征得患者同意，并应当取得其家属或者关系人同意并签字；无法取得患者意见时，应当取得家属或者关系人同意并签字；无法取得患者意见又无家属或者关系人在场，或者遇到其他特殊情况时，经治医师应当提出医疗处置方案，在取得医疗机构负责人或者被授权负责人员的批准后实施。"原《侵权责任法》第55条规定："医务人员在诊疗活动中应当向患者说明病情和医疗措施。需要实施手术、特殊检查、特殊治疗的，医务人员应当及时向患者说明医疗风险、替代医疗方案等情况，并取得其书面同意；不宜向患者说明的，应当向患者的近亲属说明，并取得其书面同意。医务人员未尽到前款义务，造成患者损害的，医疗机构应当承担赔偿责任。"

的理念。[1]其实，在任何交换中，卖方往往都要比买方对交易标的有更多的掌控，卖方应保障买方的知情权。但是像在世界范围内通行的医患间的患方知情同意权、医方告知义务以法律明文规定来加以强化，却并不多见。即使是《消费者权益保护法》对消费者的保护，也没有这么全面而精细，例如其并没有要求经营者告知消费者替代商品为何及替代商品的利弊。

四、医患关系契约性被强化引发的问题

无疑，契约自由是市场经济的精髓。从这个角度来说，在从计划经济向市场经济过渡的社会大转型中，受医疗资源分配影响，医患关系经历了"从身份到契约"[2]的转变。转变不仅是点面式的，更是链条式的、纵向的变革。也就是说，契约影响的不仅是分配领域，还包括生产、流通、消费等领域。在此背景下，许多学者提出将医患关系纳入契约法范围，以平等的要义维护患者的利益；甚至认为借用消费者权益保护法对医方实施惩罚性措施，才能有效保护患者的权益。

从遵循社会分工视角分析医患关系，以契约法来调整医患关系是合理的。同时，依据患者对一些医学的专业技术知识熟悉了解的程度，以及医务人员在诊断与治疗中占据的主导地位，以消费者权益保护法对医患关系进行调整，似乎也符合逻辑。毕竟，消费者权益保护法本身就是一种契约法发展到某个阶段的结果，是为确保交易双方的平衡所制定的。但是，支配契约法规范的是交易理论，其预设为恶人（bad man）理论，注重外在形式、忽视内心情感，并像契约一样追求可预见性、可确定性。受这种特征的限制，契约法的调整对象以契约性交换为主[3]，非契约性交换则会因难以物化、量化而变得薄弱[4]。假设医患关系在法律框架下，不注意医患关系自身的特殊性，适用普通民事规范，包括合同法等，则其契约性就会被强化，而强化会引发一系列问题。因此，需要反思的是，在契约与法律相互支持下，非契约性占有重要地位的医患关系，会面临何种处境。

---

[1] Conradus Summenhart, Deillicitis contractibus licitis atque tractatus, compendium (Venice, 1580), pp. 57, 22.
[2] [英]梅因：《古代法》，沈景一译，商务印书馆1959年版，第97页。
[3] 从法社会学层面分析，人的交往行为均可视为交换行为，或为契约性交换或为非契约性交换。
[4] 参见周安平：《社会交换与法律》，载《法制与社会发展》2012年第2期。

第一章　医患关系法律属性之争：资源配置机制对交往机制的影响

（一）非契约性被弱化

疾病根源于社会，治疗的方法以及主体是多元、复合的。正如凯博文说的，在导致压迫、缺乏、无权和绝望的人际关系模式中，最贫穷的、受污名化和歧视的人最可能受到健康的损害。并且，医学的干预往往是将一些社会问题贴上精神学或其他医学的标签，使得一些社会问题转变成了健康问题。[1]因此，除了在医患之间寻找解决问题的出路，还必须从生物—精神—社会角度寻找解决问题的办法，即在处理健康问题的过程中解决一些相关的社会问题。不仅仅着眼于医疗，还应着力于经济、环境、社会结构的改变等。考虑以契约法来调整医患关系的重要理由是，当纠纷发生时，司法裁判者不必深究疾病的社会根源，而是通过最直接的归责方式来确定具体责任主体、法定责任内容与范围——拥有合理形式的裁判。契约法恰好符合这种需求，因其已将交易社会背景中的"关系"剔除在"法世界"之外。但是，契约法领域本身早已对其进行了反思，有学者认为契约法体系正丧失能够很好解决现实纠纷的基准，应将一度被摒弃的"关系"重新纳入契约法之中。[2]审判理性，亦需理性地考量"非理性"的事物如人性。事实上，法律系统也不可能像数学那样依据一般性公理就能运作起来[3]；法律并非任何时候都具有确定性，其仅是在追求确定性，人们只能有限地获得法律的确定性；社会关系中的契约性交换也并非总是具有确定性。这种反思，在主张适用消费者权益保护法调整医患关系的呼声兴起时显得特别必要。

医学是关乎"人照顾人"的事业，医患间交换的标的是多方面的，不仅包括医学技术、药物服务、货币和信息，还包括人与人之间的同情、关心、尊重和理解等情感因素。后者有时为隐性，有时为显性，但往往发挥着重要甚至决定性作用。因此，非契约性交换对医患关系的意义重大。在任何类型社会中，信仰、习俗、权威、身份以及其他能为人所内化的事物，都可用以规划医患双方未来的交换。正如麦克尼尔提出的新社会契约理论所言，现实

---

[1] 参见［美］凯博文：《苦痛和疾病的社会根源》，郭金华译，上海三联书店 2008 年版，第 186、192 页。

[2] 参见［日］内田贵：《现代契约法的新发展与一般条款》，胡宝海译，载梁慧星主编：《民商法论丛：谢怀栻先生从事民法五十周年纪念特辑》（第 2 卷），法律出版社 1994 年版，第 132、155 页。

[3] Oliver Wendell Holmes, "The Path of the Law", in The Common Law & Other Writings, *Selected Legal Papers*, The Plimpton Press, 1982, p.180, 转自陈林林：《裁判的进路与方法——司法论证理论导论》，中国政法大学出版社 2007 年版，第 3 页。

中的诸多交换并非传统合同法中的典型个别交易，而是具有社会学意义上的"交换"。这种交换背后存在各式各样的社会关系；合意、身份、命令、社会功能官僚体制、血缘关系、宗教习俗等，均是社会意义上的交换之要素。[1] 医患关系，无疑很好地诠释了麦克尼尔的理论。

关注人外部行为的人定法（human law），难以支配所有德性行为[2]。这一特性恰好与上文所述的"生物医学模式"相符合，契约法则更是如此。个人主观感受和评价，通常难以"客观的标准"作事后审查，所以在法律评判中遭遇冷落。客观上，"给病人开处方不难，理解和谅解他们难"（弗朗茨·卡夫卡）[3] 的现实，让医生更愿意单纯地从医疗技术角度论及疾病。由此，存在于医患关系中的契约性交换与非契约性交换在法律规范领域展开了一场博弈。不能用法律术语进行理性分析的事物，被认为没有法律意义。[4] 因为即使客观上法律具有不确定性，但是法律适用者适用法律的时候却需要法律的确定性，即一个不含混、稳定的内容。如果法律语言模糊、存在冲突或漏洞，法律适用者会将自己对法律的解释、政策、道德、原则、个人价值、个人习惯与先见（pre-judge）等因素，"贩运"至法律，以使其内容确定。[5] 所以，这场博弈中，以诉讼维系的法律责任、以国家强制力为后盾的契约性交换，具有绝对优势。而当社会关系被纳入契约法范畴后，难以量化、界定、考评的情感交换，将难以获得法律的否定或肯定，即使肯定也很可能仅是一种导向性的、难以实际救济的权利宣言。

如上述所言，医患关系经历了从"不平等"到"平等"的发展、变化，这种演变成了现代法律所追求的平等，即从身份到契约的转变。毋庸置疑，医生原本基于身份所获得的尊崇与敬意，由于这种转变而在法律上难以成为其一项

---

〔1〕 参见〔英〕Ian R. 麦克尼尔：《新社会契约论》，雷喜宁、潘勤译，中国政法大学出版社2004年版，第7页。

〔2〕 Summa theological, 11-11, q. 77, a 1, ad 1.

〔3〕 〔美〕阿瑟·克莱曼：《疾痛的故事：苦难、治愈与人的境况》，方筱丽译，上海译文出版社2010年版，第250页。

〔4〕 Max Rheinstein, *Introduction to Max Weber on Law in Economy and Society*, New York: Simon and Schuster, 1967, at xliii, 64, 转自陈林林：《裁判的进路与方法——司法论证理论导论》，中国政法大学出版社2007年版，第15页。

〔5〕 参见陈林林：《裁判的进路与方法——司法论证理论导论》，中国政法大学出版社2007年版，第16页。

权利；同时也无法将患方向医方投以尊崇与敬意设定为义务，即使法律条文将其设定为义务，现实中相关法律责任及其构成要素难以具体化（笔者有限的经验中暂没发现因患者不尊重医师本身被直接追责的司法案例，当然如果"不尊重"已外化为辱骂、殴打等行为除外）。换句话说，平等符合民事法律的主体设定要求，但其使得医患之间的权威、遵从、信任变得弱化，甚至让患方对医方的尊敬、崇拜在法律层面变得无意义。医生身份在法律层面的无意义，也必定会削弱该身份在现实生活中的意义。由此不难推断，需要充满友善与信赖的医患关系，因非契约性交换空间被压缩，变成了一场有关得失的理性算计。

（二）医疗服务被商品化

作为一种被假定为单纯的给与取、冻结了情感因素的契约性交换，无疑是一种计算性和功能性的交换关系。在这种理性计算中，"经济人"的精明智慧，必然涉及"供给和需求"。职业医生战胜巫医、家庭主妇、江湖游医的重要武器，是医疗技术。当被货币化、量化及操作标准化的医疗技术在医疗领域占据越来越大、越来越重要的分量时，在医疗行业中导入理性经济人的思维也就势在必行。

医学在20世纪的突飞猛进，被视为一种奇迹。它在预防、治疗疾病方面的作用越来越大，使人类获得更多维护健康的机会，也使民众越来越依赖职业医生。不可否认的是，经济力量客观上进一步驱动医疗技术的发展，一定意义上可以说也是一场医疗技术占据"市场"的运动。但是，医疗技术最终让掌握该技术的人员赢得了这个行业一定程度的垄断地位。强势群体往往会把弄权术、操纵交换主动权。同理，拥有行业主动权的医方，不仅仅是医疗价格的接受者，还是收费项目或标准调整者。即使医疗行业被认为不应有"利润"需求的主观动机，但在难以保障充分的物质、技术支持时，其不得不考虑"生计"问题。所以，纵然有超过85%的医疗机构是国家医院或是政府的或是非营利性的，但利润动机难以从医疗领域中被完全排除。医疗机构尤其是私立医院、私人诊所，像零售药店、药品公司和治疗仪器制造商一样，受利润驱动就在所难免了。[1]而且，医疗机构往往存在经济激励的考核机制。现代医疗领域，往往是按项目收费、付费，医方随着增加诊次、检验、检查

---

[1] 参见［美］詹姆斯·亨德森：《健康经济学》（第2版），向运华等译，人民邮电出版社2008年版，第10、186页。

或手术都会增加一定的收入。对此，医方有时被视为"理性经济人"，是有现实缘由的。实践中，存在将医疗活动视为商品而运用合同法来调整医患关系的现象。例如，在英国 Sidaway v. board of Governors of Bethlem Royal Hospital〔1〕案中，汤普曼勋爵称"医生与患者之间的关系从起始上看是合同关系，医生提供服务，对价是患者所支付的费用"。还有些国家视患者为消费者，适用健康服务消费者法，如新西兰。〔2〕

无疑，若视医疗活动为商品，围绕商品所建构的价值体系，难免会影响到现代医疗机构的价值取向。医方需计算成本及其收益，谋划如何赢得更多的利润，如何有效避免损失及破产。经济人希望每一笔付出，都能换取相应的报酬。在一般医疗活动中对患者的情感慰藉，被认为应收取一定的医疗费用，因为医生妥善处理患者的精神烦恼，需花费精力与时间，是实实在在的劳动。〔3〕换言之，医疗经费应当包括适当帮助患者解决疾痛经验的费用；对医方采取的心理-社会性医疗干预，在制度上应给予适当的补偿及支持。〔4〕从经济的视角分析问题，才能保障对情感慰藉、心理问题的疏导。2021 年 3 月 11 日国家卫生健康委员会办公厅等多部门《关于印发全国社会心理服务体系建设试点 2021 年重点工作任务的通知》（国卫办疾控函 [2021] 125 号）就是一个体现，其明确，辖区 100% 精神专科医院设立心理门诊，40% 的二级以上综合医院开设精神（心理）科门诊，以提升医疗机构心理健康服务能力。设立门诊是科学的、合理的，但客观上也意味着其需要单独收取诊疗费。这是遵循交换理论的表现，是合理的。否则，医方有可能遵循"以最少的劳动，获取最大的经济利益"的基本经济原则，减少问诊、治疗时间，以诊治更多的患者，事实上，有时医生面临不得不医治大量病人的情境。而以经济视角引导医疗行为，或多或少会弱化医疗的公益性。

在近现代，我国医疗行业经历了从"传统中医"一统天下，到中西医并重的大转型。西医最初是沿着宗教的路径进入中国的，但其在中国并未以宗

---

〔1〕 Sidaway v. board of Governors of Bethlem Royal Hospital (1985) AC 871 at 904.

〔2〕 The Health and Disability Commissioner, (Code of Health and disability Consumers' Rights) Regulations 1996, Statutory Regulations, 1996, No. 78.

〔3〕 参见 [日] 植木哲:《医疗法律学》，冷罗生等译，法律出版社 2006 年版，第 103 页。

〔4〕 参见 [美] 阿瑟·克莱曼:《疾痛的故事：苦难、治愈与人的境况》，方筱丽译，上海译文出版社 2010 年版，第 308 页。

教价值为内核支柱,也没有注入中医学的精神。[1]西医依靠医疗技术的疗效,获取了民众的认可,并在对民众进行治疗时,把西方的医药、医术、医学教育及现代医院管理模式、规范制度等均传入了中国。医疗行业,面临产业化、市场化冲击,外在形式已然从传统模式转向现代模式,契约精神被日益强化。在此背景下,主张以契约法来调整医患关系,会将理性经济人的思维导入医疗行业,让医疗商品化成为可能。事实上,20世纪60年代医学人文思想在西医领域兴起并传播于世界,就是为应对西医过度关注技术、忽视人文、医疗商品化等问题所采取的举措。

(三) 违约救济被虚无化

从契约法的视角看,违约意味着承诺没有被兑现,而违约责任的追究依赖于承诺者所作的承诺内容。如果承诺者事前对事态未来的发展有预判力,则其会趋利避害,不会轻易作出置己方于不利情境的承诺。如此一来,试图通过经医方精心设计、进行专业审查的医患格式合同来追究医方的违约责任,就绝非易事。即使在法律理论上或规范文本中,有相关规定修正了这种"困局",例如,以诚信原则挑战约定原理,将虽未约定但具有合同自然属性的条款进行预设,合同缔结前设立信息提供义务等。因为除了医方,没有其他人(包括法律专家——立法者与法官在内)能准确判断医疗行为合适的轻重与限度。

不仅仅是患者,整个社会都在不折不扣地依赖医方。医患关系是一种建立在专业高度分化中的供需关系,这是一个不平等的关系。身体不适的患者对医生的依赖性是常人难以想象的,仅仅依靠契约、法律中的形式平等来调整医患关系将难以奏效,甚至会适得其反。一方面,患方身体疼痛以及受到由此带来的精神恐慌甚至经济压力带来的种种困扰,而医方具有绝对的专业资源优势;另一方面,患者的身体或精神无法估价,如果能估价,显然远远高于物品和技术的价值。于是,在上述情况下签订的契约,按照民法理论就有"乘人之危"的嫌疑。但是,没有人会为此向法院申请撤销该类合同,因为这是医患契约的天然属性。这一天然属性提醒人们不能用普通的契约法来规范医患关系,否则所谓的违约救济就会显得不合时宜。另外,长期形成的

---

[1] 卫生部统计信息中心编:《中国医患关系调查研究:第四次国家卫生服务调查专题研究报告(二)》,中国协和医科大学出版社2010年版,第13页。

医疗父权主义在法律父权主义[1]模式下，必定会转化为医方自我保护的有力盾牌，以在契约中占据有利位置。如果完全根据古典契约法所设想的，卖主责任只能根据卖主自身的约定，有约定就有责任，没有约定就没有责任，那么，医生的专业优势使得其在约定时，会让契约责任的入口变得非常狭小，致使违约责任的承担难以成为可能。可见，约定可能成为用来掩盖强者欺凌弱者的障眼法，弗雷德提出的对价学说不该存在[2]的判断是有其道理的。医生的专业优势不仅体现在约定阶段，还体现在为医疗纠纷查找因果关系的过程中。在复杂的医学专业中，医方并不难寻找到"合适"的理由；而且对这个理由是否成立具有重要意义的鉴定[3]，无论如何设计其规则都难以摆脱来自"近亲（同行）"关系的干扰——因为专业的问题需要专业的主体来定夺，医学的问题也只有医学人士才有真正的发言权。而这种行业内的自我鉴定，其中立性免不了被世人怀疑，进而致使其科学性被动摇。

另外，正如上文已经提及过的，人的身体是其环境的产物，个人、家庭、工作、社会对疾病的发作和加剧会产生循环影响。而现在似乎要把社会很多问题归入医学问题，试图在医学技术中寻求解决，即所谓的社会问题医学化。但医疗科技的发展不足以把社会的因果关系完全抽象出来，放在纯净的环境里观察。因此，不确定的林林总总使因果关系法则变得模糊——这不是因为因果关系本身不确定，而是因为对每一因果关系内含的因素的认识问题，本质上是不确定的[4]。医疗技术并不能解决所有问题，不确定性是医生和患者共有的经验，医患双方都要学会处理并尊重这一事实。而且，医疗技术自身也是不确定的，据称常规西方医学的疗法有53%是未经证明的。[5]因此，医疗问题不能演化为简单的公式和刻板的操作。个人与社会，都不要把医生、

---

[1] 法律父权主义概念在学界存在着诸多歧义，有人将任何带有善意的法律行为都归结为家长主义，有人则将带有善意和强制规定的法律都归结为父权主义。通常的理解是，法律父爱主义是公权力主体为了保护公民个体免受伤害，增进其利益或福利水平而作出的强行限制和干预，是政府对公民的强制的"爱"。参见孙笑侠、郭春镇：《法律父爱主义在中国的适用》，载《中国社会科学》2006年第1期。

[2] 参见[美]詹姆斯·亨德森：《健康经济学》（第2版），向运华等译，人民邮电出版社2008年版，第294页。

[3] 鉴定的根本目的是，让具有专门知识、技能和经验的专家，辅助法官对专门性事实问题作出判断，以保证案件的公正裁判。

[4] 转引自[美]阿瑟·克莱曼：《疾痛的故事：苦难、治愈与人的境况》，方筱丽译，上海译文出版社2010年版，第85页。

[5] Gregory A, *Many Medical Treatments "Unproven"*, New Zealand Herald, 21 February, 2002.

第一章 医患关系法律属性之争：资源配置机制对交往机制的影响

医学的承诺看作是绝对的，许多违反"承诺"的事应得到适度容忍或在预料之中。法律也应该尊重这种不确定性，否则医生会事先对承诺进行技术化处理，让所谓的违约责任虚无化。可见，在医疗这个特定领域，法律上的契约救济手段，不是随时可以低价租用的真枪实弹，而只不过是昂贵的玩具手枪而已。[1]因为，"当一份合同，没有为评估利益提供标准或方法时，对法院来说试图提供解决办法是极端危险的"。[2]

此外，违约责任排除原因力的适用逻辑，在医疗服务合同纠纷中会产生另一种不公平而加重医方责任。假定在一个医疗服务合同履行中，患方在就诊过程中没有任何违约行为，仅医方出现了违约行为，如没有履行医疗质量安全核心制度中的规范要求、未落实麻醉前访视制度、未进行术前讨论等，并导致患者死亡。显然，在这一医疗服务合同中，严格依据合同违约责任理论分析，患者的所有损失应该由医方来赔偿。但是，这种完全不考虑医患之外的原因力的合同理论逻辑，例如完全排除患者自身疾病的因素、医疗技术的有限性、医疗技术的风险性，似乎也有失公平，难以被司法界广泛应用。

（四）关系对抗性被强化

"法律"的真正意义被认为是"利益的对抗"。法官作为法律的适用者，最终需要选择一种利益以压制另一种利益。[3]实际生活中医患间的承诺，是不完整的，需要适度地被容忍。但这种容忍在医患关系被纳入法律范畴后，似乎变得不必要，对违反承诺的行为，相关社会主体应以"法律规范"为武器，与"恶人"作斗争。[4]日本医疗纠纷在20世纪70年代中期成倍增长，一度成为日本政府的焦点问题[5]，就是一个例证。诉讼的展开，让医患双方都尽力自我防备，预视另一方为"恶人"来防范。客观上，契约自身就存在博弈，法律让契约双方握有可能击伤对方的有力武器。不过，医方专业优势的存在，让法律即使基于特定理由"偏护"患方，如设置医生的告知义务及一定情形下的过错推定，但患方在这场博弈中取胜的可能性还是有限的。当

---

[1] 参见［美］Ian R. 麦克尼尔：《新社会契约论》，雷喜宁、潘勤译，中国政法大学出版社2004年版，第9页。

[2] South & N. Ala. R. co. v. Highland Ave. & B. R. co., 98 Ala. 400, 405, 13 so. 682, 684 (1893).

[3] 参见刘星：《法律是什么》，中国政法大学出版社1998年版，第298页。

[4] 参见［日］内田贵：《现代契约法的新发展与一般条款》，胡宝海译，载梁慧星主编：《民商法论丛·谢怀栻先生从事民法五十周年纪念特辑》（第2卷），法律出版社1994年版，第9页。

[5] 参见［日］植木哲：《医疗法律学》，冷罗生等译，法律出版社2006年版，第2页。

医方遭遇患方的不信任以及存在承担法律责任的可能性时，医者的角色便可能转变为患方的对手，或纯粹的技术提供者。

疾病是患者及其家人的负担，削弱着人的控制感和自信心。疾痛会让人过度关注自己的感受，认清生活的真实境况。患者无助、孤独、脆弱、焦躁、敏感甚至绝望、愤怒，其需求会很多，随时可能引发不良情绪与事件。所以，医院承载着非常复杂的社会情绪，医务人员需要应对来自患方的诸多不良情绪。[1]医患关系可以说是，一个丰盛而辛辣的人性大杂烩，或一个有着深层情感和行为的混乱世界。因此在治疗中，医生的为人处世风格与患者的个性一样关键。现实中，不只是医疗事故，在用药没有完全征得患方同意甚至患方认为治疗进展不理想的情况下，医方都有可能面临诉讼。医生不得不在治疗中做好风险防范，关注同行评价。这种防范意识，让按部就班、照书行事，熟悉各类文件，咨询医药公司、顾问、保险公司和律师，甚至试图一眼就辨认出"高风险"的病人或家属，成为医生生存的重要方式。作为直接照顾人类的事业，医疗应该人道，并获取信赖。但当被生存状况逼迫时，医生与其他人一样，会变得危险。[2]

为了保持给予与回报的正常互利关系，法律要求医患之间在国家法律权威监督下，履行"给予与回报"义务，以维持医患之间的互利。然而，法院裁判所造就的"给予与回报"模式，会使原来友好的关系变成敌对的关系。因为"经过详细交涉的契约对在交易的当事人间创造良好的交易关系而言是个障碍"，其"即使在交涉阶段能够达成合意，经过深谋远虑而作出决定，有时反而带来不理想的交易关系……这种（详细的）条款的设定表现出双方缺乏信任，想要建立起友情关系的愿望不强烈，将理应相互协助的交易变成了敌对的（斤斤计较的交易）……"[3]可见医方"严防死守"后产生的医疗纠纷，患者很难获得优势。当出现争端，如果难以通过法律手段获得满意救济，患者常寻求制度外的"帮助"路径。典型的例子，就是伤医、医闹事件等。

---

[1]《中国医师执业状况白皮书》（2018年）显示：2016年到2017年，中国医师协会对共计4.46万家医疗机构、共约14.62万名医师进行了调查，发现66%的医师经历过不同程度的医患冲突，其中绝大多数为偶尔的语言暴力（51%）。

[2] 参见［美］阿瑟·克莱曼：《疾痛的故事：苦难、治愈与人的境况》，方筱丽译，上海译文出版社2010年版，第144、263、258~259页。

[3]［日］内田贵：《现代契约法的新发展与一般条款》，胡宝海译，载梁慧星主编：《民商法论丛：谢怀栻先生从事民法五十周年纪念特辑》（第2卷），法律出版社1994年版，第44页。

五、医患关系法律属性的多层次性：医患关系的法政策学定位

医学属于人学，其性质须遵循人之属性而定，[1]不仅要治疗疾病本身，还要减轻病痛疾苦。后者的重要性，不能忽视。患者与医者保持一种长久的、亲密的社会关系，被认为对患者健康具有"霍桑效应""安慰剂效应"。[2]但法律，尤其是主要关注"行为外部标准"的契约法，其特性主要迎合形式各异的契约性交换，包括碎片化医疗下的医患交换。同时，因能直接借助国家强制力，法律具有道德等其他社会规范所难以企及的社会威慑效果，并进而一定程度上会压缩其他社会规范的适用空间。而且，因诉讼过程中所展示的是"零和博弈"状态的医患关系，为在将来可能的诉讼博弈中获胜，医患双方会在诉讼外提防对方。这种提防，削弱了双方的友好、信任关系。与此同时的另一个客观事实是，虽然法律规范让医患关系的非契约性被弱化，但现实中一些患者却想方设法（托熟人甚至包红包）与医方构建某种非契约性关系。红包表面上是契约性交换，但本质上是患方试图与医务人员建立某种非契约性关系。其属规范体制外的契约式运作，不仅影响医疗行业的廉洁风气，还破坏了医疗行业的伦理规范，削弱了医疗职业的公众认可，更严重的是让医患关系陷入有关信任危机的恶性循环。为此，我们不得不就医患关系在法律中的定位作进一步思考。

（一）尊重契约性与非契约性并存之现实

不难推断，契约法运行的客观效应，与医学及医事法最初期待的社会效应存在一定差距。套用哈威格斯特的总结[3]：在医疗父权主义模式中，医患关系中的"契约性交换只不过是非契约性交换汪洋大海之中的一道涟漪。"而在法律父权主义模式中，医患关系中的非契约性交换被视为"契约汪洋大海中的一道涟漪"。但在现代社会生活中，以上两种情形均不存在，实际存在的是两条深深的洋流，一条是契约性的，一条是非契约性的，它们时常相遇，所以时常会激起涟漪——有时还会出现波浪，甚至大风暴。所以，对医患关

---

[1] 王一方：《医学是什么》，北京大学出版社2010年版，第270页。

[2] [美]菲利普·朗曼：《最好的医疗模式：公立医院改革的美国版解决方案》，李玲等译，北京大学出版社2011年版，第115页。

[3] 参见[英]Ian R. 麦克尼尔：《新社会契约论》，雷喜宁、潘勤译，中国政法大学出版社2004年版，第9页。

系契约性进行批判,并非要将医患关系中的契约性因素剔除,恰如"契约之死",并非"契约"真的死亡,而是新契约理论登台。在现有短期式、对价式的契约关系中,医患矛盾被集中在医患双方之间,这不利于医疗关系良性发展;构建安全性更高的、长期的、符合人性的医疗模式,应是目前医患关系改善的重要目标。于是,医事法,曾一度被试图统入契约法理论的一部分或许应该借鉴公司法、劳动法、婚姻家庭法等,但其最终未与后者同化,而是逐渐成为符合自我特性的某种类型。虽然现在的民法典将民事领域各具特色的法律融为了一体,但是各领域的特色仍被保留着,只是载体形式发生了变化。

(二) 国家制度需要兼顾医患关系的契约性与公益性

无疑,医患关系的契约性,囿于社会分工的必然性,以及法律的强化作用,其存在是一客观事实。当国家政策对医疗公益性加以注重时,必然会抵制契约法、尤其是以营利性行为为基础的《消费者权益保护法》对医患关系的适用。但医患关系因为契约性的客观存在,使得即使注重医疗公益性,也不可能被界定为纯粹的行政法律关系。事实上也极少有国家能完全撇开契约性,以纯粹的行政主体与行政相对人的方式处理健康问题。这一方面缘于财政支持的有限性,另一方面也缘于公民权利本身的要求。因为即使出于健康的需求,行政主体也不能强迫民众吃健康食品、进行体育锻炼,不能强行干预民众个人的婚姻家庭,不能强迫民众不做危害健康的事情如申请破产、进行高风险投资等。既然政府对民众的生活存在众多不可过度干涉、不得过度干涉的情形,则将医患关系界定为纯粹的行政关系就几乎不可能。换言之,即使医疗具有公益性,但由于契约性的存在与权利的要求,医患关系并不能界定为一般行政法律关系。同理,即使医疗具有契约性,但由于公益性以及情感性的存在,医患关系也不能界定为一般合同关系。如果医患关系适用《消费者权益保护法》,则在医患关系中企业化营利性模式必将盛行,医疗公益性无疑将受到冲击。

一方面,对于医患双方而言,在日常医患沟通、交往中需要适当淡化医患关系的契约性,如实行政府定价、药品流通的政府干预,强化医患关系的非契约性,强化治病救人的职责,强化医疗职业的人道主义精神,强调人文、伦理、道德机制等。法律与契约在陌生人交往中虽是非常重要的信任机制,但依法行医只是医生行医的最低底线,绝大多数医疗行为不能仅守着法律条框,而应秉承伦理道德来行事。如果仅守着法律条框行医,患者将很难满意;

第一章 医患关系法律属性之争：资源配置机制对交往机制的影响

而如果患者要顺应《消费者权益保护法》的逻辑来就医，医生也必将会有所防备。事实上，在现代社会，伦理、道德、信仰对医患双方能否真正获取彼此的信任仍起着非常重要的作用；而且在正常的医患交往中，其起的作用更直接、更明显。可见，在制度上，法律与契约是显性的；但在实际的医患关系中，道德、伦理时常是显性的。为此，将医生重塑为患者守护神的角色，让其重获大众的敬仰与信赖，需要强化医疗工作者的道德素养与人文素养，以满足患者对非契约性的需求。毕竟，"一个医生对患者及其家属的道德作用大于他所做的其他任何事"[1]。

但另一方面，对于政策决策者而言，医患关系的契约性被强化固然存在诸多困境，却不可忽视其历史必然性与客观性。强调医疗公益性，对患者而言意味着不需对价，而且是患者得到的多于其付出的，甚至只得到不付出；而强调医疗的契约性，意味着医方的付出，需得到至少等价的交换。两者都要满足意味着，简单地强调医疗公益性、降低医疗费用，难以保障医疗者的补偿机制，必然侵害到医患关系的契约性，并很可能影响医患关系非契约性的正常发挥，甚至滋生以药养医、医疗红包或医务人员大逃亡等社会问题。为此，在社会改革过程中，法律与政策需要认识到目前我国医患关系至少存在两个变量而且是两个貌似冲突的变量即公益性与契约性：过度契约性，会损害到公益性；强化公益性，则需要压制契约性。既然目前我国无法在公益性与契约性之间作非此即彼的选择，则让二者在何种比例、何种状态下共存，便是一个不可回避的问题。换言之，只有在尊重医患关系的契约性前提下防止过度契约化，并正视法律规制对医患关系的影响，才能切实实现医疗公益性、保全医患关系的非契约性属性。而如何在尊重医患关系契约性的前提下实现医疗公益性、保全医患关系的非契约性属性，对于中国"医改"而言，正是一个非常现实而又紧迫的课题。

（三）医患关系法律属性多层次性预设

正如医学时常强调的，医生"有时，治愈；常常，去帮助；总是，去安慰"。[2]医患关系的契约性被强化，可能会让医学"常常，去帮助；总是，

---

[1] 转引自[美]阿瑟·克莱曼：《疾痛的故事：苦难、治愈与人的境况》，方筱丽译，上海译文出版社2010年版，第276页。

[2] 转引自王一方：《医学是什么》，北京大学出版社2010年版，第332页。

去安慰"的状态难以维系,因为帮助与安慰难以被物量化、难以被衡量、难以被检验。而否定医患关系的契约性,往往意味着不对价。如果简单地认为不对价无非就是,让患者付出很多,所得低于付出;或者医方付出很多,但是所得低于其付出。则无论是哪一种情形,医患关系都难以正常维系。目前,就我国而言,倡导的是医疗公益性。医疗公益性,一般人会简单地认为其应该是后一种情形。但是事实证明,基于人最基本的需求,这种理解是错误的,也是可怕的。医方本身在这个社会上不得不遵循经济规律,入不敷出最终的后果将是破产。破产,对于医方而言可能是致命的。而医方的破产,对于医患关系而言,那也将是毁灭性的。可见,医疗公益性本身不能简单地以医方所得低于其付出的方式来实现。医疗公益性不是医方单方能够促成的,需要国家和社会提供资源支撑。而强调医患关系为行政法律关系,关注的是政府在保障民众健康事业中的责任与担当。现实是,保障民众健康是政府非常重要的事业,但并不是唯一事业,教育、军事、环境等同样也是不可忽视的,而且这些均是会对民众健康产生直接或间接影响的事业。此外,从人生老病死的规律来看,健康事业是无止境且永远都无法圆满完成的事业。国家全权负责民众健康,是一个理想状态,是一个只能不断靠近的目标,毕竟治愈仅仅只是"有时"的状态。可见,目前国家制度难以在契约性与公益性之间作非此即彼的选择。

　　此外,拷问医患关系的契约性,亦是拷问国家的良心,更是拷问社会各方主体的人性。即使国家从税收、土地使用权、医务人员的事业编制化、各种补贴、人才引进、社会保险等各方面来补给医方的契约性,但"看病贵,看病难"的问题依然存在。补给的有限性是一个方面,而部分人对利益无止境的追求以及力争成为"人上人"的理念则是更为重要的一面。"长春长生疫苗事件"[1]突破人的道德底线、监管制度,就是一个典型不良例证。法律与

---

〔1〕 长春长生生物科技有限责任公司存在以下八项违法事实:一是将不同批次的原液进行勾兑配制,再对勾兑合批后的原液重新编造生产批号;二是更改部分批次涉案产品的生产批号或实际生产日期;三是使用过期原液生产部分涉案产品;四是未按规定方法对成品制剂进行效价测定;五是生产药品使用的离心机变更未按规定备案;六是销毁生产原始记录,编造虚假的批次生产记录;七是通过提交虚假资料骗取生物制品批签发合格证;八是为掩盖违法事实而销毁硬盘等证据。国家药品监督管理局:《药监部门依法从严对长春长生生物科技有限责任公司违法违规生产狂犬病疫苗作出行政处罚》,载 https://www.nmpa.gov.cn/directory/web/nmpa/yaowen/ypjgyw/20181016160701703.html,最后访问日期:2020年8月1日。

第一章　医患关系法律属性之争：资源配置机制对交往机制的影响

政策，要用规则与制度来遏制人性的阴暗面。

所以，不难发现，医患关系的法律属性之争，与医患关系的契约性与非契约性相关，而本质上与医疗资源的配置直接相关。在计划经济时代，医疗福利化，让医患关系被视为行政法律关系。所以才会出现1964年1月18日最高人民法院《关于处理医疗事故案件不应判给经济补偿问题的批复》。在从计划经济向社会主义市场经济转型的过程中，医患关系逐步转为平等的民事法律关系，市场化很充分的医疗领域还出现了适用《消费者权益保护法》的情形。正如有学者所指出的，政府、市场与社会的互动协同，行政、市场和社群机制的互补嵌入，将成为中国医疗政策大转型的新范式。但在行政治理与市场治理的互补嵌入性格局尚未形成、社群治理远未以常规性的方式嵌入整个公共治理体系之中、政府主导与市场主导之争依然影响着医疗政策的制定和实施的情形下〔1〕，医患关系的法律属性必然具有复杂性。故对于现实中医患关系的属性，可以从司法个案中探寻，适用民法以调整平等主体间的合同纠纷和医疗损害赔偿纠纷是主流，适用消费者权益保护法即视作消费者与经营者之间的纠纷是少数，毕竟目前无论政策还是法律都允许合法营利性医疗行为的存在。例如，2016年4月27日，吕某因牙齿缺失到D口腔诊所就诊。术后，吕某发现安装的三个牙冠为生物合金冠，而非合同中约定的氧化锆美牙冠，遂起诉D口腔诊所。一审法院认为，双方之间形成医疗服务合同关系。D口腔诊所应当按照合同履行义务，而其对吕某安装的牙冠材质存在错误，故其应当承担相应的违约责任。但一审法院认定医疗服务不属于生活消费，本案不属于《消费者权益保护法》的调整范围，吕某主张3倍价值的赔偿27 000元缺乏法律依据，不予支持。吕某不服一审判决，提起上诉。二审法院认为，吕某为提高生活质量，接受D口腔诊所种植牙服务，本案纠纷可适用《消费者权益保护法》。D口腔诊所在吕某不知情的情况下，以合金牙冠替代全瓷牙冠的行为构成欺诈。对于吕某要求D口腔诊所按照《消费者权益保护法》规定承担赔偿责任应予支持。〔2〕

综上所述，医患关系中的契约性，背后其实是资源配置问题。医疗资源

---

〔1〕 顾昕：《新中国70年医疗政策的大转型：走向行政、市场与社群治理的互补嵌入性》，载《学习与探索》2019年第7期。

〔2〕 详见安徽省合肥市中级人民法院［2018］皖01民终121号民事判决书。

配置与个人医疗支出之间的比例,会在一定程度上反映医疗公益性与契约性的比例,并最终影响医患关系的法律属性定位。医疗资源配置的多元化,让现实当中的医疗行为具有多样性。

第一种情形,以公权力为背景的、具有强制性且免费的医疗行为,如强制性的疫苗注射、强制性的传染病隔离治疗等。这时医方的医疗行为是经公权力授权的行为,因此发生的损害,通常由授权者承担赔偿,但国家治理的现代化,往往让这种赔偿责任承担是通过购买保险或设立专项基金方式进行的。而且也并不能因此判断医方本身就具有行政权,并认为此时的医患关系是行政法律关系。整个医疗行为具有行政性是因为其还存在关键性的第三方即公权力,公权力对医疗关系的确立起决定性作用,医疗机构与患方都没有选择的自由,而且相关费用也由公权力承担。此时的医患关系不是独立的社会关系,它的法律属性主要由公权力与患者的关系来确定。而且这种关系属于少数,须有法律的明确规定。例如,最高人民法院［2023］最高法委赔监191号赔偿委员会决定书:法院认定,沈阳新入监犯监狱及其卫生所依据法定职责对在押服刑人员李某的病情进行诊疗,医疗费用均由国家财政列支,李某与沈阳新入监犯监狱之间并非平等民事主体,不属于民事案件的受理范围。本案系监狱卫生所医治行为引发的赔偿案件,实际是基于监狱是否妥当行使监管职权引发的纠纷,为了保护李某继承人的合法权益,应该适用国家赔偿法调整。

第二种情形,医疗行为的主体有三方:医方、患方、第三方费用支付主体。但是决定医患关系成立的关键是医方或患方的主观意志,而且主要是患方的主观意志,医方仅在少数特定情形下如技术设备受限或非急救下拒绝支付医疗费用等才具有转诊权或拒诊权。只有在医患关系成立后,才会有第三方支付的问题,而且无论支付的比例多大,都不对医患关系的民事法律属性产生影响。

第三种情形,医患关系仅有医患两方主体,医患关系的成立主要取决于患方的意志,医方仅在少数特定情形下才具有拒诊权,所有费用由患方自行承担。另外,一些医疗关系的成立取决于医患双方的合意,费用由患方承担,如非医学的美容行为,其被视为最完整、最纯粹的消费合同关系。

据统计,截至2019年末,我国公立医院11 930个,民营医院22 424个。其中,公立医院指经济类型为国有和集体办的医院(含政府办的医院);民营医院指公立医院以外的其他医院，包括联营、股份合作、私营、台港澳投资和外国投资等医院。[1]所以，在转型社会中，因医疗资源配置方式具有混合性，医患关系的法律属性具有多层次性，行政法律关系、普通民事法律关系、消费者权利保护关系分别针对不同情形下的医患关系而确立。不同法律关系属性的定位，意味着各自法律适用上存在个性与差异。[2]而不同法律属性的医患关系并存本身，也就意味着医患关系的交往机制与矫正机制也是多层次的。这进一步加剧了医患关系的复杂性以及社会规制的难度。

---

[1]《2019年我国卫生健康事业发展统计公报》，载http://www.nhc.gov.cn/guihuaxxs/s10748/202006/ebfe31f24cc145b198dd730603ec4442.shtml，最后访问日期：2020年5月3日。

[2] 参见陈林林：《裁判的进路与方法——司法论证理论导论》，中国政法大学出版社2007年版，序第3页。

第二章

医疗纠纷诉讼的启动与纷争：交往机制向矫正机制的演进

随着医疗技术水平的提高、医疗秩序体系的完善、医疗供给保障的增强，我国民众的医疗需求不断增多，医患间的交往日益频繁[1]。但由于医学的不确定性、试错性、容错性、风险性（有些风险即使医务人员尽职尽责也难以完全避免）以及人的"非完美性"（即部分医务人员过错的存在），在医疗行为增多的过程中，医疗风险也在增多。海因里希法则即"300∶29∶1法则"认为，人的缺点（如轻率、鲁莽、过激、神经质、固执、安全生产知识和技能欠缺等）的存在会产生安全问题，每发生330起意外事件，将意味着其中未产生人员伤害的事件有300起、造成人员轻伤的事件有29起、导致人员重伤或死亡的事件有1起。[2]而晕轮效应，会让少量事件的存在引发大量的社会不良响应，并让很多人记住不好的事实，而忽视了好的事实。于是随之而来的，便是围绕伤害或死亡事件所产生的各种争议。

同理，医患间的交往越多，医患间的争议、冲突也就越多。毫无关联的社会主体间，是不会产生直接的纷争与冲突的。而就争议、冲突进行理性、勇敢的发声与诉求，是民众的正当权利。民众权利意识的增强，必将带来以维权为主要诉求目的的医疗纠纷诉讼数量不断攀升。诉讼作为人类纷争解决

---

[1] 据统计，早在2014年，全国医疗卫生机构总诊疗量就达76亿人次，比上一年增加3亿人次。参见李阳：《最高人民法院通报依法惩治涉医犯罪情况》，载 http://www.court.gov.cn/zixun-xiangqing-14550.html，最后访问日期：2022年8月12日。2019年全国医疗机构总数已经超过了100万家，其中医院数量为3.4万家；全国医疗机构诊疗人次87亿人次，比2014年增加14.7%；住院诊疗人次达到2.7亿人次，比2014年增加30.4%。《国家卫生健康委员会2020年10月16日例行新闻发布会文字实录》，载 http://www.nhc.gov.cn/cms-search/xxgk/getManuscriptXxgk.htm?id=e9b313092c724ed3a6e5d0ccea510d5b，最后访问日期：2020年3月4日。

[2] 参见［日］植木哲：《医疗法律学》，冷罗生等译，法律出版社2006年版，第38页。

的文明、理性方式,日渐成为我国医疗领域的常态。医疗纠纷的发生与化解,尤其是诉讼的启动,使得医患关系随即从交往机制转入矫正机制(按照事态发展正常的逻辑应是先写交往机制,再写矫正机制,但本书是从纠纷本身出发,从分析纠纷这一逻辑视角来剖析交往机制的)。但因制度尚存的问题、单个主体的个性差异及认识偏差,不理性的医患冲突[1]仍是一个不得不加以重视的社会问题。事实上,同样参照海因里希法则,纠纷发展成冲突的是少数,冲突走向暴力犯罪的更是少数。而为了减少犯罪,对社会关系规制机制进行调整,无论是法还是政策都必将涉及各种成本与风险;而且无论规制机制如何完善,社会都难以杜绝犯罪[2]。为减少犯罪而对规制机制进行调整,是否划算?事实上,对违法行为尤其对犯罪行为的追责很多时候是不考虑成本的;而且制裁罪犯只是一个方面,树立法律责任的威慑形象以防止新犯罪又是一个方面,而更重要的应是让民众尤其是当事人在处理纠纷时能感受到公正。公正,作为社会追求的重要价值,是社会关系规制的重要根基。换言之,医患冲突化解背后,其实是权利救济问题;权利救济不仅涉及双方利益的调配,其本身还是法律秩序的维护问题;而法律秩序的维护又关乎医患双方交往中信任机制的修复与确立,直接影响医患之间的信任。所以,公正化解医患冲突具有重要的社会意义。

案例:医疗纠纷的引发

【案例1】患者李某,男,1962年2月出生,2018年12月27日出现无明显诱因头晕,伴恶心,呕吐鲜红色血性液体,遂就诊于河北A医院(三级综合医院),查乙肝表面抗原阳性,内镜诊断:1. 食管静脉曲张,2. 胃体病变

---

[1] 孙满桃:《2019年至2020年4月189人因杀医、伤医等犯罪被判刑》,载 https://m.gmw.cn/2020-05/11/content_33820983.htm?source=sohu,最后访问日期:2019年12月3日。《盘点近年"杀医案"》,载 http://politics.rmlt.com.cn/2012/0517/35840.shtml,最后访问日期:2019年12月3日。《连某青故意杀人死刑复核刑事裁定书》("温岭杀医案"),载 https://wenshu.court.gov.cn/website/wenshu/181107ANFZ0BXSK4/index.html?docId=c77143e7f6fe4165a9a59e3a6b1fa690,最后访问日期:2019年12月3日。《孙某斌故意杀人罪一审刑事判决书》("民航总医院杀医案"),载 https://wenshu.court.gov.cn/website/wenshu/181107ANFZ0BXSK4/index.html?docId=7babe2904c804118877eab6a000c18a2,最后访问日期:2019年12月3日。

[2] 作为命案发案率最低的国家之一,2017年我国每10万人中发生命案0.81起。徐隽:《我国已成为世界上命案发案率最低的国家之一》,载 http://news.china.com.cn/2018-01/24/content_50287203.htm,最后访问日期:2019年3月20日。

(性质?)。病理诊断：(胃体)局部腺上皮中-重度非典型增生。腹部 CT 增强：1. 肝硬化；脾大；门脉高压；食管胃底静脉曲张；腹水。2. 肝右叶异常密度影，建议磁共振成像（MRI）增强检查。3. 腹膜后多发小淋巴结。4. 胆囊炎。5. 胃幽门增厚。故诊断为"食管静脉曲张伴出血、乙肝肝硬化失代偿期、门静脉高压、脾功能亢进、腹水"，给予抑酸、止血、降门脉压力等治疗，出血停止，大便转黄，病情好转后患者于 2019 年 1 月 12 日出院。2019 年 1 月 21 日，患者李某前往河北省的 B 医院（三级甲等医院）进行复查。2019 年 2 月 16 日，患者为进一步治疗前往江苏 C 医院（大型研究型综合性三级甲等医院）就诊，门诊以其"食管静脉曲张出血"收住院，科别消化内科。2019 年 2 月 18 日，患者在江苏 C 医院做内镜食管静脉曲张硬化剂治疗手术过程中消化道大出血，经抢救无效死亡。为此，医患双方就医方的诊疗行为是否有过错、医方的过错与患者的死亡是否存在因果关系等问题发生了争议与冲突。

医患冲突本身并不可怕，任何一个社会都存在医患冲突，关键是在面临争执、分歧时，当事者能否理性地分析，并理性地选择权利救济路径。无疑，法与政策都试图将医患双方引向合法的冲突化解或者权利救济路径中。但若当事人选择了合法的救济路径，而该路径却并不顺畅，被认为不公平、不合理，则合法的救济路径可能会被部分当事人摒弃。所以，能否引导纠纷主体选择合法救济路径的关键，不仅是有无合法救济路径的问题，还包括合法救济路径本身是否公平、高效的问题。而检验路径本身是否顺畅恰当的方法，就是沿着"路径"完整地"走"一遍，追随具体案例的进展来体验医疗纠纷何以产生、如何化解、能否化解的完整过程，并对其进行抽丝剥茧般的解析。这样一来，不仅能检验当下法与政策在医患关系规制中的实际效果，还能进一步审视、思考、查找其改进空间。当然，不得不事先说明，这种以个案分析为主的研究面临一个尴尬的境地：如果不选择诸多具有典型违法医疗行为的案例，凸显不了医患间的冲突与问题；但如果选择具有典型违法医疗行为的案例，又会让个案中的医疗违法行为被凸显，进而可能让部分民众误认为所涉违法医疗行为具有普遍性。

一、医疗纠纷诉讼的启动

就医疗纠纷诉讼的启动，需要从患者的视角观察医疗纠纷何以发生，事

第二章 医疗纠纷诉讼的启动与纷争：交往机制向矫正机制的演进

件为何？事件又是如何从"患方向医方求助"发展到"患方向法院起诉医方"这一结果？患方的诉求是什么？为何会有这些诉求？这些诉求中哪些是法律支持的？哪些是法律不支持但是合理的？哪些是不合理且法律也不支持的？是否存在法律支持但却不合理的诉求？其是对医疗结果不满意，是对医疗程序不满意，还是对医疗结果与医疗程序均不满？其需要一个真相？需要不满情绪的宣泄？需要经济上的损失填补？抑或这些"需要"都需要？通常而言，从一个人的经历中能够查找到其需求的提出缘由。诉讼，是权利救济的最后一道路径，并非所有的纠纷都会进入诉讼程序。但纠纷包括医患纠纷，一旦需在诉讼中化解，就要遵循公平与效率的总体要求。诉讼制度的设计，对医患关系类型的塑立具有重要的导向作用。医疗纠纷的诉讼化解过程是否公平与高效以及对上述种种问题的解答，需要沿着具体的案例进展予以呈现。

（一）不良后果是引发医疗纠纷的常见原因

正如季卫东教授所说，纠纷就是各方当事人对某一有价值之物，以公开的方式坚持互相冲突的主张或要求的状态〔1〕。客观上，诸多医患纠纷与冲突，正是因为不良后果的出现而爆发的。当出现不满意的医疗结果时，患方往往会因不满而与医方产生冲突。〔2〕

1. 不良后果对患方的不利影响

人类健康是社会文明进步的基础，身体健康是个人生活、工作的基础。正如人们常说的，除了生死，都是小事。然而医疗恰好直接关乎生死，所以医疗领域没有小事。案例1中，当患者死亡成为一个不争的法律事实，必将引发一系列法律关系的变化，给患方（代指患者或患者近亲属）带来一系列不利影响。具体包括：①患者生命的丧失。生命几乎是自然人所有权利的基础，生命一旦丧失，基于生命所享有的诸多权利也就不复存在，如劳动权、

---

〔1〕 季卫东：《法律程序的意义——对中国法制建设的另一种思考》，载《中国社会科学》1993年第1期。

〔2〕 2020年5月最高人民法院发布的2019年以来审结的8件典型涉医犯罪案例中绝大多数缘于患方不满意医疗结果：第一起案件中被告人员某自认为疗效不好并对其造成烧烫伤；第二起案件中被告人孙某认为其母的病情未好转与首诊医生杨某的诊治有关；第三起案件中患者因肺部感染致呼吸衰竭经抢救无效死亡；第五起案件中患者认为医务人员为其检查时将其牙齿钩坏；第八起案件中被告人李某之子因饮酒过量被送至某医疗机构后，经救治无效死亡。参见《最高人民法院发布8件人民法院依法惩处涉医犯罪典型案例》，载 http://www.court.gov.cn/zixun-xiangqing-228851.html，最后访问日期：2019年3月5日。

获得劳动报酬权、人身自由权等。同理,本应由患者承担的社会责任与义务,也将无法履行与落实。②物质的损失。患者生前就职于某公司,每月实发工资 8000 余元,该收入为其家庭主要经济来源。患者的配偶张某,无工作,曾于 2018 年患脑梗死至今,生活难以自理,患病后一直由患者李某负责照顾并保障生活经济来源;患者的女儿李某 1,为一公司员工;患者的儿子李某 2,为在校大学生,暂无经济来源;另有患者父母分别为 82 岁、81 岁,一直由患者负责赡养。患者李某去世后,无劳动能力的张某与患者父母便失去了经济来源,以致过去由患者李某承担的扶养/赡养负担直接转到了李某 1、李某 2 身上。③医疗费用的负担。特别是对于难以理解、难以接受的高额医疗费用,患方会通过诉讼来了解真相与进行分担。④患者死亡,导致死者生前所承载的很多情感,均难以维系。生命存在的意义,还在于情感。拥有依赖患者情感的人如其父母、配偶、子女、其他亲朋好友等,会因患者的死亡而痛苦。所以,纠纷的产生与化解,还与情感相关。总之,血缘或法律建构的亲属关系间存在亲密的情感需要,存在由挚爱和感情所产生的重要利益,以及患者生命、健康的延续对其近亲属具有合法的、重大的经济利益[1]。案例 1 中,患者死亡,无疑将对其近亲属造成重大的不利影响。

事实上,医疗事业的伟大,就在于其对人、健康、生命的尊重、关爱、帮助与怜悯。医务人员肩负着救死扶伤的使命,在患者遭受疾病、伤痛侵蚀,甚至面临死亡风险时,给予其帮助、救治与安慰。对于帮助自己度过无望、疾痛、艰难时期的医务人员,患方理应感激。但是,如果患方认为医疗行为本身存在过错,并直接损害到患者的健康与生命,则患方对医方的感激便会转化为不满与怨恨。为化解这种不满与怨恨,对过错行为的追责以及对患方损失的补救,将是必然的结果。并不能因为医疗职业的伟大,而剥夺患方寻求权利救济的路径。在医疗行为存在过错的前提下,①如果患者死亡,则其作为直接的受害者已无法进行权利救济。于是,其法定继承人便可直接作为当事人启动救济程序。而对于非法定继承人的痛苦与损失,法律是难以直接保护的。例如,因李某死亡给其近亲属之外的亲友带来的痛苦,因李某死亡给其工作单位造成的损失,这些痛苦与损失即使客观存在,且即使医方存在过错并直接造成李某死亡,在法律上相关主体也难以向医方主张赔偿。②如

---

[1] 参见陈欣:《保险法》(第 3 版),北京大学出版社 2010 年版,第 51 页。

果患者没有死亡，则是关乎其健康权损害的救济问题。此时，健康权有没有受到损害、是否由医方行为引起以及受到多大的损害，便是问题的关键。如果健康权损害程度影响到其权利的享有、义务的履行，则必然影响到其社会功能、家庭功能的正常发挥，也可能异化其正常的人际关系。健康受损导致的各种变故，会给患者带来诸多不利影响。如何消除不利影响，同样有理性与感性的路径。此外，患者健康受损，不仅仅产生对其权利义务以及情感的影响，还有更为直接的疾痛伴随。这些负面影响亦可能会让人丧失理性、被负面的感性所掌控。

当然，不得不承认，基础疾病本身的存在以及医疗的有限性、风险性，往往是医疗纠纷必须面对的重要事实。基础疾病的继续恶化与医疗存在的正常风险，都有可能损害到患者的生命或健康；而医方的过错，则让这个损害的可能性增大。在疾病的危害与医疗的风险间进行选择，又何尝不是一种"赌博"。让患者做好"愿赌服输"的心理准备，也正是患者知情同意权的重要现实目标之一。但虽说是"赌"，可是谁不是在结果出来之前，抱着赢的希望下赌注，尤其是医疗技术的发展让患方"赢"的心理依赖更强。所以，即便患方事前有"赌"的心理准备，可是当真正直面不良后果时，其还是可能会情绪失控；而如果知情同意权被侵犯，作为没有心理准备的不良后果，则更会让相关主体在心理上难以接受、难以承受。但也正基于这样"赌博式"的医疗现实，在医疗纠纷中，医方承担100%赔偿责任的案例较少，更多的案例是判决医方按照一定的比例来承担责任。所以，选择诉讼解决方案时，相关主体不得不对此做好思想准备。

2. 患方对不良后果的应对与质疑

案例1中，对于患者的死亡，患者家属经历了从"不能接受"到"不得不面对"的痛苦过程。事发后，家属最想了解的是死亡原因。事发当日，患者家属就收到医院签发的《居民死亡医学证明（推断）书》，其载明患者李某的死亡原因为"肝硬化伴食管胃底静脉曲张破裂出血"。对于医方给出的死亡原因，患方事后回忆，当时还沉浸在失去亲人的痛苦中，没有办法正常思考，所以最初是认可的，而且其也无从反驳，因为患者确实患有"肝硬化伴食管胃底静脉曲张"，而该疾病也确实有大出血死亡的风险。2019年2月20日，患者遗体被火化、埋葬。

但是事后患方稍微冷静下来又觉得诊疗存在一些难以理解的地方，甚至觉得正是因为医方的原因患者才会死亡。患方认为，患者确实身患疾病，但经过前期的治疗，其身体各方面状况明显好转，衣食住行能自己独立完成，还能千里迢迢从河北省赶往江苏省寻医问药，不应该这么早死亡。所以，患方存有疑惑，想要探明真相，查明患者死亡的真正原因，查明医方是否存在过错医疗行为，以为死去的亲人再做一件事情，即使付出代价查明的真相与医方给出的结论一致。可见，对于医方给出的患者死亡原因，患方经历了从认可到心生怀疑再到完全不相信，最后直接认为是医方的过错医疗行为导致了患者死亡这一转变过程。这一心理历程，具有一定的普遍性。生病时，患者会放弃一定的自身控制权，他们的心理是脆弱的、紧张的、忧虑的，是带有个人情绪的。患者就医，心里是充满期待的，期待被治愈、期待健康地走出医院、期待早日回归正常的生活。患者在选择某一医生就诊时，往往是基于一定的信任，相信医生是称职的，相信医生会把患者的最大利益放在心上、会告诉患者真相、会关心患者、会做好手术的准备工作并完美地实施手术。[1]此时，医生的话在患方心中成为权威。这个信任会延续到不良结果发生的初期，随后在真正面对不良后果时，患方的信任会转变成疑惑，质疑、敌视也接踵而来。

患方在对医方给出的临床医学死亡原因产生怀疑后，如何探寻医疗不良后果产生的原因呢？这是一个属于科学范畴的问题。对死亡原因的判断，普遍认可的方案是死因鉴定，即通过尸检，对死亡患者的机体进行解剖、检验，以查明死亡原因。但死因鉴定，具有时效性与技术性，应遵循其自身的科学规律。所以，在探寻死亡真相的过程中，首先应在特定时期内选择是否启动尸检程序并及时启动尸检程序。但尸检的存在及选择是法医学专业性的问题，普通民众并不一定清楚。为此，立法不得不考虑并尊重这一现实。否则，会给事情真相的查明带来难题。从对我国尸检程序启动制度的梳理来看，立法对其照顾的程度是由浅到深的。

（二）我国医患纠纷尸检程序启动制度的变迁

为集中论述案例1及当前司法实践面临的问题，本书对尸检程序启动制度的考察以2002年9月1日起施行的《医疗事故处理条例》为起点。其经历了"以医方主动提起尸检建议为主"到"以患方主动提起尸检建议为主"，

---

[1] 参见［美］保罗·斯皮格尔曼、布里特·巴雷特：《患者第二：改善医患关系之根本》，林贤聪译，电子工业出版社2017年版，第4~5页。

第二章 医疗纠纷诉讼的启动与纷争：交往机制向矫正机制的演进

再到"在医方有义务告知尸检事项的前提下，患方应主动启动尸检程序"的演变。对于当事人而言，这何尝不是一种"彩票"式的制度演变，相同的行为在不同制度下会有不同的法律后果，处在何种制度下是机会问题。[1]后文将涉及的医疗过错举证责任制度变化以及患方对医方过错的发现，都存在"彩票"属性。每一方主体都应尽量适应制度，在特定规范中维护自己的合法权益。

1. 2002年4月1日至2010年6月30日：以医方主动提起尸检建议为主

2002年9月1日起施行的《医疗事故处理条例》第18条[2]明确，医患双方当事人就患者死亡不能确定死因或对死因有争议的，应当在特定时间内进行尸检。任何一方拖延或拒绝尸检影响死因判定的，将承担责任。单从文义看，该规定尚没有设立要求医方告知患方尸检事项的义务。就患方而言，这一规定要求患方如对死因有异议，应在规定的时间内申请尸检。但绝大多数的患方因专业知识的缺乏，可能并不知晓与理解这一医疗行政规范的内容，也难以了解尸检是判断死亡原因的重要路径，更无法了解死亡原因对判断"医方是否存在过错医疗行为、过错医疗行为与患者死亡是否存在因果关系以及参与度"所具有的重要意义。所以在这一阶段，大多数患方未能主动提起尸检要求。对于这一内容，后文将会详细谈及，在2002年4月1日至2010年6月30日（即原《侵权责任法》实施之前）之间，医方是承担"医疗过错及损害后果与医疗过错之间是否存在因果关系"的举证责任的主体，这一时期若没有任何主体提起尸检要求，其不利后果往往将由医方来承担。所以，此时从逻辑上不难推断，积极提起尸检的主体是医方。一般而言，患方未主动提起尸检要求，对其没有什么不利影响。但医方对尸检要求的提起并不能直接启动尸检程序，依照规定，经死者近亲属同意后才能实际展开尸检。为此，尸检程序能否最终启动还取决于患方。但求"善终"的传统观念，往往会影响患方的选择，面对医方的尸检要求，患方可能会拒绝。而一旦患方拒绝，则因

---

[1] 参见［英］P.S.阿蒂亚：《"中彩"的损害赔偿》，李利敏、李昊译，北京大学出版社2012年版，第111页。

[2] 《医疗事故处理条例》第18条明确："患者死亡，医患双方当事人不能确定死因或者对死因有异议的，应当在患者死亡后48小时内进行尸检；具备尸体冻存条件的，可以延长至7日。尸检应当经死者近亲属同意并签字……拒绝或者拖延尸检，超过规定时间，影响对死因判定的，由拒绝或者拖延的一方承担责任。"

"拒绝或者拖延尸检,超过规定时间,影响对死因判定"带来的不利后果将由患方承担。

2. 2010 年 7 月 1 日至 2018 年 9 月 30 日:以患方主动申请尸检建议为主

在原《侵权责任法》实施之后即 2010 年 7 月 1 日之后,一般情况下,医疗过错及医疗过错与损害后果之间是否存在因果关系的举证责任在患方。为此,积极提起尸检的义务就转至患方了,一旦患方没有提起尸检要求,影响死因判定的不利后果将由患方来承担。无疑,患方可能会因为专业知识的缺乏未启动尸检程序,从而导致其在医疗纠纷处理过程中处于不利的境地。但仅因专业知识欠缺而非事实本身的对错导致败诉,显然对患方不公平。而且患方可能将这种对不公的不满,归因于医方,进而引发医患双方新的矛盾。事实上,在 2010 年 7 月 1 日至 2018 年 9 月 30 日即《医疗纠纷预防和处理条例》实施前这个阶段,司法实践已在个案中认为,在明确医方存在一定过错的前提下,医方未告知患方尸检事项且双方对死因有争议时,医方应对未尸检这一事实承担一定责任。

【案例2】患者刘某于 2012 年 8 月 23 日至 2012 年 11 月 22 日在山东省的 M 医院(以下简称"山东 M 医院")进行了住院治疗,2012 年 11 月 22 日死亡。对此,鉴定意见书认定:山东 M 医院在对患者刘某的医疗过程中存在应用免疫抑制剂告知不足及未告知尸检(未行尸检)的医疗过错,该过错对患者最终死亡的损害后果起到了促进作用,具体参与度目前难以明确。根据法医学参与度判定的原则,促进和加重不良后果发生的医疗过错参与度在理论上是 25%,对应的赔偿范围在 20%~40% 之间。死因鉴定如未经尸检可能对鉴定结论有影响。就死因问题,若医患双方目前没有争议,则医方未告知患方尸检事项虽有过错,但对参与度没有影响;若医患双方有争议,则应再增加相应参与度,建议在 10% 左右。[1]

一审判决(济南市历下区人民法院[2013]历民初字第 397 号)认为:案件委托鉴定事项为"山东 M 医院对刘某的诊疗行为是否存在过错,如有过错,其过错与刘某的死亡之间是否存在因果关系及参与度"。故告知尸检的程序系在患者死亡之后发生的,不应属于山东 M 医院的诊疗行为,是否告知尸

---

[1] 除案例 1 外,本书其他案例均来自中国裁判文书网,即 https://wenshu.court.gov.cn/。

检与患者死亡结果之间不存在因果关系。因该项鉴定结论不属于案件委托鉴定事项的范围，故不予采纳。据此，一审法院认定由山东 M 医院对刘某的死亡承担 25%的赔偿责任。

二审判决（济南市中级人民法院［2016］鲁 01 民终 798 号）认为：医方在患者死亡后未告知患方可以进行尸检，以致无法明确患者死亡的病理学诊断，可能对鉴定结论有影响。据此，山东 M 医院在患者死亡后应向患者家属告知可以进行尸检而未告知，存在过错，该过错参与度应再增加 10%，故山东 M 医院应对患者刘某之死承担 35%的赔偿责任。

再审法院（山东省高级人民法院［2017］鲁民申 1193 号）认为：《医疗事故处理条例》第 18 条对患者的尸检问题作了一般性规定，从中并未能得出医方在患者死亡后负有告知尸检义务的结论。但就常识而言，较之患方，医方就患者死因明显掌握着更为全面、直接、专业的信息。不能要求患者亲属与医方具有同等的判断力，否则将有失公平。为此，鉴于医方对其医疗行为，比患方更具有专业性，司法实务中往往赋予医方更为审慎的注意义务和释明义务，尤其是存在有可能因医疗差错导致或加速患者死亡的情形下，告知患者亲属尸检事项，是医疗机构的应尽责任。该告知义务的存在，不仅是对医患双方权利义务的衡平，也是公平保护双方利益的正确选择。案件中，医方有过错在先，即应承担向患者亲属告知尸检事项的义务。二审判决医方承担由于其未履行尸检告知义务所造成的损害赔偿责任，认定事实、责任划分、适用法律均无不当。

可见，司法系统根据医疗的专业特性，似乎在个案裁判中对医方的义务进行了增补，以维护个案的公平。但我国毕竟不是判例法国家，这种个案不具普遍适用性。事实上，该案裁判者的认定是基于"建议增加相应参与度"的鉴定意见。所以就此而言，该案仍是基于"合法性"准则下的裁判活动。而且，现实中存在另一种情形——即便患方已经知道尸检的意义及相关规范的内容，但由于求善终的传统观念以及尸检结果的不确定性（即其对追责可能有用也可能没用），患方会有意不启动尸检程序。此时，如果医方未获得患方有意不启动尸检程序的证据，则客观上会让因患方自身选择带来的不利后果也归因于医方。这种结果，显然对医方是不公平的。此外，还有患者或患者家属在患者死亡前就办理出院手续，将患者接回家中以备"终老"。此时，不仅患方没有获得医方出具的《居民死亡医学证明（推断）书》，尸检的启动权也完全掌握在患方手中，所以未尸检的不利后果也只能由患方自己承担[1]。但案例 2 无疑在提醒医方，如果患者在医院死亡，则告知患方尸检事项可能是医方的义务。但对这种隐形义务的积极履行，如书面告知患方尸检事项并要求患方签字，又可能因为没有直接的法律依据，遭致部分患方的质疑与不配合。既然这种隐形义务处于一个尴尬的境地，为何不直接显名化，让医患双方明了自己的权利义务，让自己的行为更规范、更合理？正如一个人要想成为一名好的医生，需要经过"千锤百炼"，一部好的规范也需要在实践的"千锤百炼"中不断完善。处于社会转型期、更处于规范不断完善过程中，医务人员需要在变化中学会正确抉择。对于医方而言，秉着救死扶伤、不伤害、诚信、善良之心，是选择的总方向，尤其在法律规范对相关内容尚未明确时。

3. 2018 年 10 月 1 日至今：在医方有义务告知尸检事项的前提下，患方应主动启动尸检程序

当"医方告知患方尸检事项"作为一个专业性问题被认识时，医方告知义务的设立便具有了正当性。这种正当性，仅寄希望于个案判决的确认是很难的，其需要得到立法层面的认可。因为从微观层面分析，个案判决的权威和正当性主要来源于对合法性规则的遵守。于是，2018 年 10 月 1 日起施行的《医疗纠纷预防和处理条例》第 23 条第 2 款规定，患者死亡的，医方应当告知其近亲属有关尸检的规定。无疑，这一规定明确课以了医方告知患方尸检事项的义务。但完整地分析该条文也会发现争议点，即对其可能存在两种不同的理解。

第一种，基于第 1 款与第 2 款属递进关系前提下的理解。结合第 23 条第 1 款设定的前提即"发生医疗纠纷，医疗机构应当告知患者或者其近亲属下列事项"推断，并非一旦出现患者死亡，医方就应告知患方尸检事项；而是在发生纠纷且患者死亡的情形，医方才应当告知患方尸检事项。如果在未发

---

[1] 北京市高级人民法院［2019］京民申 5871 号民事裁定书认为：本案一审审理中，经杨某等申请，一审法院先后委托北京华夏物证鉴定中心、北京法源司法科学证据鉴定中心就"安贞医院对患者罗某的医疗行为有无过错，安贞医院是否存在过度医疗行为；如有过错或过度医疗行为，与患者罗某的风湿性心脏病加重及死亡之间有无因果关系及责任程度"进行司法鉴定，但均因"患者未行尸检"导致鉴定不能。患者罗某并非在安贞医院处去世，杨某等提交的现有证据不能证明，系安贞医院的原因导致患者未行尸检。故未行尸检导致鉴定不能，进而导致无法完成举证责任的不利后果，应由杨某等承担。

第二章 医疗纠纷诉讼的启动与纷争：交往机制向矫正机制的演进

生纠纷时，医方便告知患方尸检事项，很可能会催发纠纷。这显然是医方不愿意看到的情形，所以这种理解往往是医方所持的观点。但是否发生纠纷应如何判断呢？这是判断医方是否应该告知患方尸检事项的关键点，而且不难推断这个事项的证明责任在患方。显然，纠纷是广义的，包括但不限于就病历的纠纷、就死亡原因的纠纷、就赔偿的纠纷，等等。对于有些死亡，医方虽明确告诉患方其无法从临床给出一个死亡原因，此时如果患方拒绝尸检，则事后因死亡原因不明所产生的不利后果将由患方来承担。而对于有些死亡，医方会结合临床给出一个推定的死亡原因，医方对自己给出的死亡原因肯定是认可的，此时异议需由患方提出来。

第二种，基于第1款与第2款属并列关系前提下的理解。孤立地从第23条第2款内容的文义上理解，只要出现患者在医院死亡情形，无论是否发生纠纷，医方都应该告知患方尸检事项。这种理解也有一定的社会事理基础。因为现实中的医疗纠纷并不是不良后果一发生就自然发生，尤其是诉讼纠纷，其可能在有效诉讼时效内（目前至少3年）的任何一天发生。例如，就案例1而言，当事人在拿到部分病历资料当日，没有明确是否追究医院责任，没有明确是否认可死亡原因。当患者遗体已火化1天后，当事人才表示想要查明真相，表示如果医院有责任，就打官司，并表示现已冷静下来，看了复印的病历，发现有疑点。但是，尸检是有遗体物理保存以及时间要求的，需要及时启动。为预防纠纷的发生以及实现纠纷的公平处理，考虑患方缺乏专业判断能力这一现实，通常要求医方在患者死亡的病例中均要主动、及时告知患方尸检事项，以便患方决策是否尸检。与此相对应，医方应留存其告知患方尸检事项的相关证明资料。这一观点，往往是患方事后维权时主张的观点。事实上，如果尸检事项作为一种常规告知内容被广大民众所认知，仅因告知而催发的纠纷，也就不成为一个"顾忌"了。

无疑，当法律没有对医方课以告知尸检事项义务，且过错与因果关系的举证责任在患方时，因未尸检造成的不利后果通常由患方承担；而当法律对医方明确课以告知尸检事项义务时，因医方未履行告知义务且尸检未开展造成的不利后果将由医方承担[1]。不难理解，上述立法变化即通过课以医方告知尸检事项义务，其实也是为了在尊重客观现实情况下尽量减少纠纷、预防

---

[1] 由医方承担多大的责任，司法实践中有不同的判定。

新的纠纷，同时保障今后可能的纠纷能得到客观公正的解决。但是在案例 1 中，①事发当天患方就已主张病历复印与维权；②患方称医方没有告知其尸检事项；③病历资料中亦没有查看到医方告知患方尸检的相关事项证明。也就是说，即使在有法律规范明确要求下，也并非所有的医疗机构都能履行尸检事项告知这一法定义务。如此一来，当患者死亡原因判断存疑并将可能对医疗过错、因果关系以及参与度的判断造成不利影响时，这个不利影响将会由医方来承担。反之，医方已经将尸检事项告知了患方，患方亦已理解"科学性、理性的纠纷解决"需要对患者遗体进行解剖，但如果由于患方未能突破遗体解剖观念及受到传统文化的影响，在情感上排斥尸检，不愿意进行尸检，并由此没有启动尸检程序，那么在事后当患者死亡原因判断存疑并对医疗过错、因果关系以及参与度的判断造成不利影响时，将由患方来承担不利影响。

（三）患方需要寻求专业人士的帮助

当发生医疗纠纷且医患双方协商无果时，患方需要理性地看待问题。如果说从法律权利、义务、责任的角度来分析患者死亡或患者健康受损事件，是一种理性的分析，那从情感的角度来分析则体现了人感性的一面。理性与感性并重，才是人社会性的完整体现。相对于感性，法律照顾更多的是理性。但左右人行为的不仅仅是理性，还有感性；甚至在特定情形，感性会突破理性起关键性作用。这种突破，有可能是放弃理性的追责，不计后果，甚至可能是进行最原始的同态复仇以泄不满情绪，如医闹、医疗暴力。为此，当医疗纠纷发生后，患方需要被引导理性地处理问题，被明确告知权利救济的路径以及注意事项。这不仅有利于患方，也有利于医方。

1. 来自医方的帮助

"如果你是医务人员，当出现医患纠纷时，你还愿意帮助患方吗？""无论你是否愿意，法律要求你帮助患方，你会很好地履行这个法律义务吗？"答案可能因人因事而异。权利义务的设置要考虑一个现实逻辑，那就是医疗纠纷中"涉及医学专业性事项，医方应知道"，所以课以医方告知义务；而患方因为没有知晓的能力，所以其没有知晓的法定义务。案例 1 中，医方告知了患方有权提请医疗事故认定、申请医疗纠纷调解委员会调解，以及提起医疗损害赔偿诉讼。但其告知行为不完全符合规范，除去未告知尸检事项，还没有告知复印、封存病历的相关事项。而及时复印、封存病历资料，将对案件事实的查明具有重要的现实意义。因医方未告知患方法定应告知的内容，将为

第二章 医疗纠纷诉讼的启动与纷争：交往机制向矫正机制的演进

后来的纠纷处理带来诸多争议。可见，由于医患双方的信息不对等，相关法律将医方协助患方的事项义务化了；但是部分医务人员有时并没有很好地履行自己的法律义务，导致产生了新的争议。事实上，就患方的相关权利，医疗机构完全可以通过在其醒目的位置张贴患方的权利事宜的方式予以明确，以免少数医务人员有意或无意不履行法定义务。

逻辑上看，无论是对死亡原因的判断，还是对医疗行为过错的判断都离不开对病历资料的完整性与客观性的把握。所以，试图进行真相查明或权利救济的患方需要尽早（最好第一时间）复印、封存所有病历资料，未完成的病历可以待完成后复印、封存。客观上看，住院病历的生成与保管几乎都由医方独立完成，存在哪些病历资料，这些病历资料的意义是什么，患方最初可能并不清楚，需要专业人士的帮忙。作为医方，其对医疗领域的规范被假定是知晓的，医务人员被认为是这个领域的专业人士。所以，《医疗纠纷预防和处理条例》第23条第1款规定，一旦发生医疗纠纷，医疗机构应履行告知患方"解决医疗纠纷的合法途径""有关病历资料、现场实物封存和启封的规定""有关病历资料查阅、复制的规定"的法定义务。无疑，该规定是让医方帮助患者更好地处理医疗纠纷，并成为医方一个不可推卸的义务。让潜在的被告（即医方）帮助潜在的原告（即患方）为诉讼做准备，这或许有违双方的诉讼立场，但却能让医疗纠纷得到公正的处理，避免新的纠纷、争议出现。[1]这可能导致在个案中会存在让患方受益的同时让医方被动或受损的现象。但从整体而言，医方开诚布公的姿态，以及制度倾向于保护患方的理念，能让医方获得患方以及其他民众更多的信任。

当然，正如前文所述，这里设置了一个前提，即"发生医疗纠纷"。何以判断医疗纠纷的发生呢？现实中，有些患方在发生纠纷后，会找直接涉事的医务人员或者非直接涉事的其他医务人员进行商讨。对此，相关医务人员可能觉得这不是"纠纷"，只是正常的交往沟通。这种理解其实对医患双方都是有风险的。对于医方而言，在通信设备高度普及的时代，其认为的"正常沟

---

[1]《医疗纠纷预防和处理条例》实施之前就曾出现过相关案件，如在后文的案例24江苏省扬州市中级人民法院［2013］扬民终字第01285号医疗损害责任纠纷案件中，医患双方的争议为："由于现有资料无法认定医患双方产生矛盾、争议（对死因的异议及患方要求封存病历以备查验、鉴定）的时间节点，故医方是否尽到相应的义务（可建议患方在规定时间内进行尸检明确死因、双方共同封存病历）亦无法明确。"

通"可能会被患方录音录像,且事后作为证明其没有履行法定事项告知义务的证据。这是一种情形,同时还可能存在另一种情形,即对于患方而言,他可能觉得医疗纠纷已经发生,医方已履行告知事项的义务,自己却因为医方实际没有告知所有法定事项且没有证据证实纠纷已经发生,从而错失权利救济的最佳时机。所以,患方有争议,最好直接去医疗机构处理医疗纠纷的专门部门,如医患沟通办公室、医务处,进行沟通、争议登记。

2. 来自法律人的前期帮助

案例 1 中医方告知内容不完整这一事实,无疑说明,即便法律明确课以了相应义务给医方,也并非所有医方都能很好地履行义务。寻求专业律师的帮助将是对患方而言的一个不错的选择,但可能需要患方承担一定的成本。

相对而言,积极寻求律师帮助的当事人往往具有一定的法律意识与理性思维。这背后体现着民众理念的转变,从早前初期的厌诉,到今日拿起法律的武器维护自己的合法权益,本身就是一种进步。日益增多的诉讼纠纷,在反映社会生活中存在种种冲突的同时,也反映出民众对法律的信任,更反映出社会冲突救济路径的规范化。无序、暴力的私力救济的空间越来越狭小,本身就是社会文明进步的重要体现。而在这样的背景下,诉讼救济路径的公正与效率,就更应该凸显。因为一旦这条路径被认为不公平、无效率,其他的路径就会被拓展与开辟,甚至原本已被严格管制的无序、暴力的私力救济也可能卷土重来。事实上,初期与律师的沟通,简单、几乎不需要支付费用,却有重要的基础作用。律师的引导作用,在医疗纠纷中不可忽视。除非当事人走法律援助路径或咨询合同、代理合同成立,否则,现实中律师接待大量的免费医疗纠纷咨询(包含在询价、试探等过程中的咨询,涉及的合同签订前的活动往往不收费),相应劳动及其价值难以得到应有的认可与体现。咨询劳动不被认可、没有实际经济价值体现,一方面对法律工作者是不公平的,另一方面对患方也可能是不利的,因为如果这类劳动不被认可,法律工作者很难一开始就设法对大量的、复杂的医疗专业问题进行钻研,所以其提供给患方的法律建议也是有限的。为此,加大对患方咨询医疗纠纷律师的公益扶持,很有必要。

案例 1 中,2019 年 4 月 20 日,患方考虑再三,认为至少基于现有资料显示医方存在告知层面的瑕疵及部分过错医疗行为,但其尚"不忍"直接追究医方的行政责任或刑事责任,只是尝试去了解真相、填补自身损失,最后不得已才正式聘请律师，走民事诉讼程序。或许民事诉讼程序的选择与启动，本身已是患方对医方一定程度包容与宽恕的体现。由于民事诉讼往往采取"零和博弈"的思维方式实现矫正正义，患方要做好各项准备。于是，患方与律师共同整理赔偿费用、各类证据材料以及其他各项诉讼材料如患方原告资格证明材料，进而起草起诉状、整理证据清单、准备诉讼费。核心思路是：考虑医方诊断是否合规、准确，对病人情况是否了解，有无漏诊、漏查，手术时机是否恰当，术前准备是否充分，风险预防方案是否合理，告知是否充分，术中操作是否合规，术后有无及时抢救，等等。

二、医疗损害过错及因果关系举证责任之争

准备正式启动医疗诉讼后，当事人首先需要了解的就是哪些举证责任是由自己承担的。因为在司法裁判过程中，案件事实真伪不明状态的出现，一直是不得不面对的难题。过去的神明裁判，即让河神、神兽、神灵来裁判疑难案件[1]，其实就是通过已被民众认可的"裁判主体"来进行事实真伪不明状态的是非评判。随着法律本身的科学化，神明裁判渐行渐远，取而代之的是裁判者的自由裁量，以及为限制裁判者任意裁量的举证责任制度。裁判者需要通过举证责任制度的运行来进行疑难案件裁决，确定不利诉讼后果的归属方。就医疗侵权民事责任追究的案件，我国医疗过错和因果关系的举证责任分配存在一个不断发展演变的过程。概而言之，现状存在问题，问题催生新的规范，新的规范铸就新的现状，新现状存在新问题，新问题又催生另一个新的规范……这个过程是该制度科学性演变的进程，也呈现出医疗纠纷的复杂性。

（一）第一阶段：谁主张谁举证

1. 民事争议的定性演变历程

改革开放以来的资源配置以社会主义市场为导向，社会关系日趋法律化。在此过程中，医患矛盾也更多地被视作法律问题来加以应对。但正如上文所提及的，在社会转型背景下，医患关系的法律属性存在争议。而法律属性的定位，

---

[1] 例如，在古巴比伦法律中，被控告通奸罪的妇女有权通过神裁法（the trial by ordeal）来证明自己，为了表明自己无罪，其应投入河中，接受考验。参见 [美] 赞恩：《法律的故事》（最新最全译本 增订版），于庆生译，中国法制出版社2014年版，第75页。

会影响到交往机制与矫正机制的设置。所以，在这一阶段讨论医疗过错及因果关系举证责任的分配问题时，需要理顺医患纠纷赔偿民事争议定性的演变历程。

(1) 行政争议性质。1951年的《劳动保险条例》规定，工人与职员因病或非因工负伤死亡时，由劳动保险基金项下付给丧葬补助费，其数额为该企业全部工人与职员平均工资1个月；另由劳动保险基金项下，按其本企业工龄的长短，付给供养直系亲属救济费，其数额为死者本人工资3个月至12个月。不难推断，工人与职员因医疗过错造成的死亡，将由劳动保险基金支付丧葬补助费与供养直系亲属救济费。1964年1月18日，最高人民法院《关于处理医疗事故案件不应判给经济补偿问题的批复》进一步明确"法院在处理医疗事故案件时，不宜判决医疗部门给予经济补偿。但对患者因医疗事故而死亡或残废，造成家庭生活困难的，可以采取其他救济办法来解决。为此，请你们向你省卫生厅建议，由他们和劳动、人事、民政等部门共同商定救济办法，予以执行"。可见，当国家整体处于解决民众饥饿、生存问题的阶段时，生产、生活资料要统筹使用，因医疗资源非常有限，即使医疗事故造成患方损害，也不需要医疗机构承担经济补偿。如果医疗事故造成患者死亡或残疾，但未造成其家庭生活困难，亦不需要给予经济补偿；只有医疗事故造成患者死亡或残疾且造成其家庭生活困难的，才由卫生行政部门联合其他行政部门共同协商解决。显然，在计划经济时期，医患关系主要是由行政机关主导并维系的社会关系，医疗被认为是行政机关职能的一部分，医疗过程中造成的损害由国家按计划补偿，此时医方与患方之间的平等民事法律关系不明显。在此前提下，就医疗侵权民事赔偿，医患双方的举证责任便无从谈及。

(2) 差异化的民事争议属性。随着《民法通则》于1987年1月1日正式施行，我国进入了权利的时代。该法第98条规定，公民享有生命健康权。同时，第119条规定"侵害公民身体造成伤害的，应当赔偿医疗费、因误工减少的收入、残废者生活补助费等费用；造成死亡的，并应当支付丧葬费、死者生前扶养的人必要的生活费等费用"。而患者在就诊过程中因医方的过错所遭受到的生命健康权损害，理论上应属一种"侵害公民身体造成伤害"的情形。为此，随着1986年《民法通则》[1]的通过，民众对最高人民法院1964

---

[1] 《民法通则》由第六届全国人民代表大会第四次会议于1986年4月12日通过，自1987年1月1日起施行。因该法规已失效，本书以其通过时间明确。

年公布并实施的《关于处理医疗事故案件不应判给经济补偿问题的批复》愈发不满。虽然1986年7月12日国务院发布的《国营企业实行劳动合同制暂行规定》第22条规定，劳动合同制工人因工或因病死亡的丧葬补助费、供养直系亲属抚恤费、救济费，应当与所在企业原固定工人同等对待。此时，对病故后一次性抚恤金最高数额不得超过3000元。但上述"一次性抚恤金"与民事赔偿（医疗费、因误工减少的收入、残废者生活补助费等费用；造成死亡的，应当支付的丧葬费、死者生前扶养的人必要的生活费等费用）存在一定距离，而且不是由医方来支付的。随着1986年《民法通则》正式实施，患方直接向医方主张民事赔偿的呼声不断。据此，1987年6月29日国务院出台的《医疗事故处理办法》第18条第1、2款规定："确定为医疗事故的，可根据事故等级、情节和病员的情况给予一次性经济补偿。补偿费标准，由省、自治区、直辖市人民政府规定。医疗事故补偿费，由医疗单位支付给病员或其家属。病员及其家属所在单位不得因给予了医疗事故补偿费而削减病员或其家属依法应该享受的福利待遇和生活补贴。"此时，出于医疗特殊性考虑，对医疗事故给患方造成的损失要求医方给付一次性经济补偿，这仍不同于1986年《民法通则》中的赔偿标准，但已明确了医方的补偿责任。而且，对确定为医疗事故的损害即1987年《医疗事故处理办法》第2条明确的"在诊疗护理工作中，因医务人员诊疗护理过失，直接造成病员死亡、残废、组织器官损伤导致功能障碍的"，与未确定为医疗事故的损害如1987年《医疗事故处理办法》第3条第1项规定的"虽有诊疗护理错误，但未造成病员死亡、残废、功能障碍的"作了区别。二者的赔偿/补偿标准不一样，前者很可能比后者低。于是，过错越大，赔偿/补偿反而低这种不合理的现象便产生了。

2. 在民事争议定性前提下由患方负举证责任

医疗事故与一般人身损害的法律责任认定在举证责任方面，存在重要差异。前者，由行政机关负责证实责任成立与否，患方没有举证压力，但行政机关举证不到位的不利后果将由患方来承担；而后者从理论上看，如果未启动医疗事故鉴定程序，则须由患方来加以证明。但是，根据1988年5月原卫生部下发的《关于〈医疗事故处理办法〉若干问题的说明》第3条第4款"关于病历的保管与查阅"，"《办法》第八条规定，发生医疗事故或事件的医疗单位，应指派专人妥善保管各种原始资料，这是因为原始资料是病情发展的真实记录；是认证医疗过失的重要依据。进行医疗技术鉴定时医疗单位负责提供病历摘要和必须的复印件。受托的医疗事故鉴定委员会和受诉的法院、检察院，需要查阅原件时，持介绍信经医院院长签字，就地调阅。病人所在单位、病人、家属、事故当事人及其亲属不予调阅"[1]。可见，此时患方在诉前无法直接获取病历资料，且不具有独立举证的能力。而早在1982年《民事诉讼法（试行）》第56条就已明确，对自己提出的主张，当事人有责任提供证据；同时，人民法院应当"按照法定程序，全面地、客观地收集和调查证据"。1991年《民事诉讼法》第64条亦明确，对自己提出的主张，当事人有责任提供证据。对因客观原因当事人及其诉讼代理人不能自行收集的证据，以及人民法院认为应当调查收集的证据，人民法院应当"按照法定程序，全面地、客观地"审查核实证据。可见，上述民事诉讼法律规范并没有就医疗损害案件作专门的特殊规定。无疑，如未启动医疗事故鉴定程序，患方将因调阅不到病历资料，而难以独立完成在民事诉讼程序中的举证，故而只能寄希望于法院收集和调查病历资料。而法院对病历资料的收集与调查必然是在案件审查中，而非在法院立案前。

3. 1987年《医疗事故处理办法》与1986年《民法通则》规定不一致时，应如何适用呢？

1987年《医疗事故处理办法》与1986年《民法通则》就举证责任和赔偿事宜的规定，存在差异。在一些具体案件中，应适用1987年《医疗事故处理办法》还是1986年《民法通则》，便存在争议。1992年3月24日，最高人民法院发布《关于李某荣诉天津市第二医学院附属医院医疗事故赔偿一案如何适用法律问题的复函》，认为1987年《医疗事故处理办法》和1988年《天津市医疗事故处理办法实施细则》，是处理医疗事故赔偿案件的行政法规和规章，与1986年《民法通则》中规定的侵害他人身体应当承担民事赔偿责任的基本精神一致，明确了人民法院审理医疗事故赔偿纠纷案件应当依照1986《民法通则》、1987年《医疗事故处理办法》的有关规定，并参照地方行政规章的有关规定审理案件[2]。这一复函一定意义上，将医疗事故赔偿定性为民事赔偿，但同时又将本为下位法的1987年《医疗事故处理办法》置于与1986

---

[1] 这一规定被专家认为弊端丛生、不合法。详见胡晓翔、姜柏生编著：《冷眼观潮：卫生法学争鸣问题探究》，东南大学出版社2001年版，第266~268页。

[2] 相关制度梳理，参见刘鑫：《医疗侵权纠纷处理机制重建——现行〈医疗事故处理条例〉评述》，中国人民公安大学出版社2010年版，第132页。

年《民法通则》同等的位阶；在此情形下，1987年《医疗事故处理办法》作为新法、特别法，在法律适用中便具有优先适用的地位，进而使得司法实践中绝大多数医疗事故赔偿案件适用其来处理。当然，也有少数裁判者认为这是有问题的，应该适用1986年《民法通则》。两种认知的差异，导致司法实践中法律适用不统一。随后，1997年10月1日起施行的《刑法》增加了医疗事故罪，明确了对"医务人员由于严重不负责任，造成就诊人死亡或者严重损害就诊人身体健康的"行为处以刑事处罚。据此，患方对特定案件还可通过启动刑事诉讼程序来查明事实真相。但无论是通过启动行政程序还是刑事程序来实现获取民事赔偿证据的方式，均意味着医方不需要就赔偿责任成立与否这一事实承担举证责任。

可见，在2002年最高人民法院《关于民事诉讼证据的若干规定》（以下简称《最高院证据规定》）[1]实施之前即2002年3月31日以前，对医疗侵权民事赔偿案件中的医疗过错和因果关系的举证，适用《民事诉讼法》中举证责任分配的一般规则，即"谁主张谁举证"。患方应当证明其诉求所根据事实的存在，否则将承担败诉的法律后果。而医方欲反驳患方所证实的事实，则应对反驳所依据的事实负举证责任。这样的规定，其实是将适用于普通民事案件的举证原则直接套用于医疗纠纷，暂未考虑医患纠纷自身的特殊性。在医患关系中，患方缺乏医学专业能力，并往往难以获得其他医方的帮助，而且在《医疗事故处理条例》施行之前即2002年8月31日以前患方诉前无法直接查阅和复制病历，难以获得据以分析医疗行为或者说案件事实的证据材料，更不用说完成证明责任了。无疑，此时患方在诉前因无法直接获取病历资料、无法进行有依据的案件事实研判，起诉与否，几乎完全凭主观判断。

客观上看，在这一时期，我国医疗卫生事业发展程度有限，需要政策与制度加以保护。政策作为一种指导性依据，对司法实践必然会存在一定程度的指导[2]。但患方民事维权难度大，一般需由卫生行政部门先确定医疗事故成立与否，然后其才能进行民事诉讼。当医疗事故不成立时，患方胜诉概率总体较低。从这个角度看，这对患方是不公平的。所以，这一时期患方在医

---

[1] 最高人民法院审判委员会第1201次会议于2001年12月6日通过、并于2002年4月1日起施行的最高人民法院《关于民事诉讼证据的若干规定》。

[2] 参见孙笑侠：《法律对行政的控制——现代行政法的法理解释》，山东人民出版社1999年版，第109页。

疗行为中受到的损害，往往需要借助行政程序才能获得赔偿。由此，卫生行政部门需要安排一定数量的工作人员负责这项繁杂而疑难的事务：一方面，其可能不愿意医方受到法律责任的追究，尤其是公立医院，对其追责会让政府财政受到不利影响；另一方面，其又不愿意被不满处理结果的患方施加各种形式的压力。事实上，基于医方与卫生行政部门千丝万缕的联系及特定利益的一致性，患方也会质疑卫生行政部门处理问题的中立性与公正性。与此同时，对于来自行政管理者的审查，医方随时可能面临行政责任的追究，也排斥卫生行政部门的处理。可见，依赖行政程序的民事权利救济，让行政机关、患方、医方三方都不太满意。于是，医疗纠纷的处理越来越依赖相对中立与公正的司法审查。

（二）第二阶段：医疗机构承担举证责任

1. 规范依据

由于在第一阶段医疗损害案件与其他民事案件一样实行"谁主张谁举证"，且患方无权调阅病历资料，所以患方的诉求往往难以获得支持。这一现象，从司法系统裁判者视角来看，是不公平的。而法官在法律适用上并非"自动售货机"，其会在现有的法律秩序中，试图协助立法者实现理想的法律秩序[1]。早在 1999 年，泸州市中级人民法院出台的《审理医疗损害赔偿案件的若干意见（试行）》明确规定"医方对自己是否有过错和违约行为，对医疗损害的因果关系负证明责任"。当然，该意见的适用是非常有局限性的。为此，2002 年 4 月 1 日起施行的《最高院证据规定》第 4 条第 1 款第 8 项明确，因医疗行为引发的侵权诉讼，就医疗行为与损害结果之间不存在因果关系及不存在医疗过错，由医疗机构承担举证责任。这一规定考虑到了医方在医疗信息上的绝对优势，目的在于保护处于弱势地位的患方。举证责任对医疗纠纷诉讼结果的影响非常大，据有关学者调查研究，由患方就医方过失承担举证责任，患方的胜诉率只有 12%；反之，举证责任倒置，由医方承担其无过失的举证责任，患方的胜诉率则为 41%，此时医方的胜诉率为 59%。由此认定举证责任倒置时，双方胜败的比例相当，符合诉讼法上的武器平等原则。[2]"2002 年《最高院证据规定》的目的是避免个案突破规范所导致的合

---

[1] Cardozo, "A Ministry of Justice", 35 Harv. L. Rev., 113, 1921.

[2] 参见沈冠伶：《武器平等原则于医疗诉讼之适用》，载《月旦法学杂志》2001 年第 127 期。

法性准则被损害的问题以及满足尊重社会关系特性的需求。这是司法机关对立法活动的回应[1]。但这一特别规定的内容未被 2007 年修正的《民事诉讼法》吸收，同样也未被 2012 年修正、2017 年修正、2021 年修正的《民事诉讼法》吸收。而作为特别法的 2002 年《最高院证据规定》，在 2002 年 4 月 1 日至 2010 年 6 月 30 日即原《侵权责任法》施行前，仍然有效。作为规范本身，直至 2019 年新的《最高院证据规定》出台，2002 年《最高院证据规定》才整体废止。故，这一时期被称为医疗损害纠纷"无条件双项倒置"阶段。"无条件双项倒置"是指将医疗损害侵权责任构成要件的举证责任分成两部分分配给患方与医方：①患方需承担侵害行为、损害后果这两个要件的举证责任；②医方需承担医疗过错，以及医疗过错与损害后果的因果关系（以下简称"因果关系"）不存在的举证责任。

而且，2002 年 9 月 1 日起施行的《医疗事故处理条例》虽然没有规定一般民事人身损害赔偿，但是也改变了过去一次性经济补偿模式，实行限额赔偿制。当《医疗事故处理条例》与 1986 年《民法通则》规定不一致时，该如何处理呢？2003 年 1 月 6 日起施行的最高人民法院《关于参照〈医疗事故处理条例〉审理医疗纠纷民事案件的通知》明确："条例施行后发生的医疗事故引起的医疗赔偿纠纷，诉到法院的，参照条例的有关规定办理；因医疗事故以外的原因引起的其他医疗赔偿纠纷，适用民法通则的规定。"这一通知被认为正式开启了我国医疗纠纷案件法律适用"二元制"的时代，人民法院要根据医疗纠纷是否构成医疗事故，分别适用《医疗事故处理条例》或者 1986 年《民法通则》。由此，就医疗纠纷处理，规范文本进一步明确导入了 1986 年《民法通则》及其配套文件，虽然该"二元化"现象客观上早已存在。同时，"参照"这个词不同于"依照"，它本身意味着可以适用，也可以不适用。对此，法官具有选择权，尤其二者导致的赔偿数额差异较大时，法官更会依据公正标准来适用规范。这本身就会导致有些医疗事故赔偿案件适用《医疗事故处理条例》，有些则适用 1986 年《民法通则》。

《医疗事故处理条例》第 10 条第 1 款明确，患方有权复制或复印其门诊

---

[1] 这一回应，客观上印证了就 1987 年《医疗事故处理办法》第 3 条第 1 项规定的"虽有诊疗护理错误，但未造成病员死亡、残废、功能障碍的"这一"不属于医疗事故"的医疗行为，患方是可以提起民事诉讼的。

病历、医嘱单、住院志、化验单（检验报告）、体温单、护理记录、医学影像检查资料、手术及麻醉记录单、手术同意书、特殊检查同意书、病理资料等病历资料。对此，实践中将该条款理解为，患方有复印部分病历资料即客观病历资料的权利，这对其维护自身权益、尤其对举证责任的完成有了一定保障。对于主观病历资料如病程记录、会诊记录、上级医师查房记录、疑难病历讨论记录和死亡讨论记录，患方虽然不能直接复印，但是有权要求封存；一旦纠纷进入诉讼程序，庭审中启封病历，考虑到病历是案件证据的一部分，患方有权复印包括主观病历资料在内的所有病历。对于在法庭上当庭才获取的证据，患方有权要求对其进行延期质证，这致使大多数医疗纠纷案件不得不在进入鉴定程序前就进行两次举证质证，延误了诉讼流程。可见，庭审前拒绝患方复印主观病历资料，并不能实际阻止患方依法获取所有病历资料。而且，患者知情同意权本身就包含患方有权获取、查阅、复印其所有病历资料。例如，世界卫生组织制定的《促进欧洲患者权利宣言》规定，患者有权利查阅其医疗档案、技术资料，查阅关涉诊断、治疗、护理的任何其他档案、资料，并得到这些档案、资料全部或部分的副本。经患者要求，医疗服务提供者应允许其查阅、复制。对此，随着医疗纠纷处理的不断规范化，我国患者与司法系统对医疗系统应保障患者复印完整病历资料的呼声越来越高。

2. 现实理由

再来看 2002 年《最高院证据规定》中医疗损害纠纷"无条件双项倒置"规定，司法系统为何要作此规定呢？这其实与医疗系统为何要不断改进医疗技能具有相同的理由，当然又具有司法本身的特性。①正义的追求。司法系统对公平正义的职业追求，与医疗系统对救死扶伤的职业追求一样，从未停止。对职业理想的不断追求，是司法系统对现实状况作出改变的根本原因。客观上，如果患方已经证明损害发生在诊疗过程中，其内心便会直观地认为可以推断医方过错存在。当然，这又不同于美国"事实说明自己"原则，因为医方无法保证医疗结果，"事实说明自己"需满足"若无过失存在，患方的损害就不会发生"这一要件，而且在美国适用"事实说明自己"来推定医方过失的主体，不是法官，而往往是以一般人经验及理性为根基的陪审团。事实上，让不具备医学专业知识的陪审团来认定医疗过错，本身也是有重大缺陷的。所以，在美国，"事实说明自己"原则在医疗损害纠纷中的运用是非常

第二章 医疗纠纷诉讼的启动与纷争：交往机制向矫正机制的演进

谨慎的。[1]2002年《最高院证据规定》体现了我国司法界对医疗纠纷公正处理的追求。②矛盾的预防。患者生病本身（至少原发病）与医疗系统是无关的，因患者对疾病的治疗需要求助于医疗系统，医患关系由此建立；如果患者的疾病没有被治愈，甚至出现因为过错医疗行为导致患方身体健康状况恶化甚至死亡的情况，则矛盾会被引向医疗系统。同理，医疗纠纷产生本身与司法系统无关，但医疗纠纷的解决需要求助于司法系统，诉讼法律关系由此建立；如果医疗纠纷本身没有被化解，甚至出现因司法不公而导致医患矛盾进一步加深的情况，则矛盾会被引向司法系统。被直接与施善相提并论的医生之专业实践活动[2]，与被视作正义与善良艺术的法官之裁判活动一样，都是高度强调德性[3]的职业。但如果法与政策的规制不合理，让患方感受到不公平，则这两个崇尚理性与德性并重的职业均会受到患方的质疑。③工作的客观需求。医疗系统在特定情形下尚可合法地拒绝为患者作进一步治疗，如特定条件下的转诊；但是依据"不可拒绝审判"之原则，司法系统是没有权力拒绝审判案件的。所以，公正、合理、科学、及时的审判规则，对司法系统的重要性是不言而喻的，是其工作顺利开展的根基。④具有一定合理性。就医疗过错的举证责任，或许在司法系统看来，医方掌握医疗专业知识，医方采取的任何医疗行为均应有医学或事实的依据，这就好比行政机关的某一具体行政行为，其假定应具有法律依据与事实依据一样。为此，正如行政诉讼要求行政机关就其行政行为的法律依据与事实依据提供证据，即实行举证责任倒置。同理，医疗损害赔偿诉讼将医疗行为的过错及因果关系的举证责任交由医方承担。医疗行为过错与否，由医方证明的责任制度安排尚可理解，毕竟有专业知识的医务人员对自己采取的任何医疗行为，应该有一定专业依据或现实依据。而且民事案件中的证明标准只要求达到50%以上的可能性，便可得到认可，所以由医方来证明过错医疗行为不存在、自己已经尽到相应的注意义务，有一定现实基础。

---

[1] 参见陈聪富：《美国医疗过失举证责任之研究》，载朱柏松等：《医疗过失举证责任之比较》，华中科技大学出版社2010年版，第132、133、140页。

[2] 参见[美]约翰·伯纳姆：《什么是医学史》，颜宜葳译，张大庆校，北京大学出版社2010年版，第25页。

[3] 通过对实践智慧的考察，知、情、意的工具价值得以明确。然而，工具价值包含着服务于不同价值目标的可能性。一种能力既可以用于好的目的，也可以用于坏的目的。参见杨国荣：《论实践智慧》，载《中国社会科学》2012年第4期。

3. 面临的问题

(1) 由医方证明因果关系存在一定不合理性。就损害后果与医疗过错之间存在因果关系的举证责任,争议更大。因为医疗存在诸多未知领域,在未知领域中试图探知因果关系,是一个科学问题。但科学不是真理本身,而是探索真理的过程,其特定阶段的结果可能是不确定的,甚至是错误的。一个损害后果出现的原因,可能可以进行医学论证,但也可能无法论证;而且其往往是多因一果,各原因的参与度可能能够划分,但也可能无法划分。论证损害后果与过错行为之间的因果关系是一个大难题,由患方来证明"真"很难,但由医方来证明"伪",有时亦不易。举证责任的转移,其实是平衡医患双方当事人利益的一种方式。而且其判断是有盖然性存在的,难以100%精确,很多判断是可能性判断,而非确定性判断。但是其对法律责任最后的认定却与过错一样,具有关键性意义。如果医方无法证"否"就承担赔偿责任,将可能存在不公平的现象。从这个角度分析,因果关系举证责任倒置的设置,对医方存在一定的不公平。事实上,对于医方的说辞与理由,患方往往认为不可信,并不予认可。然而,法官又是否有能力直接判断医方的论证呢?法律专家与医生虽都是以宽厚的学识为基础,属"博学型"职业,[1]但其专业却属两个不同的学科。法官作为法律专家往往无法对医方的医学专业论证进行直接评判,所以案件往往需要由医学同行专家进行评判,即案件需要申请医学同行专家鉴定。因为过错及因果关系的举证责任此时在医方,所以需要医方申请鉴定,以获得患方、尤其是居中裁判的法官的认可。

(2) 举证效果有时取决于患方的配合程度。事实上,很多因果关系的鉴定需要患方的配合才能有效完成。一旦患方找到理由不配合或者患方无法参与鉴定,因果关系的论证将难以完成。假定案例1发生在举证责任倒置阶段,不难设想,因为此时举证责任在医方,所以医方必定会为防止事后出现纠纷导致自己举证不能之结果的出现,对出现患者死亡事实的病例,会尽可能要求尸检。而一旦医方积极要求患方尸检,又可能会直接把医患矛盾激发出来。所以,现实中医方面临左右为难的现状:其一,在患方没有提出医疗纠纷争

---

[1] 有学者从知识-权力角度出发,将法律专家、医生与牧师都称为"大人"(big man)。See Lamont Lindstrom, "Doctor, Lawyer, Wise Man, Priest: Big-Men and Knowledge in Melanesia. Man", *New Series*, 1984, Vol. 19, No2, pp. 291~309.

议时，如果医方自己提出尸检要求，会引起患方的警惕与不满，从而挑起矛盾。这是医方并不愿意看到的结果。而且，医方事后要证明是患方拒绝尸检，需要有证据。为获取证据，有些医方专门与患方签署书面沟通材料，以明确患方不同意尸检之事实。患方签署不同意尸检材料，将意味着医方完成部分举证责任，但这可能会让患方自己在今后的医疗纠纷中处于不利的境地。所以，知道签署不同意尸检材料法律意义的患方，会拒绝签字；而不知道其法律含义的患方则会以为这是正常流程，贸然签字。此外，有些医方在出院程序的设置中，会将这一签字作为必备流程，以致患方难以辨识。甚至还有一些医方在没有实际与患方沟通的情况下将患方拒绝尸检的含意夹杂在出院小结或其他材料中，以致一些未细看材料的患方直接签字认可；而事后如果患方觉得这些签字是在未告知其法律含义前提下的签字，甚至是与客观事实不符的、带有欺诈性质的签字，患方对医方的不满则将成必然，医患矛盾会加深。而且这种不诚信行为一旦被患方证实，则医方的举证效果必定受到不利影响。其二，在患方没有提出医疗事故争议时，医方没有提出尸检要求以致尸检不能，则事后医方将会面临举证不能的不利境地，例如上述案例2。其三，假如患者当初是在门诊就诊，而门诊病历往往由患方自己保管，在未实行电子病历的前提下，一旦患方隐瞒门诊病历，则医方与法官难以对案情有充分、完整的了解。此时，医方的举证责任在有些案件中会因为没有患方的配合而难以完成。

（3）过度医疗。事实上，由于医疗侵权构成四个要件（即侵权行为、损害后果、过错、过错医疗行为与损害后果之间存在因果关系）缺一不可，医方为避免因果关系"证否"难度大带来的不公平且不利的法律后果，便会利用自己的专业知识优势尽可能阻断侵权构成要件的满足。于是，医生"不得已"大量依靠医疗仪器，以医疗仪器100%的成本来避免自己1%的风险，将风险转嫁给患者。原《侵权责任法》第63条与现行《民法典》第1227条均规定，医疗机构及其医务人员不得违反诊疗规范实施不必要的检查。上述规定的内容，间接证明过度医疗问题的存在。虽然"过度医疗"的证成难免面临各种现实困难，如"度"的标准难以量化、难以把握[1]，但是现实中

---

[1] 参见夏文涛、徐洪新、蒋士浩主编：《医疗损害鉴定技术指引》，科学出版社2020年版，第76页。

"过度医疗"的动机无疑是客观存在的[1]。同时，这一阶段还存在一个现象，即社会资本进入了医疗行业，过度医疗背后可能存在资本的推动。国务院《关于鼓励支持和引导个体私营等非公有制经济发展的若干意见》（国发[2005]3号，俗称"旧36条"，2005年2月19日发布），其第4项明确规定，允许非公有资本进入社会事业领域。支持、引导和规范非公有资本投资教育、科研、卫生、文化、体育等社会事业的非营利性和营利性领域。在放开市场准入的同时，加强政府和社会监管，维护公众利益。支持非公有制经济参与公有制社会事业单位的改组改制。通过税收等相关政策，鼓励非公有制经济捐资捐赠社会事业。国务院《关于鼓励和引导民间投资健康发展的若干意见》（国发[2010]13号，俗称"新36条"，2010年5月7日发布），进一步鼓励民间资本进入社会事业领域，其第14项规定，鼓励民间资本参与发展医疗事业。支持民间资本兴办各类医院、社区卫生服务机构、疗养院、门诊部、诊所、卫生所（室）等医疗机构，参与公立医院转制改组。支持民营医疗机构承担公共卫生服务、基本医疗服务和医疗保险定点服务。切实落实非营利性医疗机构的税收政策。鼓励医疗人才资源向民营医疗机构合理流动，确保民营医疗机构在人才引进、职称评定、科研课题等方面与公立医院享受平等待遇。从医疗质量、医疗行为、收费标准等方面对各类医疗机构加强监管，促进民营医疗机构健康发展。

过度医疗，这种以患者承受高昂医疗费用为基础的医疗行为，不仅可以确保医生收入的持续增长，还能有效规避告知义务、诊察义务等履行不当的风险。可见，法律规范会影响人们的行动目标以及新偏好的形成。但过度医疗，一方面对患方不公平，甚至有害；另一方面对有限的医疗资源而言也是一种浪费，降低了其社会效益；而且医方营利的可能性，更会让患方对医方诊疗行为的质疑加深。

（4）同案多个不同鉴定结论并存。这一阶段还有一个现象，那就是同案多个鉴定结论并存成常态。究其原因，过错及因果关系的举证责任在医方，医方有主动提起鉴定的积极性。但是应提起何种鉴定？在医疗事故鉴定与医

---

[1] 1986年，一个美国医学组织调查发现，78%的医生认为他们实行了防御性医疗。See Elliott M. Abramson, "The Medical Malpractice Im-broglio: A Non- AdversarialSuggestion", *78 Kentucky Law Journal*, 1990, p.259.

第二章 医疗纠纷诉讼的启动与纷争：交往机制向矫正机制的演进

疗损害鉴定并存时（事实上二者目前仍处于并存的状态），二者的差异不容忽视。医疗损害，涉及对患方人身健康权的损害、知情同意权的损害、隐私权的损害、财产权的损害等，其中针对患者人身的医疗损害达到一定程度才可能涉及医疗事故甚至构成医疗事故罪。所以，实践中往往会有这种现象：构成医疗事故则一定构成医疗损害；但在医疗事故鉴定认为不构成医疗事故的前提下，医疗损害鉴定可能认为存在一定的过错及因果关系。换言之，医疗事故认定的标准客观上高于医疗损害的认定标准。所以，在"无条件双项倒置"的举证责任要求下的医方，往往选择进行医疗事故鉴定，患方对医疗事故鉴定结论不满后又会提起医疗损害鉴定，这就致使很多医疗纠纷案件出现两种及以上的鉴定结论且各鉴定结论可能存在差异。多种鉴定途径，选择哪种鉴定？多个鉴定结论，选择哪个鉴定结论？对这些问题的解答，必将产生争议。最终，"无条件双项倒置"阶段的医患冲突，并没有如预期的那样减少。

【案例3】湖南省高级人民法院［2015］湘高法民再二终字第105号民事判决书：医方于2010年5月19日向原审法院申请医疗事故技术鉴定。原审法院依法委托长沙市医学会对患者医疗事故争议技术鉴定。长沙市医学会于同年10月9日作出长沙医鉴［2010］117号医疗事故技术鉴定书（即该案第一份鉴定意见书），鉴定结论认为不构成医疗事故。于是，患方对该份鉴定书提出异议，向原审法院申请司法鉴定。原审法院依法委托湖北同济法医学司法鉴定中心对医方对患者的诊疗行为是否存在过失、该过失与患者死亡后果之间是否存在因果关系及过失参与度进行鉴定。湖北同济法医学司法鉴定中心作出［2012］法医病理FI—20号《湖北同济医学司法鉴定中心法医病理学文证审查意见书》（即该案第二份鉴定意见书），确认"过失参与度为20%~30%"。患方对湖北同济法医学司法鉴定中心作出的鉴定仍有异议，但原审法院对患方再次要求重新鉴定未予采纳。患方便自行先后委托枣庄富民司法鉴定咨询代理有限公司作出《关于医疗纠纷案咨询意见》（即该案第三份鉴定意见书）、衡阳市云集司法鉴定所作出衡云集［2012］临鉴字第106号司法鉴定意见书（即该案第四份鉴定意见书）以及熊平教授2012年11月19日出具关于患者医疗事故意见书（即该案第五份鉴定意见书）。后三个鉴定均确认患者系因肺部感染而死亡，而非医院暴力医治死亡，但均未表述医院对此负有全部责任，而是使用了"一定的因果关系"及"原因之一"等表述。于是，一个案件中，多个鉴定结论并存，鉴定结论打架就在所难免了。这种现象，不仅拉长了诉讼时间，而且依据任何一个鉴定结论判决，都会出现一方或双方均不服的现象。就上述案件，患方于2010年5月18日诉诸一审法院，二审法院于2014年9月12日才作出［2014］长中民一终字第01304号民事判决。可见，仅一审、二审就耗时长达4年多。而且二审之后，双方当事人均不服、均申请再审，湖南省高级人民法院于2015年5月26日作出［2015］湘高法民申字第421号民事裁定，提审本案，并于2015年10月20日作出［2015］湘高法民再二终字第105号民事判决书。

（三）第三阶段："谁主张谁举证"与"过错推定"并存

在医疗侵权赔偿案件中实行举证责任"无条件双项倒置"存在很大的争议，引发了医疗系统的不满，而过度医疗以及医疗资源效益降低亦引起了患方与社会的不满，2010年7月1日起施行的《侵权责任法》将医疗事故损害赔偿范围由限额赔偿统一到了人身损害赔偿，同时也对医疗侵权案件举证责任进行了一些调整。该模式，被称为混合式模式。

1. 一般情形"谁主张谁举证"

原《侵权责任法》第54条（该条款已于2021年1月1日被《民法典》第1218条所替代）明确，"患者在诊疗活动中受到损害，医疗机构或者其医务人员有过错的，由医疗机构承担赔偿责任"。当然，单从字面上理解该条文仅涉及过错，未涉及因果关系。医疗过错与损害后果之间因果关系的举证责任可否继续沿用2002年《最高院证据规定》，由医方来承担呢？事实上，该条款没有明说，但在司法实践中被理解为，在一般情况下实行"谁主张谁举证"，即患方需就医疗侵权构成要件（包括损害后果、过错医疗行为、过错医疗行为与损害后果之间存在因果关系）承担举证责任。2017年12月14日起施行的最高人民法院《关于审理医疗损害责任纠纷案件适用法律若干问题的解释》进一步明确了相关举证责任分配事宜。该解释第4条明确：患者若依据原《侵权责任法》第54条之规定向医疗机构主张赔偿责任，应提交其到该医疗机构就诊以及受到损害的证据。若患者无法提供医疗机构存在过错、诊疗行为与损害之间存在因果关系的证据，而依法申请医疗损害鉴定，人民法院应予准许。医疗机构主张不承担责任的，应当就原《侵权责任法》第60条第1款所规定的抗辩事由即"患者或者其近亲属不配合医疗机构进行符合诊疗规范的诊疗""医务人员在抢救生命垂危的患者等紧急情况下已经尽到合理诊疗义务""限于当时的医疗水平难以诊疗",承担举证证明责任。无疑,过错及因果关系举证责任的转移,往往直接影响着无法鉴定情形案件的胜负结果。例如,找不到鉴定机构或者鉴定机构退鉴处理等,将直接视举证责任者举证不能,而就这种情况,不论举证责任方是患方还是医方,客观上都具有一定的不合理性。所以,权利义务的分配也是重要的资源分配,这种法律制度的设置,客观上只能追求到相对的公平。

(1) 找不到相应鉴定机构的不利后果由患方承担。

【案例4】 四川省高级人民法院[2019]川民申3007号民事裁定书:患者因烫伤于2009年9月16日到被申请人处治疗,经南充市卫生和计划生育委员会委托,四川省医学会鉴定认为被申请人的诊断对医方的治疗方案无影响、患者目前情况系烧伤临床发展过程,与医方的医疗行为无因果关系、不属于医疗事故。患者一审申请对医方的医疗过错、患者伤残等级、患者继续治疗康复所需费用进行鉴定。一审法院根据双方的选择先后委托四川华西法医学鉴定中心、西南政法大学司法鉴定中心进行鉴定,但鉴定机构均不受理。二审中,患者再次提出上述鉴定申请,并要求委托西南司法鉴定所进行鉴定,但西南司法鉴定所以患者曾在该院诊治回复患者不予受理,二审法院要求患者在指定期间内先行提供能够作出鉴定的机构名单,否则将自行承担相应法律后果。患者此后又要求委托司法部上海司法鉴定中心进行鉴定,但根据全国人民代表大会常务委员会《关于司法鉴定管理问题的决定》第7条第2款"人民法院和司法行政部门不得设立鉴定机构"的规定,患者不能委托该鉴定机构。二审法院基于患者未在该院指定的期间内先行提供能够鉴定的机构,对此认定由其自行承担相应的法律后果并无不当。据此,法院认为现有证据不能证明被申请人在诊疗中存在过错。同时不符合《侵权责任法》第58条所规定的适用推定过错的情形。因此,二审判决驳回患者的上诉请求,维持一审判决,并无不当。

(2) 超出技术条件和鉴定能力、鉴定范围,鉴定机构无法对是否存在过错医疗行为、因果关系及责任程度进行鉴定的,均被视为患方举证不能。

【案例 5】辽宁省高级人民法院［2015］辽审一民申字第 920 号民事裁定书：患方提供的证据并不能证明医方为患者做了扁桃体及舌乳头摘除手术。且患方就医方是否具有医疗过错，有无因果关系，是否致伤残等申请鉴定，北京法源司法科学证据鉴定中心、北京法大法庭科学技术鉴定所、中国法医学会、北京中衡司法鉴定所由于现有技术方面原因均未受理。依现有证据不能证明医方在诊治过程中存在过错。故原审认定患方应负举证不能的不利后果，并据此判决驳回其诉讼请求，并无不当。

（3）就非患方原因不能开展鉴定的情形，法院不予过错认定或推定过错，但同时对已证实的过错予以确认，并酌情判决。

【案例 6】广东省高级人民法院［2017］粤民申 5438 号民事裁定书：对涉案诊疗行为是否存在过错，一审法院先后委托中山大学法医鉴定中心、南方医科大学司法鉴定中心、广东通济司法鉴定中心等三家鉴定机构进行鉴定，三家鉴定机构均不受理。二审程序中，经双方当事人同意，二审法院又委托中华医学会进行鉴定，但该鉴定机构亦不受理，导致本案不能依据鉴定结论认定涉案诊疗行为是否存在过错。患者提起再审称，医方存在没有将患者"立即直送"手术室、电动开颅钻不处于"功能状态"、不合理使用硝普钠、病历书写不规范等违反规章、诊疗规范的行为，应推定医方有过错。但案件现有证据，不足以证明患者昏迷至今的损害后果与医方的诊疗行为之间存在因果关系。据此，二审判决驳回患者要求医疗损害赔偿的诉讼请求，并无不当。另鉴于在涉案诊疗过程中，确实存在开颅钻无法正常使用，而增加手术风险的情况，二审判决酌定医方补偿患者 10 万元，亦无不当。

（4）鉴定不能确定因果关系的不利后果由患方承担。有研究统计表明，在 1256 件鉴定案件中，以原因力大小判定的案件分为 7 类，即完全原因案件、主要原因案件、同等原因案件、次要原因案件、轻微原因案件、无因果关系案件、不能确定因果关系案件，其中不能确定因果关系案件有 16 件，占 1.27%。[1]

---

[1] 参见夏文涛、徐洪新、蒋士浩主编：《医疗损害鉴定技术指引》，科学出版社 2020 年版，第 19 页。

2. 特定情形"过错推定"

原《侵权责任法》第58条是关于特定情形下的过错推定的规定，即"患者有损害，因下列情形之一的，推定医疗机构有过错：（一）违反法律、行政法规、规章以及其他有关诊疗规范的规定；（二）隐匿或者拒绝提供与纠纷有关的病历资料；（三）伪造、篡改或者销毁病历资料"。需要说明的是，已于2021年1月1日起施行的《民法典》第1222条与原《侵权责任法》第58条的内容大致相同，变化仅有三：其一，明确条款所涉损害限定于患者在诊疗活动中所受损害；其二，增加了"遗失"病历资料情形；其三，对销毁病历资料限定了"违法"这一条件。所以，纵观原《侵权责任法》第58条的适用情况，大致能预测出《民法典》第1222条在实践中的运行情况。此外，原《侵权责任法》第58条与《民法典》第1222条对"最难言说、最难证明"的因果关系，均没有直接涉及推定问题。但是从常理而言，用以评判的证据材料因为医方的原因难以用来论证案件事实，就应该将因果关系的推定一并成立。现实中确实有一些案件，遵循了这一逻辑。

【案例7】 最高人民法院［2016］最高法民再285号民事判决书：2011年7月11日患者丁某死亡后，患方与医院共同封存病历资料。7月22日，医方与患方共同启封病历资料时，在未告知患方的情况下，医院工作人员往封存病历中加插了材料。医方在一审中称不能确认加插材料的内容，在二审中称所加插材料为死亡记录、死亡讨论记录等法律规定可以在患者死亡后补记的相关病历资料，但患方对此不予认可，医方亦未举证证明其加插材料的内容。为此，本案有两个关键争议焦点：第一，过错推定是否成立？对此争议，一审法院、二审法院、再审法院、最高人民法院均认为医方往已经封存的病历中加插材料的行为破坏了已封存病历的完整性、真实性和客观性，明显系故意篡改病历的行为，推定医方有过错，有事实和法律依据。第二，患者死亡与过错医疗行为间的因果关系如何判断以及医方的责任承担比例为多少？就此争议，不同法院存在不同意见。该案件共四个法院先后参与了审理，存在三种不同的判决结果，也足以反映不同裁判主体对案件的认知与判断存在差异。而这样的差异也给其他纠纷当事人的预判增加了难度，具体内容如下。

首先，一审法院判决医方承担60%的赔偿责任（湖南省长沙市芙蓉区人民法院〔2012〕芙民初字第362号民事判决）：酌情确定医患双方的过错比例为6∶4。主要裁判观点：①医院死亡诊断与鉴定意见关于死亡原因的描述不符，可知医院诊断错误，存在医疗过错。②患者亲属、医院在封存病历中均未列明清单保存，以至于无法分清封存病历及加插病历，均应承担相应过错责任。③考虑到患者原发疾病的固有风险及医患关系信息不对称等因素，酌情判定医院赔偿患者亲属60%的损失。

其次，二审法院判决医方承担100%的赔偿责任（湖南省长沙市中级人民法院〔2013〕长中民一终字第03446号民事判决）：通常情况下，医疗损害后果的发生往往与患者自身有直接或间接的关系，所以，应该综合考虑医方过错程度以及诊疗行为对损害结果发生的原因力大小，以确定损害赔偿比例。审判实践中，一般要根据鉴定结论认定的医疗过错行为在医疗损害后果中的责任程度来确定赔偿的比例。但因医院的加插病历行为不仅扰乱了正常的病历管理秩序，而且行为性质恶劣，最终导致了鉴定结论无法作出、各方责任无法确定的严重后果。就本案而言，判令由医院承担不利法律后果和完全民事责任，不仅符合2005年原卫生部《关于医疗机构不配合医疗事故技术鉴定所应承担的责任的批复》（卫政法发〔2005〕28号）的规定精神，有利于医疗机构的规范管理，更能体现对患者家属的精神抚慰和合法权益的有力保护。为此，二审判决认定本案确系因为医院的加插病历行为导致鉴定结论无法作出，医院应当承担不利法律后果和全部法律责任。

再次，再审法院判决医方承担70%的赔偿责任（湖南省高级人民法院〔2014〕湘高法民再终字第77号民事判决）：在因医院的加插病历行为导致鉴定结论无法作出、无法判断医院医疗过错对损害结果发生的原因力及参与度的情况下，以患者丁某本身患有高血压、颈椎病、肾结石等疾病及原发疾病的固有风险为由，判定医院承担70%的责任。

最后，最高人民法院判决医方承担100%的赔偿责任（最高人民法院〔2016〕最高法民再285号民事判决）：二审法院判决医院应当承担不利法律后果和全部法律责任，并无不当，应予维持；再审法院考虑患者自身身体状况判决医院承担70%的责任，属于适用法律确有不当，应予纠正。

同一个案件，案情明确，但存在三个不同的判决结果，考虑到患方自身身体因素，让医方按照一定比例承担责任具有一定合理性，最高人民法院最终基于医方严重扰乱正常的病历管理秩序行为，判处其承担100%的赔偿责任。

（四）发展趋势：法律界对医学特性的深入认知推动制度变更

调查过去，才能理解现在；理解现在，以便预测未来。医疗行为过错、因果关系举证责任的演变，实际上是法律界对医学特性认识程度不断变化下的制度调整。不难推断，在实行患方承担举证责任的第一阶段，未过多考虑医学的专业性，让患方承担超责任能力的举证责任，显然是不公平的。这一举证责任设置，从法律层面看有利于医方，但遭遇不公正对待的患方会有不满情绪，这些不满情绪会被引向司法裁判者或医方，医患关系因此会存在由规范引发的不安定因素或风险因素。在第二阶段，患方的举证责任被大大减轻，从法律层面看更有利于患方。这一阶段，法律界对医学特性有一定的了解但并不完整，可能对医方不公，增加其不合理的职业风险。当对医疗资源与信息占有绝对优势的医方遭遇不公，亦会引起医方的不满，这种不满虽不会被直接引向司法裁判者，但会使医方为了规避风险而增加职业风险防范措施，并将相应的成本转嫁给患方或国家与社会。较之第一、第二阶段，第三阶段显然相对公平、合理，其是在平衡医患双方的举证责任。第二阶段为何会出现？其源于司法部门对立法工作的调整。或许正是因为第二阶段模式的适用，才引发了第三阶段模式的产生。

就第二阶段模式的适用，或许在司法裁判者看来，不利于医方的诉讼模式会让裁判者面临的职业风险变小。因为患方如果能大概率获得等额或超额赔偿，其心理的不满与各项损失就得到了足够的补救，从而让医患冲突中的患方就此"离席"。没有获得赔偿的患方，也不会有太多不公的感觉。此时，司法裁判者需要面对的是医方的不满以及财务支持者的压力。但因为①法人/组织的理性明显高于自然人；②医疗机构还面临卫生行政部门、行业领域的管理监督，不会轻易做"出格"的行为；③更重要的是，医方需要面对千千万万其他患者的救治，有源源不断的社会责任需要承担；④即便在个案中确实被不公平地对待，医方亦可能从国家、社会、其他诊疗活动中获得案外的补偿与平衡。这些考量，或许正是有利于患方诉讼模式得以产生的缘由。反之，在不利于患方的诉讼模式中，司法裁判者面临的职业风险要大很多。因为作为自然人，个体的理性程度存在天壤之别。在不利于患方的诉讼模式中，患方不论基于理性还是不理性，都可能放弃诉讼，选择其他路径。理性人会选择对医方不利但对自己有利的其他合法路径，而不理性的人则可能会选择让医方不利的同时也让其自身陷入不利甚至绝境的非法路径。一个由诉讼模式不公平导致患方遭遇不公平的判决结果，无法使患方的合理诉求得到满足，更会让其心中的不满进一步加深。因为除非有特定的社会支持如保险，否则，患方需要独自/单个家庭承受所有的损失，且难以从别处获得损失的弥补。这样的结果，不仅会让患方对医方更不满，更会将患方对医方的不满引向司法裁判主体甚至不特定的公众。

总体而言，一般情形"谁主张谁举证"+ 特定情形"过错推定"这一阶段，是立法系统在试图平衡医疗系统、司法系统、患方之间的利益冲突。不难发现，在这一阶段患者复印病历资料的权利进一步被明晰，但在2018年10月1日之前，对病历复印的要求与规范还没有细化。就案例7而言，医方的加塞病历行为，让案件的所有病历资料的真实性均受到了质疑。但如果封存病历时能将封存资料列明清单，则医方加塞了哪些资料就不难证明了，案件也不会出现因为医方加塞资料而导致鉴定不能、医方承担100%责任的后果。但并非所有的判决都能如此有魄力。现实中的大量案件，主要还是沿着上述案件中省级人民法院再审判决的逻辑，即在考虑患者自身身体状况的前提下，酌情处理医方的法律责任比例。客观上将患者自身的高血压、颈椎病、肾结石等疾病及原发疾病等固有风险完全排除，是否符合科学原则与公正原则是存疑的。最高人民法院的判决更多体现的是，对医院故意篡改病历行为的谴责。司法机关试图通过追究不诚信行为的法律责任，将相关社会主体引往诚信的方向。

医疗过错举证责任，发展到第三阶段并不断完善，已属不易，这是司法系统、卫生系统、立法系统不断博弈的成果。在这一演变过程中，规范在不断变化，医务人员如果不能及时学习新规范，将难以从过去的工作模式转变至新的工作模式。假设一个从2002年4月1日前进入医疗行业的工作人员，在2020年5月1日之前其工作模式至少发生2次转变，病历复印要求发生3次转变。在目前混合式模式（即一般情形"谁主张谁举证"+ 特定情形"过错推定"）中如果不能对二者作出区分，无疑将会引发新的争议与冲突。这一模式的实际效果如何，我们需再回到案例1的诉讼进程中加以观察。

三、病历真实性引发的争议

现实中，患方有证据让所有病历资料的真实性受质疑的情形并不多见，更多的情形是患方只能证明部分病历资料的真实性有问题，而其他病历资料会被认为是真实的。这一"真假"病历资料并存的客观事实，让医患纠纷诉讼处理结果充满了各种不确定性，甚至还存在患者认为病历资料的真实性有问题但法院认为没有证据证实该主张的情形。所以，特定情形下过错推定首先需要处理好病历的真实性问题。否则，特定情形下"过错推定"将不是患方的"福利"，而是一个陷阱。

（一）争议经过

1. 患方诉前未获得全部病历

【案例1续】：诉讼正式启动后，需要就开庭前的病历收集情况再补充一些内容。患者死亡当日即2019年2月18日，据患方所称，其曾向医方要求复印病历资料[1]，但医方以病历还没有完成为由，未复印任何资料给患方，对此患方事后一直耿耿于怀。事实上，就这个问题，《医疗纠纷预防和处理条例》第16条、第24条分别明确了患方有复印全部病历、要求封存病历资料的权利。虽然上述条文本身并没有要求医方在患方提出复印病历要求时，立马将病历资料复印给患方或立马封存病历资料。但是，纵观《医疗纠纷预防和处理条例》，其对医方处理医疗纠纷、进行医患沟通提出了"及时"性的要求，并在第4条明确规定"处理医疗纠纷，应当遵循公平、公正、及时的原则"，应当及时复印、封存病历。当然，一般民众出于事情查明最基本的需求即查阅病历资料，会要求复印病历资料，但是对封存病历资料事项就未必了解了，所以其往往没有要求封存病历资料。而此时，封存病历资料是固定病历资料内容的关键。《医疗纠纷预防和处理条例》第24条虽然没有明确要求，一旦患方提出封存病历的要求，医方就应该立刻封存病历，[2]但其本义显然是应当立刻封存，而且其已经作出明确规定，病历尚未全部完成时，对其中已完成病历资料先行封存；就未完成病历资料在其依法完成后，再进行封存。如果病历原件还需使用，可以封存复印件。同理，已完成的可以先复印，未

---

[1] 从节约资源的角度讲，复印病历资料的范围应根据病历用途来定，用于医疗费用报销、用于纠纷处理等是不一样的，现实中存在患方未明确自己复印病历资料的用途，即使被问起用途，最初也碍于情面没有直接告知是用于纠纷处理。所以，从医患双方的角度看，最好是能增加一个能固定病历用途证据的环节，以免患方不能获得其想要的病历资料，也避免医方错误理解患方复印病历的用途而未合规地复印病历资料。

[2]《医疗纠纷预防和处理条例》第24条第1款明确，发生医疗纠纷需要封存、启封病历资料的，应当在医患双方在场的情况下进行。封存的病历资料可以是原件，也可以是复制件，由医疗机构保管。病历尚未完成需要封存的，对已完成病历先行封存；病历按照规定完成后，再对后续完成部分进行封存。医疗机构应当对封存的病历开列封存清单，由医患双方签字或者盖章，各执一份。

完成的可以待病历完成后再复印。而案例1中的医方却直接以未完成拒绝了患方的所有复印要求，也没有告知封存事项。此外，如果医方未及时更新法律知识，就会出现侵犯患方复印主观病历资料的权利的情形。此类明显违反法律本意的行为，容易引起患方的不满。事实上，很多医患矛盾，正是因为患方在与医方沟通过程中感受到了不公正的对待，认为其合法权益受到了侵犯，甚至认为医方存在违法行为，被激发出来的。案例1中，直到2019年2月19日下午3点多，医方称已完成了病历资料，双方一同封存了病历，但仅封存了部分病历资料而且没有列封存清单给患方，仅复印了部分病历资料给患方。这一做法，显然又直接违背了《医疗纠纷预防和处理条例》第16条和第24条关于患方有权复印全部病历资料及医疗机构应列封存清单给患者的规定。而现实中绝大多数患方并不清楚自己有没有拿到完整的病历资料，因为他们并不清楚应该有哪些病历资料。

立法者、司法者的角色定位，要求既要保护患者的合法权益，也要保护医方的合法权益。但在二者权益保护发生冲突时，不得不做权衡。病历是医患纠纷处理中的重要证据，立法已经明确赋予患方在纠纷发生的第一时间申请复印、封存已有的病历资料的权利。事实上，如果医患双方一有争议立马封存病历，则限制了医方相关主体合法的病历修改权。但在追求真相的过程中，为保障患方的知情同意权，限制医方一定的病历修改权，这何尝不是一种利益权衡，并具有一定正当性：①病历修改是特例，不是常态；②修改应基于一定的事由，该事由如果存在，则封存后仍有被认可的可能性；③病历修改，有将真相隐藏的风险，即表面上是修改病历，实质上是篡改病历。可见，患方的病历封存权与医方的病历修改权，二者均具正当性，当二者发生冲突时，那就要看谁的正当性更强。无疑，目前的法律规范认为，前者更应得到保障。

2. 患方在鉴定前未获得全部病历并质疑病历真实性

2019年9月6日在案件第一次开庭时，患方第一次拿到病程记录。鉴于这些病程记录是第一次拿到，患方要求庭后再提交质证意见，并获得法庭准许。2019年9月17日，患方将最新的质证意见邮寄给法院。为何11天之后才提交质证意见，患方的理由是，因病程记录涉及医学专业知识，而且不是孤立的，需要结合其他病历资料一并审查。甚至很可能因为病程记录的内容导致庭审中患方对其他病历资料已有的质证意见发生改变。

考虑到获取的病历资料是分批次且没有清单的，为避免病历资料存在遗漏，患方向法院请求获取一份医方完整的病历资料，并获得了法院的支持。2019 年 10 月 12 日，患方收到由法院转送的医方病历资料，医方称其为封存病历资料的全部复印件。经与患方已掌握的病历以及《医疗机构病历管理规定（2013 年版）》第 9 条第 1 款规定的住院病历内容要求相核对，该病例缺失以下重要病历资料：《病人首次护理记录单》《护理记录单》《手术记录》《术前小结》《术前讨论记录》《手术审批书》《手术安全核查记录》《手术清点记录》《体温单》《会诊记录》《死亡病例讨论记录》、手术者术前查看患者的相关记录、检查胸片正位片、患者的影像病历、医方告知患方病历复制查阅以及尸检的相关证明资料、已封病历的封存清单等资料。其中，《病人首次护理记录单》《护理记录单》《手术记录》属于医方提交的所谓的"完整的封存病历资料"所缺失、但医方已经复印给患者的资料。医方未依法封存所有病历，将产生相关病历是否合法的问题；而不具合法性的病历资料，将意味着其真实性存疑。

3. 病历真实性审查主体缺位

事实上，早在第一次开庭时，患方便已提出病历资料存在篡改、违规补写、内容不客观、真实性存疑等问题，并表示需在确保病历资料真实性的前提下再进行鉴定，法官强调"本案涉及专业问题，需要鉴定，鉴定费由患方预交"。为此，患方于 2019 年 10 月 15 日依照法院要求将患方陈述、病历资料各 10 份，患方登记表一份，交给法院，进而正式启动鉴定程序。2019 年 11 月 12 日，当事人接到通知前往法院司法鉴定科摇号确定鉴定机构，随机选定"甲司法鉴定所"担任首选鉴定机构，"乙医学会"为备选鉴定机构。

（1）首选鉴定机构以"患方对鉴定材料真实性存疑且因未行尸检"为由拒绝鉴定。2019 年 12 月 12 日，患方收到法院的《启用备选鉴定机构通知书》，核心内容为，因为首选鉴定机构对本案已作出退案处理，法院决定委托备选鉴定机构对委托事项进行鉴定。首选鉴定机构退案处理的理由与依据是，"患方对部分病历内容的真实性存疑，因医疗损害鉴定的主要依据是病历记载的医方所实施的诊疗行为，在患方对病历真实性存疑的情况下，我所无法完成本案鉴定。且本案患者死后未行尸检，具体死因不明，故医方医院诊疗行为与患者死亡之间的因果关系及参与度无法判定。根据《司法鉴定程序通则》（2016 年）第 15 条第 1 款第（二）项'鉴定材料不真实、不完整、不充分或者取得方式不合法的'之规定，不予受理此案"。但无论基于何种理由，退案终究影响了当事人对鉴定机构的选择权。鉴定机构无论是医学会还是司法鉴定机构，最好提前明确哪些案件自己不能接受委托，以便直接将其列入备选鉴定机构之外。当然，鉴定机构可能会认为每个案件都有差异，不拿到鉴定材料无法判断能否鉴定、是否有能力鉴定。这个理由有一定的道理，但是根据《医疗纠纷预防和处理条例》第34条第2款的规定，即医学鉴定与司法鉴定均应由所涉专业的临床医学、法医学等专业人士进行，如果医学会或司法鉴定机构没有相关专业人员，应从设区的市级以上人民政府卫生、司法行政部门共同设立的专家库中抽取相关专业专家进行鉴定，上述理由又似乎不合理。因为如果司法鉴定没有能力鉴定，则就同一事实，医学鉴定也应该难以鉴定。反之，如果医学鉴定能鉴定，则司法鉴定也应该有能力鉴定。[1]所以，退案现象的出现，可能还存在对成本、案件复杂度等的考量。鉴定机构退案处理并非个例，不少案件都面临过这种情况[2]。对于这个问题，目前没有相关规范加以规定，似乎也很难规定，毕竟鉴定机构与法院不一样，后者是不能拒绝判决的，但前者则在一定理由下可以拒绝鉴定。不管怎样，这一现象让患方对实际展开鉴定的鉴定机构的鉴定能力以及鉴定结果，一开始就存有疑义。但不难设想，所有的鉴定机构都退案处理，则承担举证责任的一方将要承担举证不能的法律后果。总之，司法鉴定机构应对其能鉴定的案件范围以及不能开展的案件鉴定范围尽可能做一说明。当然，现实中能否明确上述范围，需要实际考察。

（2）备选鉴定机构明确不审查鉴定材料的真实性。2019年12月18日，备选鉴定机构乙医学会医疗损害鉴定工作办公室发函给法院称："贵院于2019年10月11日委托我会组织李某与江苏C医院医疗损害鉴定。经审查，患方

---

〔1〕当然，具体到某一鉴定主体，其鉴定能力也是有差异的。同时，鉴定主体的范围在各省份存在差异。目前江苏省的司法鉴定主体和医学会均在候选鉴定主体中（在2017年10月前很长一段时间，江苏省医疗损害与医疗事故均由医学会鉴定），而根据上海市高级人民法院《关于委托医疗损害司法鉴定若干问题的暂行规定》的规定可知，除双方当事人协商一致以外，医疗纠纷民事案件由法院依职权委托医学会组织专家进行鉴定。医学会认为无法鉴定的，法院可另行委托具有资质的司法鉴定机构组织鉴定。

〔2〕南京医学会所作的《2019年第二季度鉴定简况》指出，关于医疗纠纷类鉴定，其共收到（医疗事故技术鉴定和医疗损害鉴定）委托（移交）57例，不予受理4例，受理46例，完成鉴定32例，终止鉴定14例；目前受理后待鉴定43例，待受理2例。

在陈述中提到医方病历存在造假、篡改、不实、隐匿等问题，鉴于我会组织的医疗损害鉴定不对鉴定材料的真实性予以评价，请贵院进一步确认鉴定材料。如贵院确认鉴定材料后委托我会继续组织本例鉴定，请补充患者就诊期间的影像学资料。"顺便提一下，因患方仅有河北省的 A、B 医院的影像资料，并无任何江苏 C 医院的影像资料。但江苏 C 医院医嘱显示确有胸片检查，在法院与医方沟通后，江苏 C 医院称要患方自己去医方的电脑端打印影像资料。患方前往江苏 C 医院，但医方电脑系统显示并无可打印影像资料。患方再次跟医方沟通，江苏 C 医院才确认其实际并未按医嘱做相关影像检查。就医方而言，医疗纠纷处理工作人员与实际参与医疗救治的医务人员之间，有时信息也未必能共享。

（3）法官在鉴定前难以审查特定鉴定材料的真实性。2019 年 12 月 27 日，法院再次组织质证活动，在鉴定机构明确不审查病历资料真实性且患方仍坚持病历具有真实性问题的前提下，法官仍明确要将所有病历资料作为鉴定材料交给鉴定机构审查以确定医方有无按照诊疗规范进行处理，鉴定过程中可再核实确定有关电子病历的问题。同时，法官同意患方前往医方处查看原始电子病历。基于这些前提，患方同意鉴定程序再次启动。此时，患方可否要求医方提供"带修改痕迹"的病历资料？事实上，这本就是法律要求的应有之义，至少案件诉至法院，就应是法律的应有之义。正如案例 1 所示，患方就病历资料提出了众多的问题，但是在庭审中法官坚持让患方申请鉴定。法官的坚持，让患方觉得法官很可能认为过错推定难以成立。而将如后文所述，过错推定能否成立是不确定的，且过错推定成立并不意味着因果关系一定成立、也难以判断过错行为在损害结果中的参与度是多少。于是，患方不得已坚持申请医疗过错、因果关系、参与度的鉴定。

综上，不难看出，就病历资料的真实性审查，法官希望鉴定机构能提供帮助；而首选鉴定机构直接以病历真实性存疑为由，拒绝鉴定；备选鉴定机构则明确不审查病历资料的真实性。为此，在鉴定结论出来前甚至一审判决出来前，特定病历真实性的审查主体存在缺位。

4. 鉴定程序正式启动后患方仍未获得全部病历

2019 年 12 月 31 日，患方前往江苏 C 医院查看病历原件，医方仅给患方看了部分电子病历资料，未让患方查看护理记录的电子病历以及心电图、胃镜检查报告等病历资料。在此，患方第一次看到术前讨论记录、会诊清单，以及部分病历资料的修改痕迹与修改内容。可见，虽经患方多次申请复印全部病历及两次庭审，医方仍未提供术前讨论记录、会诊记录等重要病历资料（后文将对整体病历问题进行集中列明）。医方这种"挤牙膏式"的病历复印件供给模式，让患方对病历资料的合法性、真实性产生怀疑，患方仅能相信有证据证实的客观事实。此时，患方还面临一个问题，即要不要继续申请法院调取所有的原始电子病历。对此，患方往往会综合考量医方的质证意见后，视情况决定是否再申请法院调查。如果医方认可患方的观点，就没有必要再申请调查。事实上，诉讼一开始，患方就试图申请法院调查，但考虑到有些问题已经有证据证实，而最为关键的是患者在江苏 C 医院住院的时间仅为 3 天，即便病历资料有修改，一些在合规时间内的修改也会被认为是合法的。而且，患方认为上述情形已足以将举证责任转移到医方，此时应由医方证明其已有的病历修改并非对相关内容的违规修改。当然，对于患方而言，还有一点非常重要：如果对电子病历看不出问题，还需要进一步申请病历真实性鉴定[1]。这无疑将进一步增加患方的诉讼成本。

反复斟酌后，患方于 2020 年 1 月 9 日向法院邮寄 2019 年 12 月 31 日查看到的电子病历资料及对证据的意见。在这个过程中，因为患方的病历复印权受到侵害，案件事实只能一层层慢慢展开，严重影响患方的诉讼权利，拉长诉讼时限，产生患方是否受到公平对待的问题。甚至在有些案件中，法官要求患方对新的、既没有页码也没有目录清单的病历材料，当庭进行确认与质证，这对于没有医学知识的患方及代理人而言，显然是困难的、不公平的。在整个事件的处理中，患方会很自然地感受到来自医方的种种阻挠与限制，毕竟诉讼是一场"零和博弈"。也正如患方所预想，医方始终坚持其没有过错。而这些新资料的发现，意味着患方要再次向法院进行举证，法院也要重新安排质证。基于新证据的出现，患方不得不再次对所有病历资料进行重新审查、核对，修改之前的质证意见，调整已移送鉴定机构的《患方陈述》的内容。不难发现，因为医方没有依法保障患方病历资料的复印权，使得整个案件的审理期限多次延长。如果医方在 2019 年 2 月 19 日将所有病历资料及有

---

[1] 一个案件的病历鉴定可能同时涉及：①病历的真实性和原始性进行司法鉴定（文字鉴定或通过对电脑硬盘内的原始记录对比进行认定）；②对涉案纸质病历的真实性、原始性进行相关鉴定；③对电子病历的原服务器硬盘进行数据鉴定，等等。

修改痕迹的复印件全部给了患方，则2019年9月6日（第一次开庭）至2020年1月9日之间的诉讼时间将会被缩减，庭审效率大大提高。而且，可以看出，被假定具有公信力的病历资料，在有的时候并不完全可信。或许从一开始患方就应该向法院申请调取所有的电子原始病历资料。但很多时候，患方也并不想直接将医治者想象成"坏人"；客观上看，发现问题、直接指出医方存在问题，也是需要时间、勇气与证据的。

案例1中，在患者李某死亡纠纷进入鉴定程序之前，患方通过各种方式证明其认为医方病历资料存在的真实性问题，认为医方存在违反病历相关管理制度、违背诚信、伪造篡改病历等行为，并附上了其认为的相应证据。而且2019年4月2日，江苏C医院自己对涉案病历给出的评分为"丙"。[1]患方认为医方违反《病历书写基本规范》第3条的规定即病历书写应当客观、真实、准确、及时、完整、规范，其已有合理理由怀疑医方病历内容的真实性。但针对患方提出的问题，医方仍简单回应，其诊疗符合规范，没有过错，没有因果关系，认为病历封存存在一定的小瑕疵，但不影响案件的正常鉴定；法官仍坚持自己先前的观点，释明案件进入鉴定程序的意义；乙医学会仍坚持自己的观点，其不审查证据的真实性；而患方在交鉴定费之前一直在纠结是否启动鉴定程序。其间，患方向卫生行政部门投诉要求处理，但得到的回复是案件已进入诉讼程序，其不介入。客观上看，在民事案件中，随意调用行政机关来取证，似乎有违平等原则。但卫生行政部门确有管理的职责，尤其在法院试图让鉴定机构审查病历资料的真实性而鉴定机构明确不审查，即出现病历真实性无人审查的状态时，卫生行政部门有必要介入审查。否则，在关键性的证据出现无人审查的状态下，案件便直接进入了最终的裁判程序。就纠纷处理程序而言，这对患方是不公平的。事实上，患方对是否启动鉴定程序的纠结，是有现实依据的。

（二）患方纠结是否申请过错与因果关系鉴定

针对患方提出的病历问题，能否推定医疗过错行为存在？这个过错推定的时间要求是否明确？患方可否寄希望于法院进行过错推定？如果过错推定

---

[1]《江苏省住院病历质量评定标准（2016版）》规定，住院病历质量评定分为甲级、乙级、丙级（即不合格病历）：（1）每份病历扣分≤15分为轻度缺陷，等同为甲级病历；扣分达16分到30分为中度缺陷，等同为乙级病历；扣分≥31分为重度缺陷，等同为丙级病历（即不合格病历）。

成立,根据《民法典》第1165条第2款的规定,依照法律规定推定行为人有过错,其不能证明自己没有过错的,应当承担侵权责任。换言之,如果推定过错成立,且医方不能证明自己没有过错,则医方应当承担医疗侵权责任。无疑,过错推定得以成立的举证责任在患方,一旦举证成功,则将由医方就自己没有过错这一主张承担举证责任。但过错推定在实务中存在各种难题,患方不敢轻易放弃鉴定而仅寄希望于过错推定。

1. 尚待明确的问题

理论上,在一般情形下,目前医疗过错鉴定程序的申请方是患方,但如果医疗过错推定成立而医方无法推翻,则患方就不必承担过错鉴定的时间、金钱等成本;而如果医方想通过鉴定来推翻过错推定,则医方应申请医疗过错鉴定。不过这是理论上的,就过错推定,还有一些事项应加以明确。

(1)"过错推定成立与否"的有效判断主体是谁?当患方主张医疗过错推定成立并提供了一定证据支持时,医方基于自身利益的考虑,往往会否认这一过错推定。所以,在本书涉及的其他案例中,医方几乎都否认过错推定成立。这是由其自身诉讼立场决定的,因为一旦医方承认过错推定成立,将意味着法律责任这一否定性的法律评价很可能成为现实。无疑,司法裁判终究应是以法官为中心的,过错推定并不一定以患方的意见为准,也不以医方的意见为准,现实中有效认定医疗过错成立的主体只能是法官或合议庭。

(2)法官裁断"过错推定成立与否"的时间节点是何时?就推定过错规范的本意而言,法官或合议庭在举证质证阶段就可以对患方所举证据能否"推定医疗过错成立"作出认定。因为只有在这个阶段认定过错推定成立,才能够让举证责任转移至医方;如果不能推定医疗过错成立,患方应就医疗过错是否存在、因果关系及参与度等事项作进一步举证。事实上,案件审理、过错推定等,都应该遵循综合性的、动态的论证模式。[1]

(3)举证质证阶段的过错推定认定错误,如何处理?无疑,在举证质证过程中,案件证据尚不完整,案件事实存在形式多样且变动不居等问题。故,法官的判断依据也不完整,尤其涉及医学专业知识的判断还难以展开,这个时间节点要求法官进行过错推定判断,确实有点强人所难。所以,规则必须

---

[1] 参见陈林林:《裁判的进路与方法——司法论证理论导论》,中国政法大学出版社2007年版,第257页。

第二章　医疗纠纷诉讼的启动与纷争：交往机制向矫正机制的演进

尊重这一事实，一方面案件需要法官在举证质证阶段作出过错推定成立与否的判断，但另一方面这个判断的依据客观上可能是不完整的。为此，这个时期的判断应允许错误，只要法官的推定在认定当时有足够的证据，即便事后有其他证据证实推定是错误的，这个过错推定在此前也是成立的；事后被证明是错误的，再进行重新认定即可。终究案件审理本身，是一个动态、变化的过程。此时，不能因为可能的错误而直接拒绝过错推定与否的认定。过错推定与否的认定与最终的裁判，是不一样。这时候的过错推定，如果错了确实会给医方带来不公，但毕竟是基于一定事实理由的不公，而且这事实理由又是出自医方。退一万步讲，如果法官的过错推定确是一个错误，医方还有机会推翻这个错误的推定。所以，这样的规则设计是对公平程度的权衡，不是完美的，但应该是可理解、可接受的。

（4）现实是如何操作的？现实中，在举证质证阶段，法官或合议庭通常对此保持沉默，往往在裁判文书中才对推定医疗过错行为能否成立进行确认。在判决之前，法官往往不直接作出过错推定成立的认定；拒绝认定有时也不明说，而是向患方反复释明患方对医疗过错以及因果关系的证明责任，以此来间接表达其对过错推定的态度。这也就意味着，在裁判文书作出之前，医疗过错行为推定能否成立是不确定的。这一方面使得医方的举证责任是否转移不确定，另一方面也让患方是否启动医疗过错鉴定处于不确定状态。正因为法官将过错推定视为最终裁判的内容，而不是诉讼过程中即举证质证阶段应完成的事项，很多案件的裁判让当事人不满意。在患方或医方的认定与法官最终的认定不一致时，会出现要么患方举证不到位、要么医方举证不到位的情形，并最终影响案件的公正裁判。这样的结果，似乎有违过错推定制度设置的初衷。

（5）过错推定认定过程中应加强系统沟通。将过错推定的法定情形[1]，假设为T情形。T情形本身，存在程度差异。不同程度的T情形，对应的过错存在从无到有、从小到大的差别。而且，这里还存在不同系统间的沟通机制如何衔接的问题，即司法系统与医疗系统的沟通衔接，医方与患者的沟通衔接，患方与司法系统间的沟通衔接。首先，法律系统要弄清楚病历生成机

―――
[1] 即《民法典》第1222条规定的情形：违反法律、行政法规、规章以及其他有关诊疗规范的规定；隐匿或者拒绝提供与纠纷有关的病历资料；遗失、伪造、篡改或者违法销毁病历资料。

制，而且法律制定应以此为基础，从基本的事实出发。否则，会出现对医生不利、不公平的情形。现代社会不仅是分层的社会，更是一个功能分化的社会，各系统之间的沟通非常重要。医患关系中，沟通主体态度的真诚性、美德、医疗父权，仍然很重要。有效沟通需要三个前提：前提1，彼此间的信任；前提2，信息沟通的客观性，应符合事实，病历造假必然影响各个系统间的沟通，但以部分病历造假推翻所有医疗行为，确实又难以成立；前提3，有效沟通需要符合医学规范和法律规范即沟通规范，如符合知情同意权的规范要求。对于病历修改、病历延迟书写这一问题，医方的理由有：患者那么多，病历内容那么多，病历书写差错的出现是病历生成机制难以避免的事情；而且，医疗行为与病历生成机制客观上一直保持相对的独立性，这使得病历并不是对医疗行为的映射性反映，二者存在一定的时间差。对此，司法系统与患方，应该予以理解与接受。

2. 患方认为病历存在诸多问题，但不申请鉴定，会怎样？

患方认为病历存在诸多问题，但坚持不申请鉴定，案件会如何发展？探究已有的判例，是否能帮患方作出准确的选择？能否预判案件判决结果？（具体分析如表1及详释）

表1 患方不申请鉴定时法院的处理方案

序号	案件	法院处理方案
案例8	吉林省高级人民法院［2017］吉民申3354号民事裁定书	患方认为存在T情形，但法院不认可，并直接判决患方因举证不能而败诉
案例10	江苏省高级人民法院［2018］苏民申3968号民事裁定书	病历部分内容错误不等于医方伪造资料内容，并不导致案件不能进行鉴定
案例11	江苏省高级人民法院［2018］苏民再98号民事裁定书	基于T情形推定过错，但因果关系还应鉴定的，需根据鉴定意见确定法律责任
案例12	河南省高级人民法院［2016］豫民申2652号民事裁定书	推定过错成立但因果关系未鉴定的，法院酌情确定医方法律责任
案例15	海南省高级人民法院［2019］琼民申1614号民事裁定书	存在不需要鉴定、能直接推定的医疗过错的，判决医方承担一定的赔偿责任

(1) 患方认为存在 T 情形，但法院不认可并直接判决患方因举证不能而败诉。

【案例8】 吉林省高级人民法院［2017］吉民申 3354 号民事裁定书：患方没有提供充分证据证明医方存在《侵权责任法》第 58 条"伪造、篡改或者销毁病历资料"规定的情形，对其关于医院自行修改病历的主张，法院不予支持。

【案例9】 湖北省高级人民法院［2018］鄂民申 3330 号民事裁定书：对患方质疑的病历资料，医方在原审中作出了书面说明，自认其病历中确实存在笔误。对此，一审考虑到医方病历书写方面的错误，患者的死亡客观上给患方造成了精神损害，酌情判令医方赔偿患方精神损失费 4000 元；但医方书写病历错误，不足以认定该错误与患者的损害后果存在因果关系，医方是否存在医疗过错及医疗过错与患者之间的损害后果存在的因果关系，需由具备专业资质的鉴定机构及人员进行鉴定。因患方在一审中放弃对上述需鉴定事项及有异议的患者病历资料真伪的鉴定，一审判决驳回其医疗费等损失赔偿的请求，并无不当；患方认为医方伪造、篡改患者病历资料，因不能提交充分证据予以证实，一审判决不予采信，亦无不当。

(2) 病历部分内容错误不等于医方伪造资料内容，并不导致案件不能进行鉴定。有些过错如患者年龄、性别、床号等错误虽然存在，但难以推定过错医疗行为的存在。

【案例10】 江苏省高级人民法院［2018］苏民申 3968 号民事裁定书：法院认为，患方仅以部分病历资料记载的床位号有误、对患者的身份描述有误，而未能提交充分证据证明相关病历材料系伪造且医方在诉讼中对记载错误的原因已经作出相应解释，故不能依据《侵权责任法》第 58 条第 3 项的规定，推定医方有过错并承担全部过错责任。患方应当对与医院存在医疗关系、在诊疗过程中受到损害、医疗机构存在过错以及诊疗活动与损害结果之间存在因果关系承担举证责任，上述事项须通过鉴定解决。患方虽经一、二审法院多次释明，仍不申请、不配合鉴定，导致确定医院的医疗行为是否存在过错缺乏相应依据。故，患方提出的患者死亡与医院诊疗行为有因果关系的主张依据不足，不予支持。

（3）基于T情形推定过错，但因果关系还应鉴定的，需根据鉴定意见确定法律责任。

【案例11】江苏省高级人民法院［2018］苏民再98号民事裁定书：法院认为，医方在2014年并不具备开展支架介入手术的资质，其对患者进行支架介入手术违反了1994年《医疗机构管理条例》《医疗机构手术分级管理办法（试行）》（已失效）等相关规章的规定，根据《侵权责任法》第58条之规定，应当推定医方有过错。但医方的过错行为与患者死亡之间有无因果关系及原因力的大小，必须通过医疗损害鉴定才能确定。该案发回重审后（［2018］苏0722民初4988号），经患方申请，法院委托鉴定机构对诊疗行为进行了司法鉴定，经鉴定，医方对患者的诊疗行为存在过错，死亡后果与过错之间存在因果关系，其原因力大小为轻微因素。最后，法院根据最高人民法院关于医疗损害责任纠纷案件的司法解释规定，结合案件具体情况，确定医方的责任比例为10%。

（4）推定过错成立但因果关系未鉴定的，法院酌情确定医方法律责任。在此列举以下三种情形：

第一，T=70%医疗机构赔偿责任。

【案例12】河南省高级人民法院［2016］豫民申2652号民事裁定书：法院认定，患者应对诊疗行为、损害后果、诊疗行为与损害后果之间存在因果关系以及医疗机构有过错承担举证责任。尽管因病历资料存在改动可以推定医方存在过错，但患方未举证证明诊疗行为与患者的死亡后果之间存在因果关系，患方要求医方承担全部赔偿责任的依据不足。原审法院结合本案实际情况，判定由医方承担70%的赔偿责任，并无不当。

第二，T=60%医疗机构赔偿责任。

【案例13】陕西省高级人民法院［2019］陕民申2983号民事裁定书：法院认为，2013年1月18日，患者在涉案医院做核磁共振检查，诊断意见为：双侧髋臼、股骨头、股骨颈异常信号影，考虑无菌性坏死，建议治疗后复查。

2013年1月21日至2013年2月7日，患者在医方住院治疗，期间由不具备执业医师资格的王某行小针刀手术。2013年12月24日，患者在北京市积水潭医院行人工全髋关节置换术。2014年11月21日，患者伤情被鉴定为六级伤残。高某在医方病历上的医师签字系他人代签。《侵权责任法》第58条规定："患者有损害，因下列情形之一的，推定医疗机构有过错：（一）违反法律、行政法规、规章以及其他有关诊疗规范的规定；（二）隐匿或者拒绝提供与纠纷有关的病历资料；（三）伪造、篡改或者销毁病历资料。"该案中王某给患者做手术时是助理医师，不具备独立手术资格，医方假借医师车某等医师资质冒名书写（签名）病历，符合上述法律规定的医疗过错推定的情形。患者以病历资料不能真实地反映其治疗情况为由拒绝配合鉴定，具有一定的合理性。二审法院考虑了患者自身的病变因素，结合医方治疗行为不规范和伪造病历的情形，推定医方应承担60%的主要过错责任基本妥当。

第三，T=40%医疗机构赔偿责任。

【案例14】湖南省高级人民法院［2019］湘民申5344号民事裁定书：法院认为，患方主张原审没有查明损害后果是怎么造成的，以及被申请人实施诊疗行为有无过错是否存在因果关系及原因力大小，该事实的查明均应通过专业部门的司法鉴定确认。但在一、二审多次审理中，患方不同意鉴定或者提出所有病例记录均不能作为鉴定依据，故患方应承担没有鉴定的后果。在没有专门部门鉴定的情况下，法院无法通过法律知识确认医方在实施诊疗行为时是否有过错以及是否存在因果关系及原因力大小。原审法院认定医方有伪造、篡改病历资料的行为，根据《侵权责任法》第58条的规定认为医方存在医疗过错，结合患者年龄、身体状况等因素，酌情认定医方承担40%的过错责任，并无不当。

（5）存在不需要鉴定、能直接推定的医疗过错的，判决医方承担一定的赔偿责任。

【案例15】海南省高级人民法院［2019］琼民申1614号民事裁定书：医方在CT检查前未履行告知义务存在过错；且当月21日8时30分患者在送检过程中一直静脉滴注硝普钠，医院并未指定专人对其血压进行经常性监测。在CT检查过程中，患者出现四肢抽搐、呼吸停止等症状，医方立即采取抢救措施并停用硝普钠等降压药物。8时45分患者血压为130/99毫米汞柱。硝普钠作为治疗高血压急症的药物,血压降低过快过剧系常见不良反应,其症发主要与给药速度有关。现医方虽主张,患者死亡与诊疗行为之间不存在因果关系,但未提供证据证明其在正常给药速度范围内给患者滴注硝普钠。故,原判综合考虑全案情况,推定医方在使用静脉滴注硝普钠的过程中存在过错,并结合其未履行检查前的告知义务,最终确定医方承担45%的过错责任,事实清楚,定性准确,处理结果恰当。

综上,对于病历资料全是或全非的案例,是否鉴定很好判断。但是对于真假病历共存的案件,情况往往就会很复杂。T情形客观上存在程度差异,程度不同,对过错推定能否成立、过错程度均会产生决定性影响,进而客观上让案件裁判结果呈现多样性。一般而言,对于部分病历资料真实性有问题的案例,如果不属关键性病历,患方不可轻易放弃或拒绝鉴定,否则可能被直接认定举证不能而败诉。但是,很多时候患方及其代理人难以判断有真实性问题的病历是否为关键性病历,事实上法官也很难对此作出准确的判断,鉴定专家也可能只有在集体讨论后、综合其他相关领域专家、法医学专家的意见才能进行相对准确的判断。

(三)患方纠结是否在鉴定中坚持病历真实性异议

就案例1而言,即便患方申请了医疗过错等事项的鉴定,但随之而来的问题仍是,鉴定的依据是否真实即病历真实性问题。即便法院不认为存在T情形,但患方仍认为T情形存在,所以就患方的真实意思而言,其认为医方病历资料的真实性存在问题,至少部分病历资料的真实性是存在问题的,而且会认为这些真实性有问题的病历资料对医疗过错的认定具有核心、关键的作用。坦诚性规则,要求当事人坚持自己真实的意见与主张。[1]但是,患方可否坚持自己真实的意见和主张呢?

1. 申请鉴定但坚持病历真实性有问题,会怎样?

对有些鉴定机构而言,一旦当事人对病历资料的真实性存在争议,便会中止甚至拒绝鉴定。而一旦因患方对病历真实性存在异议而导致鉴定无法进

---

〔1〕参见陈林林:《裁判的进路与方法——司法论证理论导论》,中国政法大学出版社2007年版,第226页。

行，法官又往往认定患方举证不能。患方有理由质疑某一病历资料或某部分病历资料，法官可否就该部分被质疑的病历资料所涉及的医疗行为认定存在过错、存在何种过错，根据质疑的内容而定？通过分析已有的判例，能否进行预判？（具体分析如表2及详释）

表2　患方申请鉴定但坚持病历真实性有问题时法院的处理方案

序号	案件	法院处理方案
案例16	江苏省高级人民法院［2018］苏民申5728号民事裁定书	鉴定终止，法院认定患方举证不能
案例17	江苏省高级人民法院［2018］苏民申5035号民事裁定书	即使连鉴定机构都无法确认病历的真实性，法院仍拒绝过错推定，驳回患方的诉讼请求
案例18	浙江省高级人民法院［2015］浙民申字第1846号民事裁定书	保留异议，假定病历为真实性材料的前提下进行鉴定
案例19	北京市高级人民法院［2015］高民申字第02775号民事裁定书	患方坚持病历的真实性异议，在法官作出部分过错推定前提下进行鉴定
案例20	吉林省高级人民法院［2021］吉民申736号民事裁定书	患方开始不同意鉴定，再审时申请鉴定，法院不予准许

（1）鉴定终止，法院认定患方举证不能。

【案例16】江苏省高级人民法院［2018］苏民申5728号民事裁定书：一审法院已经启动司法鉴定，因患方对医方提交的医疗文证真实性提出异议，市医学会医疗损害鉴定办公室于2016年12月30日中止鉴定工作。后一审法院经庭审固定鉴定资料再次启动司法鉴定程序，市医学会医疗损害鉴定办公室先后于2017年4月7日、2017年6月1日中止鉴定。《关于终止组织医疗损害鉴定的函》明确载明，导致中止鉴定的原是因患方始终坚持对鉴定检材的真实性提出异议。法院认为，患方因自身的行为导致司法鉴定未成，就其主张的医疗行为与患者死亡之间是否存在因果关系以及是否存在错误治疗未能尽举证责任，应承担举证不能的不利后果。最终，江苏省高级人民法院裁定，一、二审判决驳回患方诉讼请求并无不当。

（2）即使连鉴定机构都无法确认病历的真实性，法院仍拒绝过错推定，驳回患方的诉讼请求。

【案例 17】江苏省高级人民法院［2018］苏民申 5035 号民事裁定书：患方主张医方的诊疗行为致自己人身损害的，应当对医方的诊疗行为存在过错以及过错与损害后果之间的因果关系承担举证责任。一审法院两次委托扬州市医学会对医方的医疗行为有无过错、患者的身体伤害后果与医方的医疗行为之间有无因果关系、医方的医疗行为过错责任参与度进行鉴定，均因患方质疑病历的真实性，导致鉴定机构因"患方对病历的真实性存有较大争议"而作出不予受理通知书。但患方又未能提交证据证实医方提交的病历存在伪造、篡改的情形，一审法院委托南京东南司法鉴定中心对医方提交的病历的真实性进行鉴定，该鉴定中心因无法判断住院病历的真实性，作退案处理。故患方仍应对病历系伪造、篡改承担举证责任，在举证不能的情况下，鉴定机构无法作出鉴定的后果系患方不予配合所致，该后果客观上亦导致患方难以证明损害后果与医疗行为之间存在因果关系，故一、二审法院认为患方举证不能，不予支持其诉讼请求并无不当。

（3）保留异议，假定病历为真实性材料的前提下进行鉴定。先假定病历为真实进行鉴定，在鉴定过程中进一步探寻病历的真实性问题。但如果还是没有足够的证据证实病历真实性问题，法官将可能直接参照鉴定结果进行判决。

【案例 18】浙江省高级人民法院［2015］浙民申字第 1846 号民事裁定书：关于医方提供的病历资料是否存在伪造、篡改，是否需要重新鉴定的问题。该案双方当事人的主要争议焦点是医方在治疗过程中是否存在过错。一审法院根据医方的申请，依法委托杭州市医学会对本案中的医疗损害过错进行鉴定，移送鉴定前就医方提交的病历资料组织双方当事人进行质证。虽然患方提出了医方提供的病历资料存在伪造、篡改等异议，但并没有提供充分有效的证据予以证明，且患方同意在保留对病历资料异议的基础上，按医方提供的病历资料进行鉴定。因此，一审法院将医方提供的病历资料移送鉴定机构进行鉴定，鉴定机构据此作出《医疗损害鉴定书》，结论为医方在对患者的诊疗中不存在过错。患方现提出的医方提供的病历资料存在伪造、篡改等主张，在一审鉴定过程中及二审上诉时均已提出，鉴定机构及二审法院均已作了详细回应，但患方仍没有充分有效的证据证明其主张，其该再审申请理由缺乏事实依据，难以成立。由于鉴定机构主体适格、鉴定程序合法，一审法院采纳该《医疗损害鉴定书》结论并作为认定案件事实的依据，并无不当。患方未提供有效证据证明符合重新鉴定的法定条件，而要求进行重新鉴定，缺乏事实和法律依据。

（4）患方坚持病历的真实性异议，在法官作出部分过错推定前提下进行鉴定。

【案例19】北京市高级人民法院［2015］高民申字第02775号民事裁定书：鉴定前，法院在审查证据后向鉴定机构出具意见，要求对存在争议的病历记录、造影光盘采用对医方不利的解释（笔者解读：这客观上是对部分有证据证实的存在真实性异议的证据，实行过错推定）。但在上述案件中即便法官进行了部分过错推定，患方仍拒绝鉴定，最终被法院认定其"以病历记录及造影光盘存在伪造为由不同意鉴定，且未向法院提交充分的证据证明其主张，导致鉴定无法进行，客观事实无法查清，应承担对其不利的法律后果"。

但是，患者的拒绝是否合理呢？从患方的视角看，当医方对部分病历资料造假的时候，岂会轻易放弃其他更改病历的机会，有证据证明部分病历资料的真实性有问题，就已经证明医方掩盖事情真相的主观意图与行为均存在，其他病历资料的真实性的公信力必然大打折扣，只不过患方暂无证据证实而已。但从法官的视角出发，因部分病历资料存在瑕疵就全盘否定所有证据的法律效力，是有很大法律风险的，将病历资料进行拆分处理，或许是相对合理的处理办法。举证责任制度，在分配证明责任上确立了基本框架，但是在判决中实际直接适用、直接据此确定的前提是，存在事实真伪不明的情形。现实中真真假假病历并存时，法官对不同的病历资料做区别对待是有一定合理性的。

（5）患方开始不同意鉴定，再审时申请鉴定，法院不予准许。法官在司法实践中对过错推定是否成立，往往是判决的时候才给结论。而在最后生效判决作出之前，患方往往会寄希望于法院进行过错推定；当这个希望确实破灭后，患方是否还可以申请过错及因果关系鉴定呢？对此，2020年修正的最高人民法院《关于适用〈中华人民共和国民事诉讼法〉的解释》第399条明确，"审查再审申请期间，再审申请人申请人民法院委托鉴定、勘验的，人民法院不予准许"[1]。

【案例20】 吉林省高级人民法院［2021］吉民申736号民事裁定书：一审法院于2019年5月9日告知李某等3日内提交明确的鉴定申请，并告知其法律后果。但李某等未提交书面鉴定申请，未申请对医院诊疗行为是否具有过错，其过错与患者死亡后果是否具有因果关系进行鉴定，应承担相应的不利后果。李某等亦未在二审中明确提出上述事项的鉴定申请。且即便其在二审中提出上述鉴定申请，但因其并不是在一审举证期限届满前提出该申请，其在二审提出于法无据，亦应不予准许。关于李某等在再审审查期间提出的鉴定申请，依照2020年修正的最高人民法院《关于适用〈中华人民共和国民事诉讼法〉的解释》第399条"审查再审申请期间，再审申请人申请人民法院委托鉴定、勘验的，人民法院不予准许"之规定，再审法院不予准许。

无疑，上述案件裁判背后的逻辑是：病历资料自身具有一定的公信力，只有当证据证明其"存伪"时，才能确认其不具真实性。即便鉴定机构无法判断住院病历的真实性，也不能直接否认其真实性，因为鉴定技术也不是万能的，其技术可能确实无法判断病历的真伪。所以，需对病历书写、复印的要求与规范进一步细化，以避免因病历发生不必要的争执。这不仅有利于保护患者的利益，也有利于保护医方的正当利益，更有利于保证案件得到公正、合理、及时的裁判。

2. 申请鉴定后患方违心放弃病历真实性异议，会怎样？（具体分析如表3及详释）

表3 患方违心放弃病历真实性异议时法院的处理方案

序号	案件	法院处理方案
案例21	辽宁省营口市中级人民法院［2020］辽08民终1962号民事判决书	鉴定机构直接否认病历的真实性，法院判决医方承担全部赔偿责任

---

〔1〕 患方以病历真实性问题为由一直拒绝鉴定，就驳回患方诉求的法院判决生效后，患方申请再审。在再审过程中如果医方申请鉴定，该如何处理呢？对此，有案例显示，再审法院以"为达到建立和谐医患的关系，实现案结事了的目的"为由，指令原审法院再审。详见辽宁省高级人民法院［2021］辽民申1334号民事裁定书。

第二章 医疗纠纷诉讼的启动与纷争：交往机制向矫正机制的演进

续表

序号	案件	法院处理方案
案例22	河南省高级人民法院［2018］豫民再705号民事判决书	鉴定后，患方再向法院主张病历真实性问题，判决加重医方责任比例
案例23	湖北省高级人民法院［2018］鄂民申393号民事裁定书	鉴定有过错，但与损害结果不一定有直接因果关系，法院自由裁量赔偿的金额
案例24	江苏省扬州市中级人民法院［2013］扬民终字第01285号民事裁定书	鉴定医院诊疗行为无过错，法院不支持患方的诉讼请求

（1）鉴定机构直接否认病历的真实性，法院判决医方承担全部赔偿责任。

【案例21】辽宁省营口市中级人民法院［2020］辽08民终1962号民事判决书：司法鉴定意见书证明，医方在诊疗过程中存在过错，且结合该份司法鉴定意见书的鉴定意见可知医方存在篡改、伪造病历的可能，而过错鉴定需以病历记录为基础进行过错认定，故继续以案涉病历进行过错鉴定显然违背公平原则，原审法院结合案件实际情况，认定医方承担全部赔偿责任并无不当。

（2）鉴定后，患方再向法院主张病历真实性问题，判决加重医方责任比例。

【案例22】河南省高级人民法院［2018］豫民再705号民事判决书：一审法院委托上海华医司法鉴定所进行鉴定，该鉴定所于2015年9月15日出具司法鉴定意见书："（一）医方对患者的医疗行为不当与患者死亡结果之间存在轻微因果关系，其参与度拟为10%左右……"一审法院认定，医方承担10%的法律责任。二审法院另查明，医方在对患者进行诊疗的过程中存在伪造、篡改病历资料的行为。二审法院认为，原审法院委托的鉴定，程序合法，结果客观，予以采信。根据《侵权责任法》第58条之规定，医方伪造病历资料、逃避社会和法律责任的行为，违背了医院"救死扶伤"的社会责任和道德底线，应推定医方有过错。故医方应承担85%的赔偿责任。再审法院亦认为，医方伪造病历的行为已严重扰乱医疗秩序和诉讼秩序，其诚信程度值得严重怀疑，该鉴定结论不宜认定医方的过错参与程度，二审判决推定其承担

85%的责任，并无不当。

(3) 鉴定医疗行为有过错，但与损害结果不一定有直接因果关系，法院自由裁量赔偿的金额。

【案例23】 湖北省高级人民法院［2018］鄂民申393号民事裁定书：法院认为，法医临床学鉴定意见书认定，"根据送检病历资料，分析认为被鉴定人患感冒、胃肠炎，后发生药疹，三家医疗机构的临床诊断、用药，符合医疗原则。发生的药疹，考虑系在村卫生室使用氨基比林所致可能性大，但此为治疗中的并发症，不为治疗过错"。故，涉案三家医疗机构并不存在医疗技术损害。经审查，鉴定意见认为"经法庭调查，认定村卫生室、镇卫生院存在伪造、篡改病历资料行为。此为医方诊疗行为过错"。据此，涉案三家医疗机构对患者的治疗与其死亡之间没有直接因果关系，但医疗机构的诊疗行为有过错，存在医疗管理问题。据此，原审判决酌定相关医疗机构分别赔偿10 000元、30 000元。再审法院认为，原审判决在论证中虽然采用"公平原则"〔1〕的文字表述，但事实上适用的是过错责任原则，且实体裁判符合法院自由裁量范围，并无不当。

(4) 鉴定医院诊疗行为无过错，法院不支持患方的诉讼请求。

【案例24】 江苏省扬州市中级人民法院［2013］扬民终字第01285号民事裁定书：患方在一审认为医方存在篡改病历资料的行为，法院应根据《侵权责任法》第58条规定推定医疗机构存在过错。故一审中，在法院释明的前提下，患方未提出对被告的医疗行为与新生儿死亡之间因果关系的鉴定申请。一审法院以原告的主张证据不足为由，判决驳回原告赵某、姜某的诉讼请求。赵某、姜某不服一审判决，提起上诉。二审中，患方赵某、姜某向法院提出医疗损害鉴定申请。基于病历资料记载内容鉴定，扬州市医学会出具扬州医损鉴［2014］012号医疗损害鉴定书，专家意见为，医院诊治赵某之子的行

---

〔1〕 现实中有些医疗损害案件判决如山西省晋中市中级人民法院［2010］晋中法民终字第108号民事判决书认为，双方均无过错的医疗意外事件引起的人身损害，应当按照公平原则和无过错责任原则，由医患双方各承担一定责任。参见国家法官学院案例开发研究中心编：《中国法院2012年度案例：侵权赔偿纠纷》，中国法制出版社2012年版，第18~20页。客观而言，医疗意外在医疗领域是一个难以避免的风险，应由社会风险分担机制如保险来分担，不应由无过错的医方来分担。

为不违反诊疗规范和常规,赵某之子的死亡与医院诊疗行为无关。赵某、姜某不服,申请重新鉴定。江苏省医学会出具江苏医损鉴〔2014〕214号医疗损害鉴定书,专家意见为,根据送检材料分析,赵某之子发生严重贫血的原因不明;未发现医院诊疗行为存在过错。据此,二审法院裁定"驳回上诉,维持原判"。

不难推断,在假定病历资料具有真实性的前提下,案件中的鉴定结论以及判决结果是不确定的。但若病历资料真的已经专业的医务人员进行"加工处理",基于其内容还原的事实,显然与真相是有距离的。通过分析案例也可发现,只要有证据证实医方存在篡改、伪造病历的行为或可能,即便患方放弃对病历真实性问题的审查,鉴定机构或法院也有可能根据案件具体情节,作出不利于医方的判决,甚至判决由医方承担全部赔偿责任。

3. 患方自行鉴定问题

(1)被拒绝鉴定后,患方自行鉴定的结论,法官不予认可。

【案例25】河南省高级人民法院〔2018〕豫民申9624号民事裁定书:对于医疗机构诊疗活动是否存在过错,该过错是否构成医疗损害,有赖于专业鉴定机构进行判断。关于本案医疗机构是否存在过错,患方依法申请司法鉴定。法院先后委托上海华医司法鉴定所、北京法源司法科学证据鉴定中心、西南政法大学司法鉴定中心进行鉴定,但三家鉴定机构分别以"超出我所鉴定能力""该案疑难复杂,我中心无法明确评判是否存在医疗过错行为及过错程度,已超出我中心鉴定能力范围""因技术条件限制、无法完成委托方委托"的理由对鉴定予以退案或不予受理。因患方未能举证证明医疗机构存在过错,原判认为患方举证不能,据此驳回了患方的诉讼请求,并无不当。患方申请再审期间提供的北京京城明鉴法医学研究院专家论证意见书系原审判决生效后由患方自行委托形成,医方对此亦不予认可,且该专家论证意见明确声明"该论证意见所载观点仅针对委托人提供的材料、检材有效""由于送检材料或其他客观条件限制,并非所有论证意见都能得出明确的结论"。故,法院对该专家论证意见书不予采纳。关于患方称原判应推定医疗机构有过错,适用法律错误的申请理由。经查,推定医疗机构有过错,应证明医疗机构存在《侵权责任法》第58条规定的情形,原判认为患方提交的证据不足以证明医疗机构存在法律规定的推定过错的情形，对患方应推定医疗机构有过错的主张未予支持，亦无不当。

(2) 患方自行鉴定，法院认为仍需鉴定，鉴定被拒绝后仍视患者举证不能。

【案例26】 吉林省高级人民法院［2019］吉民申425号民事裁定书：患方提供的鉴定报告系其自行委托的鉴定机构出具，形式要件不符合法律规定，一审法院重新先后委托省级及国家级的鉴定机构进行鉴定，答复意见是无法进行因果关系及责任程度等评价。依照《侵权责任法》第54条和2015年最高人民法院《关于适用〈中华人民共和国民事诉讼法〉的解释》第90条[1]之规定，患方未提供充分有效证据证明医方在对其的诊疗活动中存在过错，应承担不利后果。原审法院判决驳回患方诉讼请求，认定事实清楚，适用法律正确，应予维持。

(3) 允许患方自行鉴定。

2020年5月1日起施行的《最高院证据规定》第41条明确，就专门性问题，一方当事人对另一方当事人自行委托有关机构或者人员出具的意见，若有证据或者理由足以反驳并申请鉴定的，人民法院应予准许。不难推断，这一规定对患方自行鉴定结论之情形并不当然拒绝，而是根据双方证据的证明力大小来进行决策，甚至可能会将举证责任转移至医方。

(四) 病历真实性成为特定医疗纠纷解决的瓶颈

医疗过错推定是个幻影吗？对这个问题不是能够简单下结论的，需要结合案件本身综合分析。正如上文所述，医疗纠纷具有医学特性，患方需要医方积极引导。《医疗纠纷预防和处理条例》第23条的规定有利于避免纠纷进一步扩大，并把一些告知义务明确给了医方，要求医方在纠纷发生的第一时间告知患者或其近亲属，以便患方及时采取有效救济方式与措施。①引导患方依法寻求权利救济。因为现实当中并非所有的患方都了解医事法律，但是

---

[1] 2015年最高人民法院《关于适用〈中华人民共和国民事诉讼法〉的解释》第90条规定："当事人对自己提出的诉讼请求所依据的事实或者反驳对方诉讼请求所依据的事实，应当提供证据加以证明，但法律另有规定的除外。在作出判决前，当事人未能提供证据或者证据不足以证明其事实主张的，由负有举证证明责任的当事人承担不利的后果。"

作为医方是有义务全面了解相关法律的,为此该条例要求医方引导患方依法维权。这样的权利义务设置,是为了避免有些不知法者采用"医闹"等不合法的方式寻求权利救济。②引导患方及时封存病历资料、现场实物,及时查阅、复制病历资料。现实当中大量医疗纠纷处理中会出现因封存、复印病历而引发的争议,不利于医疗纠纷的有效处理,且会激化双方矛盾。③告知患方尸检事项。患者死亡的,还应当告知其近亲属有关尸检的事项。患者死亡原因,与患者损害后果与过错医疗行为之间是否存在因果关系、其参与度多少的判断是有关联的,甚至是关键性的判断依据。一旦错失尸检,因果关系的判断就可能成为难题,从而引发新的争议。尸检的意义,并非所有患方都了解,为此,该条例要求医方告知患方。这一规定,要求医方实行对己方可能带来不利后果的行为。这对于医方而言,是矛盾的,是将本应由国家和社会承担的法律宣传义务,施加给了医方,即便结果可能会对医方不利。但不可否认的是,这个是非常有效的普法方式,也是基于设定医方的所有医疗行为是合规合法的行为、医方的病历资料是真实的病历资料——这一公信力的前提,所衍生出来的义务。公信力给医方带来了一般情形下侵权构成要件举证责任免除的权利,但也相应地会被课以一些法律宣传的义务。不过,如果患方能从中立的、专门的法律宣传部门获得引导,将会更有效,其能避免部分医院因己方利益的权衡而未履行告知义务所引发的纷争。再如上文已提及的《医疗纠纷预防和处理条例》第24条关于病历资料封存、启封的规定。规范的完善,往往是基于现实中存在的问题而来的。封存病历是否完整合法,将直接影响病历资料的真实性,因为绝大多数病历资料不需要患者签字就可完成,一旦不及时封存,被改动(虽然法律要求电子病历留下修改痕迹,但不得不面对的现实是:技术可以被控制,然而采取技术监督的概率不高、难度大、成本高)、(纸质)被替换就有可能。将病历资料及时复印出来,确实是一有效方法。但是在患方只能复印部分病历的阶段,医疗当中存在着病历还未完成、病历还要使用等现实问题,使得封存病历的要求需要进一步明确,尤其应开列封存清单,以避免新的争议出现。

可见,目前法律规范对医方在纠纷发生后的引导义务作了明确的规定,围绕病历资料更是设置了非常详细的权利义务。但是,病历终究主要由医方一方独立完成,具有一定的事后性,需要容错机制即在法律上明确特定主体在特定时间内具有病历修改的合法权利,而且并非所有的医务人员都始终是诚信的。于是，围绕病历真实性所产生的争议频发。如果病历真实性真的存在问题，基于"不真实病历"所认定的事实便可能是错误的，并可能影响整个案件法律责任的认定。而医方能否积极、有效地引导患方，除了德性使然，更重要的就是特定情形下过错推定的"倒逼"。但司法实践中过错推定具有不确定性，让这个"倒逼"机制未能很好发挥作用，使得部分医务人员存在侥幸心理，不依法引导患方顺利进入矫正机制。可见，过错推定难，让判断病历真实性成为目前阶段（一般情形"谁主张谁举证"+特定情形"过错推定"阶段）的一大瓶颈。

四、医方应积极、诚信引导患方：医患纠纷处理的法政策学剖析

在医患关系的交往机制中，因为直接涉及患者生命健康，应积极预防纠纷的发生。一旦发生纠纷就应该努力地将患方引向矫正机制，以免引发新的冲突与矛盾。在从交往机制转入矫正机制的制度设计中，让医方即潜在的被告积极、诚信地引导、帮助患方即潜在的原告及时获取信息与证据，看似矛盾却具有合理性，这是尊重医学特性的重要保障。医方对诊疗过程中的信息较之患方，具有绝对优势。而从患者的角度来分析，无论哪个环节都存在大量的不确定性：医方有无过错不确定、因果关系是否存在不确定、医方有无责任不确定、病历资料是否真实与完整不确定、过错推定能否成立不确定、鉴定能否进行不确定、鉴定结论如何不确定、判决结果同样不确定。患方试图从以往的判决中，预测自己案件的结果，显得非常艰难。自 2020 年 7 月 31 日起施行的最高人民法院《关于统一法律适用加强类案检索的指导意见（试行）》，其目的在于统一法律适用，提升司法公信力，但是案件事实的认定差异，往往会对法律适用以及案件结果起关键性作用。对于依据举证责任来认定的案件事实，意味着其是法律适用的问题，更是一个会因法律适用的问题影响案件事实的认定问题；同时，它是案件事实认定问题，会改变后续的法律适用。法律适用与案件事实，是捆绑在一起的，相互影响，从而导致案件检索的复杂性以及案件结果的不确定性。面对存在诸多的不确定性，程序的公正性就显得尤为重要，否则矫正机制不仅难以平息冲突，还会引发新的冲突。

一场不公正的鉴定、一场不公正的判决，均会进一步激化矛盾；个案矛盾的激化，会让其他纠纷中的患方渐渐丧失诉讼解纷路径选择的信心，进而

第二章 医疗纠纷诉讼的启动与纷争：交往机制向矫正机制的演进

选择其他路径，如通过启动行政追责或者刑事追责来实现民事赔偿的目标，或以自己的方式如网络舆论施压、不休不止的补偿或赔偿谈判，甚至以极端的方式如通过医闹、医暴来处理医患冲突。柏拉图曾说过："正如疾病是身体的不幸，不正义则是灵魂的不幸；它不幸是因为它意味着灵魂处于病态，失去了健康的平衡与秩序，取而代之的是混乱无序。一个人持续处于这种病态之中，得不到照顾是痛苦的。"[1]在医疗纠纷诉讼中，我们目前假设的前提是司法裁判者不具备对医疗行为对错的判断能力。但同时应有一个值得重视的假设，那就是患方及其代理人往往也不具有对医疗行为对错的判断能力。为此，应在诉讼程序制度中保障患方获取医学支持，以抗衡医方。例如，允许医务人员兼职作相关咨询专家以为患方在起诉前、诉讼中提供医学帮助，打破医疗行业自我保护的潜规则。事实上，这也是有利于医学进步的。总之，在医疗诉讼制度的设计中，需要基于患方的利益进行考量，同时也要基于理解、了解医疗特性的立场出发，更要从裁判者的视角进行公平性审视。或许正如日本学者谷口安平所言，判断实体上是正确的，越来越难。民主制度中的多数原则，解决了这个难题。但是对于多数人所采纳的政策在实体上是否正确这个问题，有时难以给出答案，或许100年后的历史能给出答案。但政策是合理的，因为确定政策的程序是大家一致通过的。[2]只不过，程序公正性本身又具有层次性，立法程序被认为仅是一个半纯粹的程序正义，是在公正性不确定的状态下对选择规则的一种适用，只要在给定范围内，各种结果都具有公正性。尊重立法者业已确立的利益评价，正是司法裁判的原则、法治的基石。[3]

总之，公正、合理、科学的诉讼纠纷处理模式，不仅仅是患方的诉求，也是医方的诉求，更是裁判者的需求。一个倾向于患方的诉讼模式，或许在个案处理上会有利于患方，但是在诉讼之外，医方的防备心理以及由此衍生的防御性医疗，会让患方以及社会承受新的负担，并使模式中有利于患方的优势一点点被蚕食。一个倾向于医方的诉讼模式，或许在个案处理上会有利

---

[1] [古希腊]柏拉图：《理想国》，郭斌和、张竹明译，商务印书馆1986年版，第384~385页。

[2] 参见[日]谷口平安：《程序公正》，载宋冰编：《程序、正义与现代化——外国法学家在华演讲录》，中国政法大学出版社1998年版，第374页。

[3] 参见陈林林：《裁判的进路与方法——司法论证理论导论》，中国政法大学出版社2007年版，第186页。

于医方，但是不公正的结果会让部分患方摒弃或拒绝选择诉讼路径。这一方面会让多年来的制度理性引导目标落空，另一方面也让医方甚至裁判者的职业风险大大增加。所以，诉讼制度应尽量公平，如果实在不能，那就应选择有利于患方的诉讼模式，并将不公平的因素尽量减少。这个思路应该是设置当下模式最初的思路，如果误解了这一初衷，会让这个制度变成一个仅具有诱导性的"陷阱"，不利于纠纷的公平化解。与这个模式相配套的还有一个机制，那就是将确有过错的医疗行为与只是诉讼模式衍生的过错医疗行为区别对待，以免医方将损失转嫁给其他患者。对由规范衍生出来的"过错医疗行为"对医方所课以的责任，国家/社会应该辅以一定的补偿机制；而对于查实过错的医务人员个体，为避免医疗机构将损失转嫁给其他患者，应该对特定责任个体适当追责。综上，医疗行为过错、因果关系举证责任的演变，实际上是法律界对医学特性认识程度发生变化的制度调整，其需对医学特性作更深刻、更全面的认识，以进一步完善制度。

第三章

鉴定结论的公正性与科学性：矫正机制对交往机制的审视

矫正机制对交往机制的审视，大致逻辑是司法裁判者在尽可能掌握案件事实、还原事件经过的基础上，对事件各方当事人的行为进行法律上的评判。而还原事件经过，需要掌握相关证据材料，在证据材料基础上进行。对医疗纠纷事实的还原，不仅涉及对医疗行为的还原，还涉及对患者病情及其发展的还原。囿于医学的专业性，一旦医方有意隐匿或篡改部分甚至全部病历资料[1]，则裁判者往往难以掌握案件的所有证据材料。证据材料的不完整或不属实或既不完整又不属实，必然影响事件的还原。更为棘手的问题是，同样囿于医学的专业性，法官即使掌握了所有的证据材料，也时常难以独立还原事件的经过，难以独立评判医疗行为的对错以及医疗行为与患者损害后果是否存在因果关系。

对此，关于医疗纠纷案件，如何获得正当的个案判决结果，不仅是司法实践难题，也是法学方法论研究的重要议题，更是立法层面的难题。而且即便有相应法律，法律本身还应满足合理性要求，否则合法性和合理性会发生冲突，即合法了但却不合理的现象会出现。医学的专业性，时常让法官对医疗损害赔偿案件的法律评判，产生"隔靴搔痒"的尴尬。医疗损害鉴定，在司法裁判中的引入及制度设计与完善，是对医学特性的关照，是矫正机制对

---

[1] 查看中国裁判文书网，会发现经法院生效裁判认定医方隐匿或篡改病历资料的案件是存在的，例如河南省浚县人民法院［2020］豫0621民初2488号民事判决书：患者赵某死亡当天，原告与被告共同封存病历资料。第二天上午，原告复印封存的病历资料时，被告未告知封存病历之外有抢救记录、死亡出院记录、死亡讨论记录，直到双方第一次共同委托鉴定时，被告才告知原告有上述材料的存在，被告亦未举证证明其补充的上述材料系在《病历书写基本规范》所规定的时间之内形成，故因病历资料的不完整导致无法鉴定，应依法推定被告存在过错，并由此承担不利后果和相应的民事责任（70%）。

医患关系进行公正性与科学性审视时的"无奈"选择。换言之，法官在对医疗损害赔偿案件进行法律裁判的过程中，如果遭遇医学专业问题，需要将专业问题独立交由医学专业人士进行判断，以确保司法裁判的公正性与科学性。

案例：医疗损害鉴定的展开

【案例1续】2020年1月9日，在病历资料仅经当事人举证质证、法官尚未对其真实性作认定的前提下（事实上，就法官未明确否定病历资料的真实性并将病历资料整体移交鉴定机构进行鉴定这一情形，在鉴定机构看来，其就可视病历资料具有真实性；而且相关规范亦明确鉴定材料的真实性由作为委托机构的法院负责[1]），患方综合考量后向法院邮寄2019年12月31日在江苏C医院处查看到的电子病历资料及对该证据的举证意见。案件随后的正常流程，应该是等待医方对患方提交的新证据进行质证；患方视医方的质证意见，再决定最终是否启动鉴定程序。但是，在2020年5月之前患方一直没有收到法院的任何消息。其中很重要的原因是上文已经提及的2019年新冠疫情暴发，自2020年1月20日起我国正式明确进入了新冠疫情的防控中。2020年1月31日江苏省高级人民法院《关于新型冠状病毒疫情防控期间诉讼活动相关事项的通告》第2条明确，疫情防控期间，该法院的开庭等诉讼活动原则上暂行推迟，具体时间视疫情形势变化另行通知。虽然截至2020年5月疫情持续存在并可能长时期存在，但各项社会事务终须且已逐步正常开展。医务人员在抗疫中的英勇表现，让全社会对医疗工作及医务人员的社会意义和价值有了更深刻、更全面的认识与感触。案例1中的患方对此也深有体会，但是对失去亲人后的真相探寻及权利救济，仍需继续进行。宽恕，对于社会关系的修复是很重要的。但不明真相的宽恕，一方面，对患方的德性要求太高，客观上是让其放弃对真相的执着、放弃权利的维护；另一方面，会掩盖事实真相，让问题因被遮掩而未能有效化解。而且不明真相的宽恕，未必会被对方视为宽恕，反而可能被视为是懦弱或"无知"的麻木。此外，当真相不明时，事实就可能会被任意想象，猜忌与怨恨可能被放大。所以，求助于

---

[1]《司法鉴定程序通则》第12条规定，委托人委托鉴定的，应当向司法鉴定机构提供真实、完整、充分的鉴定材料，并对鉴定材料的真实性、合法性负责。最高人民法院《关于人民法院民事诉讼中委托鉴定审查工作若干问题的规定》（法〔2020〕202号）在"二、对鉴定材料的审查"第5条中明确，对当事人有争议的材料，应当由人民法院予以认定，不得直接交由鉴定机构、鉴定人选用。

第三章 鉴定结论的公正性与科学性：矫正机制对交往机制的审视

司法救济，除了权利的维护，很重要的原因还在于一方苦于真相调查能力的有限性，但真正宽恕的前提往往是真相，是以明确对方确有过错为前提的真相。囿于涉案医患双方对医疗活动、对患者病情存在很多争议点，探求事情的真相，不得不求助于专家鉴定。虽然，患方对医方同行鉴定存在天然的质疑，但又不得不妥协与接受。

司法论证的二元要素，为规范与事实。但在疑难案件中，规范问题与事实问题有时是不能分开的。[1]通常来说，面对医疗损害赔偿案件中的法律责任问题时需要先解决医学对错问题；但是若病历资料真实性存在问题或可能存在问题，面对医学对错问题的解决时又不得不需要先解决法律问题。作为一个广义的法律问题，病历真实性问题不解决，以此为基础进行医学对错的判断，就可能是不准确的。但病历真实性问题有时并不是法官能独立评判的法律问题，它可能涉及卫生管理知识，甚至需要结合医学知识才能评判。《江苏省医疗损害鉴定管理办法》第5条明确在医疗损害鉴定专家库中增设卫生管理学科类别，这在某种意义上说明病历真实性审查问题，既不是一般医学专家能够"顺带"完成的，也不是一般法律人能独立完成的，其需要卫生管理专家的介入。但是，法学问题交由法律人解决，医学问题交由医学专家来解决，只是鉴定制度设置的初衷和大致构想。对于现实中的医患纠纷，不仅是法律问题中含有医学问题，有时医学问题中也包含法律问题；法律问题又分为一般法律问题和卫生管理法律问题。两类问题是交织在一起的，单独分类、分别解决的方式是有局限的，客观上需要法律人、卫生管理专家与医学专家共同解决，如图5所示。例如，从A1事实（小前提），发现法律适用规范F1规范（大前提）；再从F1规范（大前提），确立A2事实（小前提）；从A2事实（小前提），进而发现法律适用规范F2规范（大前提）……直至得出最终判决结果。《医学会医疗损害鉴定规则（试行）》第22条关于"委托单位可以指派1-2名人员旁听鉴定会现场调查阶段"的规定[2]，以及2019年

---

[1] 参见陈林林：《裁判的进路与方法——司法论证理论导论》，中国政法大学出版社2007年版，第64页。
[2] 《医学会医疗损害鉴定规则（试行）》第22条第1、2款明确，鉴定会由医学会组织，分为现场调查阶段和鉴定专家组合议阶段。医患双方应当参加鉴定会的现场调查阶段，每一方人数不超过3人。委托单位可以指派1名至2名人员旁听鉴定会现场调查阶段。

修正的《最高院证据规定》第 38 条关于鉴定专家出庭接受当事人质询的规定[1]，客观上是对上述局限的承认并试图化解。但因为"审判员旁听鉴定"与"鉴定专家出庭"均不是每个案件的常态，故"局限"仍是不得不面对的问题。

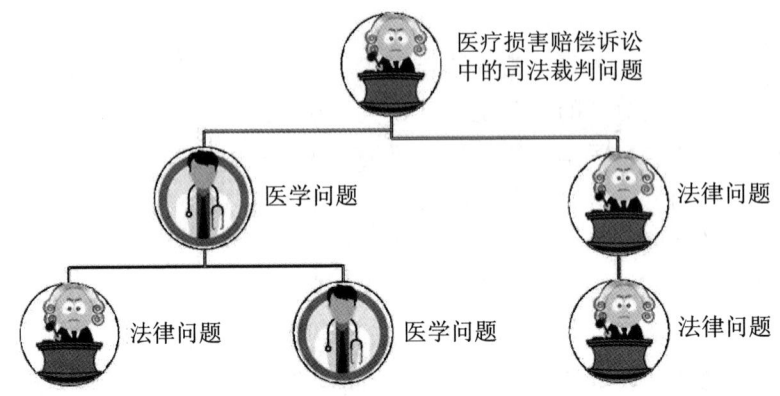

图 5 医学问题与法学问题的关系

一、鉴定结论的得出与评判

（一）来自专家的鉴定意见

涉医鉴定像其他鉴定一样，不得不考虑公平、成本效益、尊重人权与人性尊严、澄清案件的实体性问题[2]。其中，对不符合常规/习惯的结论，需要论证给出充分的理由；对符合常规/习惯的结论，也需要适当解释，因为患方和裁判者均不了解医疗领域中的常规/习惯。现实中，有些鉴定意见没有对患方提出的问题作一一回应[3]，而是按照专家自身的逻辑进行论证与判断，甚至论证不充分，仅简单给出结论，未作适当解释，这容易引发异议甚至导致开启新的鉴定。

---

[1]《最高院证据规定》第 38 条第 1 款规定，当事人在收到鉴定人的书面答复后仍有异议的，人民法院应当根据《诉讼费用交纳办法》第 11 条的规定，通知有异议的当事人预交鉴定人出庭费用，并通知鉴定人出庭。有异议的当事人不预交鉴定人出庭费用的，视为放弃异议。

[2] 参见孙笑侠：《程序的法理》，中国社会科学院研究生院 2000 年博士学位论文。

[3] 不回应的理由，可能是问题太外行，无法回答；也可能是涉及系统知识的全面解读，太宏大等。但对专家的不回应，患方就很可能认为其问题涉及医方的过错，专家在有意回避对问题的回答。

第三章 鉴定结论的公正性与科学性：矫正机制对交往机制的审视

2020年7月28日，乙医学会作出医方存在一定过错、医疗过错与患者死亡存在一定因果关系、建议过错原因力为轻微因素的《医疗损害鉴定意见书》（以下简称《鉴定意见书》），并于同年9月9日就患方提出的异议进行了答疑。[1]《鉴定意见书》与异议答疑明确了很多其不予鉴定的内容：①不鉴定病历记录真实性问题；②不鉴定是否属于"侵犯患方知情同意权、选择权、健康权之过错"；③不鉴定"纠纷发生后告知义务履行问题"；④不鉴定"缺患者本人授权委托书之过错"；⑤不鉴定"医方保存病历存在的问题，未对病历封存开列封存清单的过错"；⑥不鉴定"伪造、篡改、隐匿病历"等。在此基础上，《鉴定意见书》明确医方存在以下问题：①医方行内镜下硬化剂治疗术前对综合病情评估不充分，未进行术前讨论，对术中大出血估计不足；②无依据及时请外科会诊评估急诊手术干预机会；③在病历书写方面存在诸多不规范之处。但鉴定专家认为，患者乙肝肝硬化（失代偿期）、门脉高压症，存在上消化道出血的严重病理基础，在硬化剂治疗过程中发生大出血与自身疾病有关，不排除硬化剂治疗或胃镜检查为诱发因素。最后，《鉴定意见书》认为，不排除上述①②项中的过错与患者死亡存在一定因果关系，建议过错原因力为轻微因素；同时认为，③病历书写方面存在诸多不规范之处，但对本例医疗损害鉴定无影响。

在患方看来，《鉴定意见书》更多的是结论性陈述，其对结论由来的论证具有一定的跳跃性。"对综合病情评估不充分，未进行术前讨论，对术中大出血估计不足、未及时会诊"，为何仅是轻微因素？病历书写方面存在诸多不规范之处，对医疗损害鉴定为何无影响？这些关键问题，《鉴定意见书》给出的主要是结论，未详细论证。为此，患方对《鉴定意见书》，不得不提出异议。2020年9月9日，针对患者对鉴定意见的异议，乙医学会进行了答疑，新增了部分过错，但是未对因果关系做任何调整（如下表4所示）。

---

[1] 对鉴定意见，患方最初是申请重新鉴定，但是提交重新鉴定申请书后，法官口头明确不同意重新鉴定（判决书对该重新鉴定申请及拒绝理由有载明）。在此前提下，患方便向法院提交了鉴定异议书。

表 4　鉴定意见及答疑

证据	过错	因果关系
《鉴定意见书》	1. 医方行内镜下硬化剂治疗前对综合病情评估不充分，未进行术前讨论，对术中大出血估计不足	患者自身疾病是其死亡的根本因素。医方在医疗过程中存在一定医疗过错，不排除与患者死亡存在一定因果关系；考虑患者疾病的严重程度、医方的过错程度及与患者死亡的关联程度，建议过错原因力为轻微因素
	2. 无依据及时请外科会诊评估急诊手术干预机会	
	3. 在病历书写方面存在诸多不规范之处	鉴定意见认定对本例医疗损害鉴定无影响
答疑	1. 医方治疗前未考虑伴有胃底静脉曲张的可能	（未对因果关系及参与度进行相应调整）
	2. 重要医疗文书未作出"胃体病变"的诊断	
	3. 医方客观上输血治疗不够及时、充分	
	4. 不排除医方术前沟通方面存在不足	

不难看出，《鉴定意见书》中"不排除硬化剂治疗或胃镜检查为诱发因素"这一判断，是一种可能性判断。从逻辑上分析，当认定一种可能性时，其他可能性甚至相反的可能性也存在概率。而当鉴定意见明确出现有利于患方的建议时，法官往往会予以采纳，将其作为裁判的依据。不可否认的是，民事纠纷中的判断往往是高度盖然性判断。在一定意义上，无论是法官的判断，还是鉴定专家的判断，专业判断都带一个或明或暗的既有结论，从这个既有结论出发，寻找能够证明这一结论的依据。[1]或者说专业人士的直觉或预感在决断过程中属主导性因素，而后才运用逻辑推论，以证明直觉或预感是否正确。此属回溯性推理，即从结论出发来罗织支撑结论的依据，以满足形式逻辑的需要，一旦找不到这个支撑，专业人士才会抛弃该结论，寻找下一

---

[1] Jerome Frank, *Law and Modern Mind*, New York: Tudor Publishing Co., 1936, p.100，转自陈林林：《裁判的进路与方法——司法论证理论导论》，中国政法大学出版社 2007 年版，第 11 页。

第三章 鉴定结论的公正性与科学性：矫正机制对交往机制的审视

个结论。事实上，直觉论和回溯推理论，确有心理学和发生学上的依据。[1]

（二）来自患方的疑义

患方认为鉴定意见对医方的过错没有全部认定，更为关键的是，患方认为医方的医疗过错行为是导致患者李某死亡的根本原因。依据相关规范，医务人员要尽量避免医疗行为所带来的损害，在治疗之前必须对可能发生的损害后果有所认识（即结果预见义务），并尽可能采取措施防止损害的发生（即结果避免义务）。结果预见义务与结果避免义务，均是医务人员的高度注意义务。患方认为，鉴定中已确认的医方过错如医方术前诊断存在漏诊，未进行术前讨论，未进行术前小结，手术风险评估不准；未及时备血、未有充足的血液制品、未及时请外科会诊评估急诊手术干预机会，延误了抢救与治疗，等等，每一个都足以造成患者致命的损害。所以，患方认为《鉴定意见书》判断医方的过错行为与患者死亡之间仅是轻微因果关系，是错误的。可见，并非所有鉴定能像预想的那样促进各方意见的沟通，患方的疑问在鉴定程序中虽已提及但未被鉴定专家采纳，所以在鉴定结论出来后，不得不再次被提及以获得法官的认可。需要声明的是，以下是患方的单方意见，并不意味是准确的意见，罗列的目的是将医患争议本身全面呈现出来。

1. 患方认为患者身体状况对死亡的参与度很小

（1）患者李某，男，56 周岁，2018 年 12 月 27 日第一次消化道出血，自 2019 年 1 月 12 日经治疗出院后身体状况稳定。2019 年 2 月 17 日，大便隐血试验显示为"阴性"，说明术前消化道无出血情形。

（2）2016 年《肝硬化门静脉高压食管胃静脉曲张出血的防治指南》明确，对于未进行二级预防治疗的食管静脉曲张患者，1 年到 2 年内再出血的风险是 60%，出血后的病死率是 33%。[2] 为此，患方认为即使不做任何治疗处理，患者的死亡率为 19.8%（即 60%×33%）。[3] 而且，患者一直在进行原发

---

[1] 参见陈林林：《裁判的进路与方法——司法论证理论导论》，中国政法大学出版社 2007 年版，第 19 页。

[2] 徐小元等：《肝硬化门静脉高压食管胃静脉曲张出血的防治指南》，载《临床肝胆病杂志》2016 年第 2 期。

[3] 患方的意见，是有自身立场导向的。而医方辩称，统计学上的病死率只是大数法则下的概率，就单个个体而言并无参考价值。医患双方因为立场的对立，观点、论证材料都会有差异，并导致相异甚至对立的结论并存。居中裁判者以及鉴定者应超越医患立场来进行裁判或鉴定。而单从民事证据规则而言，如果没有明确的鉴定意见或其他更有效的证据，大数法则也是可以借鉴的。

疾病即乙型肝炎病毒的治疗，该治疗可减轻肝纤维化，降低门静脉压力，从而起到预防静脉曲张发生或出血的作用[1]。所以，患方认为患者因食管静脉曲张大出血的病死率应比19.8%更低。

（3）河北A医院活检病理提示的"（胃体）局部腺上皮中-重度非典型增生"，不是肿瘤；2019年2月19日江苏C医院手术医生的《谈话记录》明确"病理呢也不是肿瘤""可能是胃溃疡""是个慢性病"。案件庭审质证笔录中，江苏C医院亦明确患者"AFP只有13，不考虑肿瘤肝癌"[2]。江苏C医院《刘副主任查房记录》曾排除了患者患胃癌的可能性，明确患者child-pugh[3]评分6分，为A级。A级意味着手术危险度小，预后最好，1年到2年的存活率为100%~85%。

（4）对于患者是患胃癌还是胃溃疡，医患双方是有争议的。该争议本可以通过尸检来加以明确，但由于医方未告知患方尸检事项，尸检程序未启动，故应作不利于医方的事实认定。

2. 患方认为医方的过错医疗行为是导致患者死亡的根本与直接原因

（1）鉴定结论已明确，医方术前诊断存在漏诊，遗漏"胃底静脉曲张、胃体病变"。患方还认为，医方术前未做必要的常规检查，没有常规进行增强CT/磁共振成像（MRI）检查，未进行门静脉系统血管重建，未了解肝动脉血供及门静脉系统侧枝循环情况，并无视2019年2月17日血常规检查异常结果（详见表5）可能给手术带来的风险。医方上述过错医疗行为，为患者的生命健康安全埋下了重大隐患。

（2）手术方案选择错误，原因力应为主要责任；手术时机选择错误，原因力也应为主要责任；手术方案选择错误+手术时机选择错误，原因力更应为主要责任。

---

[1] 徐小元等：《肝硬化门静脉高压食管胃静脉曲张出血的防治指南》，载《临床肝胆病杂志》2016年第2期。

[2] AFP是甲胎蛋白的英文缩写，是一种糖蛋白。正常情况下，这种蛋白主要来自胚胎的肝细胞，胎儿出生约两周后甲胎蛋白从血液中消失，因此正常人血清中甲胎蛋白的含量尚不到20微克/升。因此，甲胎蛋白偏高一般意味着肝癌的发生。

[3] Child-Pugh分级标准是一种临床上常用的用以对肝硬化患者的肝脏储备功能进行量化评估的分级标准。A级：5分~6分，手术危险度小，预后最好，1年到2年的存活率为100%~85%；B级：7分~9分，手术危险度中等，1年到2年的存活率为80%~60%；C级：≥10分，手术危险度较大，预后最差，1年到2年的存活率为45%~35%。

(3) 江苏 C 医院术前准备不足,在没有掌握患者血型的前提下就贸然手术。因医方术前未备血,血液制品准备严重不足,导致患者术中出现大出血时,患者实际输血治疗严重不足且严重不及时,并直接导致患者失血性休克直至死亡。

(4) 2019 年 2 月 18 日 12 时 34 分临时医嘱中的血常规、血液生化全套、血常规(急诊)、血液降钙素原(急诊)、心肌酶(急诊)、血清 B 型钠尿肽(BNP)(急诊)、肾功能(急诊)、凝血五项(急诊)、肌钙蛋白 T(急诊)、单核细胞 HLA-DR 监测等检测结果缺失,医方存在"未执行医嘱、抢救不力"的行为。受限于医学知识,患方对这些漏查事项是在鉴定结论出来后才发现的。但是,鉴定专家在鉴定过程中似乎也没有发现上述漏查事项,《鉴定意见书》对此没有任何涉及。未执行医嘱的行为未被发现,必然会影响到鉴定结论。客观上,鉴定专家应该全案审查,而不是仅仅审查患方已提出来的医疗过错问题。

(5) 医方未及时申请外科会诊评估急诊手术干预机会,延误救治。

(6) 鉴定专家在鉴定过程中,除未全案审查证据材料,还错误地理解法律内容、错误地评判患者病情,并将医方漏诊、术前术中漏查、治疗方案与时机选择等过错行为认定为没有过错。这难免会影响其对涉案医疗过错的完整认定、因果关系及参与度的判断。

(7)《鉴定意见书》得出轻微因果关系鉴定结论的前提是,医方没有漏诊、漏查,所选择的治疗方案没有过错,不审查病历的真实性。但根据法律规定,对其中有些存在争议的案件事实,在法律上应当作不利于医方的事实进行认定。例如,因医方未履行法定义务致使案件未启动尸检程序,应当作不利于医方的事实进行认定。再如,患方认为案件已有证据证明医方存在篡改病历、伪造病历以及掩盖事实真相的动机与行为;而且患方认为,从情理上分析,医方连明显违反规范、违反法律的伪造、篡改病历的行为都敢实施,更不会放过表面上如时间、形式、主体披着合法外衣但所涉内容实际上不符合客观事实的行为。为此,患方认为医方病历资料不具公信力,真实性存疑,应推定医疗过错的存在。

(8) 医方自己已认定涉案病历属于存在严重缺陷的"不合格病历"。患方认为该病历真实性存疑,而且已有证据证实,医方存在伪造病历、篡改病历、掩盖事实真相的意图与行为。医方已扰乱了正常的病历管理秩序,其提供的病历资料不具真实性,应推定医方存在过错,并承担全部赔偿责任。参照上文所提及的案例 7 即最高人民法院［2016］最高法民再 285 号民事判决书：医院的加插病历行为不仅扰乱了正常的病历管理秩序，而且性质恶劣，最终导致了鉴定结论无法作出、各方责任无法确定的严重后果。故判令由医院承担不利法律后果和完全民事责任即 100%的民事责任。

(9) 患方认为，即使《鉴定意见书》认定是轻微责任，综合本案所有证据材料，法院应参照下列案例判定医方承担主要责任。

【案例 27】江苏省高级人民法院［2014］苏审三民申字第 0703 号民事裁定书：患者的损害后果系严重缺氧缺血性脑病所致，与难以纠正的低氧血症有关，而突发低氧血症系肺栓塞或心源性因素所致，考虑到患者既往有高血压病等自身基础疾病，患方要求医院承担全部赔偿责任的申请再审理由，不能成立。但医方作为专业的医疗机构，在对患者的医疗行为中，未能针对患者存在的基础性疾病给予充分、足够的谨慎和注意，防范医疗风险，使得患者发生损害后果的危险性增加。虽两个鉴定机构均鉴定医方存在的医疗过错行为是患者损害后果的轻微因素，但二审法院将医方承担的民事赔偿责任调整为 85%，具有一定的合理性。

(10) 患方认为，即使《鉴定意见书》认定是轻微责任，在已明确医方存在伪造、篡改病历资料行为的前提下，亦应参照下列案例判处医方承担 85%的责任。

【案例 28】河南省高级人民法院［2018］豫民再 705 号再审民事判决书：二审法院认为，虽然鉴定结果是医方参与度拟为 10%左右，但医方伪造病历、逃避社会和法律责任的行为，违背了医院"救死扶伤"的社会责任和道德底线，应根据《侵权责任法》第 58 条之规定推定上诉人有过错。故，医方应承担剩余 85%的赔偿责任。再审法院认为，医方伪造病历的行为已严重扰乱医疗秩序和诉讼秩序，其诚信程度值得严重怀疑，该鉴定结论不宜将医方的过错参与程度认定为轻微因素，二审判决推定其承担 85%的责任，并无不当。

(三) 来自法律人的质疑

对于鉴定意见中的医学意见以及其跳跃式论证过程，纯粹的法律人无法评判[1]。事实上，对医患双方基于自身利益之立场所提出的医学问题，法律人也难以评判对错，在此只是将其如实陈述，呈现争议原貌。但是，就其中的法律问题，法律人还是可以评说一二的。不可否认的是，鉴定程序的启动，缘于法官对特定案件事实无法认定。鉴定的目的在于帮助法官查明该特殊事实，进而作出准确的事实认定。所以，鉴定程序一定程度上是司法审判程序的延伸。理论上，鉴定程序应该遵循审判程序的基本原则。事实上，诉讼程序中亦有一些规定直接涉及鉴定程序。例如，鉴定专家的回避制度，其目的就是确保鉴定结论的公正。但在实际鉴定过程中仍存在一些问题，容易引发对程序公正认定的争议。

1. 专家回避不够充分

《司法鉴定程序通则》第20条明确："司法鉴定人本人或者其近亲属与诉讼当事人、鉴定事项涉及的案件有利害关系，可能影响其独立、客观、公正进行鉴定的，应当回避。司法鉴定人曾经参加过同一鉴定事项鉴定的，或者曾经作为专家提供过咨询意见的，或者曾被聘请为有专门知识的人参与过同一鉴定事项法庭质证的，应当回避。"（对于回避的要求，医学鉴定专家与司法鉴定人的要求应该是一样的）。目前患方能提出的常见专家回避理由，主要是基于同一医院共事关系的回避，以及其他参与治疗医院之医务人员的回避。而对于其他可能影响鉴定独立性、客观性、公正性的事由如同学关系、师生关系、以前的同事关系、曾在同一专家组共事关系，等等，除非专家主动申明，否则患方与法官往往难以掌握相关信息。因为不同于诉讼程序的透明化（大部分司法裁判文书能够对外公开、案件庭审程序信息往往公开化），鉴定专家组成员是否与涉案医师存在同为某个或某些医疗事故或医疗损害等鉴定专家组的鉴定专家这一事实，往往难以查明。

事实上，这种共事关系在特定学科是难以难免的。例如，在某一医疗损害赔偿案件中，法官明确告知当事人，该市就案件所涉主要学科专家库中的专家仅有68人，其中，属涉案医疗机构工作人员的就有11名（包括涉案的3名医师）。不难设想，在这样一个狭小圈子中，这些专家之间难免存在互为潜

---

[1] "法官因为缺乏医学专门知识，对鉴定意见的依赖性较强。因此，医疗损害鉴定意见的特性使得法庭质证难以深入透彻，法官对其的实质审查容易出现缺位。"参见孙春蓉、曹沁：《医疗损害责任纠纷案件的审理思路和裁判要点 | 类案裁判方法》，载"上海一中法院"微信公众号，最后访问日期：2021年6月28日。

在被鉴定者与鉴定者的关系。如果鉴定专家与涉案医师以及涉案医疗机构其他专家库成员同为某个或某些医疗事故或医疗损害等鉴定专家组的鉴定专家，将更难以确保其能依法独立、客观、公正地进行鉴定，其鉴定结论的公正性便可能受到影响。此外，"医改"中，医疗联合体的构建[1]，让同行鉴定中的回避问题变得更为复杂。依据任何人不得在与自身有关的案件中担任裁判的原理，跨区域专家库建构的必要性应从理论层面落实到立法层面以及司法实践之中。[2]

但无法否认的现实是，无论是司法裁判主体的回避，还是鉴定专家的回避，均是相对的，毫无瓜葛的裁判主体、鉴定主体是理想状态。为寻求更中立的鉴定专家，患方往往会向法官提出跨区域鉴定，并愿意独自承担跨区域鉴定所额外增加的鉴定费用及鉴定期限的延长等不利事项。但一旦跨区域鉴定，医疗水平的区域差异又可能影响鉴定结论的科学性。[3]对此，法院应根据被鉴定医疗机构的医疗水平来确定是否启动跨区域鉴定，如果被鉴定机构的医疗水平限于当地医疗特色水平的，建议就地鉴定；否则，可以启动跨区域鉴定，以满足患方对中立鉴定主体的心理需求。但法官该以什么标准来评判两区域的医疗水平差异呢？这或许就是法官在医患双方未达成一致意见时，不轻易启动异地鉴定的现实原因。

---

[1] 医疗联合体，是指将同一个区域内的医疗资源整合在一起，通常由一个区域内的三级医院与二级医院、社区医院、村医院组成的联合体。2020年7月9日，国家卫生健康委员会与国家中医药管理局联合印发《医疗联合体管理办法（试行）》（国卫医发〔2020〕13号），以加快推进医联体建设，逐步实现医联体网格化布局管理。自2022年3月1日开始施行的《医师法》第18条第2款进一步明确规定，医师在医疗联合体内的医疗机构中执业的，可以不办理相关变更注册手续。

[2] 各地有一些差异，一般原则上是由所在市的医学会或司法鉴定机构进行鉴定；但有些地方原则上实行跨区域鉴定，如上海市高级人民法院《关于委托医疗损害司法鉴定若干问题的暂行规定》规定法院委托医学会进行医疗损害鉴定，由诉讼双方当事人协商选择区县医学会进行鉴定；双方当事人不能协商一致的，原则上由法院在医疗机构所在地以外的区县医学会中确定。一些案情复杂，当事人不同意在区县医学会鉴定的，法院可以委托市医学会进行鉴定。

[3] 虽然《民法典》就医务人员过错医疗行为的判断标准为"当时的医疗水平"，但最高人民法院《关于审理医疗损害责任纠纷案件适用法律若干问题的解释》明确还可以考虑"当地的医疗水平"。相关法律条款如下：《民法典》第1221条明确，医务人员在诊疗活动中未尽到与当时的医疗水平相应的诊疗义务，造成患者损害的，医疗机构应当承担赔偿责任；最高人民法院《关于审理医疗损害责任纠纷案件适用法律若干问题的解释》第16条规定："对医疗机构或者其医务人员的过错，应当依据法律、行政法规、规章以及其他有关诊疗规范进行认定，可以综合考虑患者病情的紧急程度、患者个体差异、当地的医疗水平、医疗机构与医务人员资质等因素。"

2. 专家组成不合理、不科学

【案例1续】 患方认为，鉴定专家组人数存在不合理的限制，以及鉴定机构未有效引导当事人选择相关学科，致使专家组成不合理。①乙医学会工作人员口头明确此次鉴定仅限5名专家：外科学1名专家；法医学1名专家；主要学科专业是消化内科，该学科专家按照规定[1]不得少于专家组成员的1/2即应有3名消化内科专家。但因为5名的总人数限制，又需重症医学科的1名专家介入，乙医学会便将本次鉴定中消化内科与重症医学科合并为主要学科专业，最终致使真正的主要学科专业即消化内科实际仅有2名专家参与鉴定。主要学科专业的任意设定、组合，显然与客观事实不符，并有损程序正义。除非该2名消化内科专家达成一致意见，否则真正的主要学科专业客观上将无法形成多数意见。这样的布局，客观上也迫使该2名消化内科鉴定专家具有需形成一致鉴定意见的压力。②本次鉴定中没有医院管理专家的介入，致使纠纷中出现的很多医院管理问题无法加以认定，并可能致使医方的过错及与患者损害后果之间的因果关系认定不足。如果鉴定专家组成学科设置不科学[2]，存在主要学科专业专家人数不达标、卫生管理学科遗漏等问题，难免会让当事人质疑其所作鉴定结论的科学性。

3. 程序不够透明致使医患辩论不充分

让处于纠纷中的当事人充分阐述自己的观点、反驳对方的观点，让裁判者充分了解各方当事人的观点与理由，是审判程序的应有之义，亦是现代司法改革、司法程序设置的重要目标。同理，这也是鉴定程序的应有之义。在鉴定的流程中，医患双方熟知对方的主要观点与理由是必要的。鉴定程序作为平等、理性商谈的形式，应该营造"辩论环境"，以加强理性思考、排除外部干扰，促进正确决定的作出。这是因为鉴定意见，很可能是医患纠纷审判程序中的关键，会对案件的裁判起到关键性的作用。但是，在将争议焦点及

---

[1] 详见《江苏省医疗损害鉴定管理办法》第12条第1款规定，医学会进行医疗损害鉴定应当从专家库中选择具有相关二级学科3名以上单数的专家参加鉴定听证会，医疗损害鉴定涉及多学科专业的，主要学科专业的专家不得少于专家组成员的1/2。鉴定听证会由鉴定组长主持，专家进行合议。

[2] 这个问题客观上是可以解决的，但是需要以提升鉴定成本为代价，即鉴定申请人若要增加鉴定专家就要补交新增的鉴定费。在此，需要增加一个流程即对鉴定申请人释明，让其选择。当然，基于对正义与效率的权衡仍会限制鉴定专家的人数。

鉴定材料交给鉴定机构后,司法裁判者往往不再直接介入该程序。为此,鉴定机构对鉴定程序的理解,将影响鉴定流程的科学性与合理性。当患方将患方鉴定材料(即患方陈述及证据材料)交给法院后,法院何时收到医方的鉴定材料(即医方陈述及证据材料),以及法院何时将案件材料交给鉴定机构,患方如不主动跟踪,将难以掌握。但当鉴定材料移送至鉴定机构后,鉴定机构觉得"不可以"把医患双方的陈述让对方掌握,甚至有些法院工作人员也这样认为。这就使得,患方无法在鉴定听证前完整了解医方的陈述内容,尤其很多医方在庭审时不谈及医疗行为的实质性内容,仅仅阐述其无过错、无因果关系;即使有谈论医疗行为的实质性内容,但书面陈述中有没有补充,患方也无从了解。同理,医方有时也不了解患方庭审后的新观点与内容。而且到了正式鉴定程序,有些鉴定机构采用的是"背对背"的鉴定模式[1]:①患方陈述时(往往限20分钟),医方回避(即不在现场旁听);医方陈述时(往往限20分钟),患方回避(即不在现场旁听)。②当双方各自陈述完后,医患双方均到场,专家询问当事人是否有新的问题和内容。事实上,无论是医方还是患方,鉴定前通常都进行了充分的准备,而在鉴定中没有了解到对方的具体陈述内容时,双方尤其是患方往往难以在短短的几十分钟后有新的内容需要补充。③随后,专家根据情况提问题。④鉴定程序结束,双方退场,鉴定专家评议。显然,这个流程未能让医患双方充分对话,论辩不到位、不充分,甚至特定阶段有"秘密审判"的嫌疑,有违程序正义。公平竞争的一个基本要求是,当事人能够获知鉴定结论是如何产生的。鉴定程序应该呈现对话与论辩的色彩,将问题的复杂性与可争议性不加掩盖地直接呈现。而且,鉴定结论不仅要说服当事人、说服法官、说服医疗同行,还要说服民众、说

---

[1]《医疗纠纷预防和处理条例》明确医学会、司法鉴定机构均可依据资质开展医疗损害鉴定活动。但各地鉴定模式一直存在差异,有些省份的医疗损害鉴定由司法鉴定机构负责,有些省份由医学会负责,有些省份医学会与司法鉴定均可承担。有些司法鉴定中,医学专家与当事人不直接对话,由鉴定机构负责沟通与交流。有些鉴定程序中,医患双方当面陈述,但在鉴定专家提问环节是"背对背"的,向患方提问时,医方回避;向医方提问时,患方回避。究竟哪种模式更科学?相关规范对此未作明确规定。"背对背"模式主要考虑两点,一是提高效率,二是避免医患双方在鉴定中发生冲突。因为医患双方难免存在相左的观点,容易引发矛盾与争议,甚至情绪的激动,而不是国家司法机关、没有法警的鉴定主体对医患间的正面冲突无法有效解决。目前,对于江苏省内的医疗损害鉴定,其医学会系统实行的是鉴定专家组鉴定模式,司法鉴定机构实行的是鉴定人+咨询专家的模式。参见蒋士浩、邵高蔚:《医疗损害鉴定专家鉴定组构成之探讨》,载《江苏卫生事业管理》2022年第4期。

第三章　鉴定结论的公正性与科学性：矫正机制对交往机制的审视

服整个社会，鉴定结论证成本身与判决结果一样重要。[1]

当然，"背对背"模式的存在主要考虑两大问题：第一，提高效率。争议点少了，相关的争执少了，效率自然就提升了。第二，避免冲突。事实上，医患双方的观点在鉴定中往往是相左的，有些确有过错的医方陈述更是可能引发患方的不良情绪。但对没有法警、不属司法机构的医学会、司法鉴定机构而言，处理这种医患正面冲突的能力显然是有限的。所以，"背对背"模式往往也是一个无奈的选择。

4. 鉴定依据的材料不完整

案例1中，2020年11月11日，鉴定专家经患方申请出庭接受质询。鉴定专家出庭接受质询，能让当事人和法官进一步了解鉴定结论的生成过程。在案例1法庭质询中，可以看出鉴定专家对鉴定材料认识不准确，其鉴定依据不是全部的鉴定材料，而是部分鉴定材料，而且其对法律含义的理解也不完全准确。①鉴定专家明确其仅以病历资料作为鉴定依据，而未将案件其他证据如庭审笔录、医方已经确认的《对手术医生的录音资料》、已形成的法庭质证笔录、患方调取的电子病历修改痕迹记录等纳入鉴定材料范围。[2]鉴定依据的材料不完整，致使鉴定意见事实依据明显不足，甚至是基于错误事实进行的鉴定。②鉴定专家对法律含义不了解，甚至错误理解法律内容。例如，鉴定专家将医方备选治疗方案告知错误、告知不全面、侵犯患者知情同意权、选择权、健康权的医疗行为认定为正确行为。鉴定专家在庭审中明确，其不需要将可能备选方案告知患方，而仅需将倾向性方案告知患方即可。无疑，当鉴定专家据以鉴定的事实认定存在错误或对法律理解存在错误或二者均存在错误时，鉴定结论的科学性就难以保证了。当然，再次申明，本书中个案所涉及的问题，并不意味着具有普遍性。

---

[1] 参见陈林林：《裁判的进路与方法——司法论证理论导论》，中国政法大学出版社2007年版，第7页。

[2] 对于医疗本职工作业务繁忙的医务人员而言，鉴定专家这个身份并不必然让他们能像法律人那些细细分析庭审笔录、证据的三性问题（关联性、客观性、合法性），在相互矛盾的证据材料内容中作法律属性的筛选与评判。第一，时间上难以保证；第二，能力上亦勉为其难。那应由谁来评判呢？不同专业间的对话与沟通何以可能呢？由鉴定机构来协调？由法官来对事实先进行认定？但病历资料的合规性、真实性，法官有时也难以评判，而且法官正是因为对事实认定存在困难，才找鉴定专家的。事实上，这是需要法官与鉴定专家共同解决的问题。可见，在病历真实性存疑的案件中，存在将有问题的资料给鉴定专家、鉴定专家给出的结论又会被认为是有问题这一现象。

此外，医方与鉴定专家共同具有的知识基础和生活背景，是患方所缺失的。为此，在说服鉴定专家的过程中，医患双方的医学能力存在实质性差异。如果忽视鉴定程序本身的公正性与合理性，对可能影响到鉴定结论的因素未纳入考虑范围，鉴定会成为一种"理性形式掩盖非理性的现实"之现象。

(四) 鉴定公正性需求

鉴定程序的引入，是为了帮助法官准确地评判医学专业问题。因为只有准确掌握案件事实，才能公正地进行裁判。所以，为了案件处理的公正性，应确保事实认定的科学性；而为了确保事实认定的科学性，案例 1 有必要引入同行鉴定。同行鉴定，单从技术上看，可确保科学性。但是，同行鉴定，不利于中立性。此外，鉴定材料的真实性、鉴定程序的公正性，都可能影响鉴定结论的科学性，并最终影响判决结果的公正性。正如案例 1 中鉴定专家所明确的，①在最终的原因力判定上，综合考虑了患者疾病的严重程度、医方的过错程度及与患者死亡的关联程度；②医疗损害鉴定意见是民事诉讼证据之一，其中的原因力评定尚属于学理性探讨内容，对原因力大小的把握存在一定的主观因素，供人民法院参考；③至于最终的法律责任，则需人民法院在综合各类证据的基础上依据相关法律作出判定。于是，法院判决的证成成了尤为关键的一步。判决的证成，是法律理性（合理性）三大关键领域之一。[1] 由于法律决策或决定会涉及相关主体的利益，决策者或决定者需要提供足够的理由，以确保其可接受性或说服力。而该说服力与可接受性，又取决于证成的质量。同理，公正性鉴定结论的证成质量在医疗损害诉讼中显得格外重要。鉴定公正、鉴定结论的有力证成，才能使判决结果为涉案当事人、其他法官、法律共同体以及公众所接受。[2]

依据法律推定出来的事实，还取决于法律的合理性（legal soundness）。在一个案件中，往往存在法律规则、法律原则、一般道德规范、价值之间的关系论证。鉴定，同样存在形式正义与实质正义的双重取向。为了判决的科学性，司法裁判引入了同行鉴定，这种鉴定一定意义上是为了满足诉讼对医学

---

[1] Delf Buchwald, Der Begriff der rationalen juristschen Begruendung: Zur Theorie der juridischen Vernunft, Baden-Baden, Nomos Verlagsgesellschaft, 1990, S.21.

[2] 参见陈林林:《裁判的进路与方法——司法论证理论导论》，中国政法大学出版社 2007 年版，序第 1 页。

合理性的评价与考量之需求。但是，该鉴定本身会因为医学观点的差异性，面临实体准则存在分歧或含糊不清的问题。而只要涉及评价，无论是法官还是鉴定专家，都会有"专断"的可能或嫌疑。现实中，司法裁判需要考虑价值多元与道德分歧；同理，考虑到医学的多样性与临床的复杂性，鉴定需要依赖公正程序与辩论规则。事实上，本身容易让人质疑的同行鉴定，被认为是一种利益权衡，会影响实质正义的实现。在此前提下，更需要形式正义来增强实质正义的可信度，不公正程序下的鉴定结论必然会引发当事人更大的猜疑与不满。所以，只是鉴定结论正确还不够，还必须是程序公正、论证合理并容易让人理解。如何保证鉴定的公正性，避免陷入"黑匣子"嫌疑？借鉴法官司法审判程序，至少需要考虑以下几点要求：①伦理规范要求，鉴定专家公正观念的认可与树立；②诉诸程序，确保鉴定结论导出程序具有合理性；③鉴定书的公开化；④鉴定意见应被要求说理论证；⑤鉴定专家权威性进出与责罚机制。[1]

二、交往机制的还原与评判

在矫正机制中，让医患双方将诉求与理由进行充分展示的过程，实际上是在还原医患双方在交往机制中的实际图景。这种还原是对医患关系交往机制进行审视与改善的事实基础。囿于笔者医学知识的不足，仅能将医患双方及鉴定专家、医学书籍的观点进行展示，难以对此深入评判。同时，审视终需依据法律规范来展开。但是医学领域存在很多法律未直接涉及的细节或新问题，或者法律本身存在争议、漏洞、空白，为此很多时候不得不参照希波克拉底在《论可贵的品行》和《论箴言》中对"好医生"描述的德性："利他主义，热心、谦虚，高贵的外表，严肃、冷静的判断，沉着、果断、纯洁的生活，简朴的习惯，具备对生活有用而必要的知识，摒弃恶事，无猜忌心……"[2] 实际上，"悬壶济世"这样的理念，经过医学伦理学家整理已发展成为医患关系中的善行准则，其一般需含有以下四个要素：其一，不可以施以恶行和危害；其二，必须防止恶行和危害的发生；其三，必须消除恶行

---

〔1〕参见陈林林：《裁判的进路与方法——司法论证理论导论》，中国政法大学出版社2007年版，第217、218页。

〔2〕[意] 卡斯蒂廖尼：《医学史》（上册），程之范主译，广西师范大学出版社2003年版，第118页。

和危害；其四，行善和助长善事。这些要素，被认为是医患关系中医方的伦理基础〔1〕，亦是对其行为审视的重要评价标尺。就案例 1 而言，对医方的行为还原与审视如下（需要说明的是，案件中鉴定意见和裁判意见分析认定医方过错是大方向的定性，治疗中有些细节并未全部列明；另外，虽是个案问题，但也是类型化的问题，有必要予以呈现，以示警戒）。

（一）对患者知情同意权的侵犯

1. 手术治疗备选方案、风险告知不全面

（1）2018 年 12 月 27 日至 2019 年 1 月 12 日在河北 A 医院住院期间，患者已经被查明乙肝表面抗原阳性、食管静脉曲张、（胃体）局部腺上皮中-重度非典型增生、肝硬化、脾大、门脉高压、食管胃底静脉曲张、腹水。但是，由于江苏 C 医院相关医务人员未全面掌握、分析患者病情，2019 年 2 月 16 日江苏 C 医院《病人入院通知单》门（急）诊诊断患者仅为食管静脉曲张出血。在患者 2019 年 2 月 18 日签署的《特殊检查知情同意书（无痛胃镜检查）》《内镜下硬化剂/组织胶/扎套治疗知情同意书》中，医方术前诊断均未涉及胃体病变或胃癌（可能）。由此，医方仅告知了"①食管静脉曲张；②乙肝肝硬化失代偿期；③门静脉高压；④胆囊炎；⑤脾大"情形下内镜下食管静脉曲张治疗的风险及备选方案，而没有告知患者胃体病变、食管胃底静脉曲张、血项检查结果异常情形下食管硬化剂治疗的风险与备选方案。故不难推断，医方在手术前会因为漏诊而导致风险告知不全面。

（2）医方即使在内镜检查中才确诊"胃底静脉曲张、胃体病变"，也应在获知新病情后对"手术能否进行"重新评估，做好风险防控方案，并在告知患者或其近亲属风险、征得患方新的书面同意〔2〕后，再进行手术。

（3）《特殊检查知情同意书（无痛胃镜检查）》与《内镜下硬化剂/组织胶/扎套治疗知情同意书》是被分开告知的，属于两份独立的告知书。常规胃镜检查的知情同意书中往往涉及活检事项；但是硬化剂治疗后再进行活检，与在单纯的胃镜检查中进行活检的风险，是不同的。对于前者的风险，医方根本没有告知患方。具体而言，在实施硬化剂治疗后患者胃体压力加大、胃体活检风险增大的前提下，医方未重新评估风险、未提前预备应对方案、

---

〔1〕参见夏芸：《医疗事故赔偿法——来自日本法的启示》，法律出版社 2007 年版，第 345 页。

〔2〕对此，原《侵权责任法》要求的是"书面同意"，《民法典》要求的是"明确同意"。

未经患方同意，擅自进行胃体病变活检，侵犯了患者的知情同意权、健康权。

2. 输血治疗内容与风险告知不全面

在诊疗过程中，医方对输血治疗的风险相关信息告知不全面。在2019年2月18日《输血治疗同意书》中，输血史、输血目的、输血前相关传染病因子检查均为空白，《输血治疗同意书》内容告知不全面，违反诊疗常规，侵害患者的知情同意权、选择权。紧急情况下的告知较之常规的告知，或许在时间上有所不同，但是事后也应该完善告知内容。

（二）对医疗技术规范的违反

1. 医方术前没有掌握患者血型，违背基本诊疗规则

2019年2月16日即患者入院当天，临时医嘱明确检测患者血型；2月17日上午，医方为患者采集了血型检测的标本，但是该检测在手术结束（2月18日11时30分）之后才出结果报告。[1]为此，2019年2月18日10时当患者出现术中大出血时，医方不得不临时做血型检测，而急诊血型报告直到当日11时01分才出来，延误至少1个小时的配血、输血治疗。如图6所示：

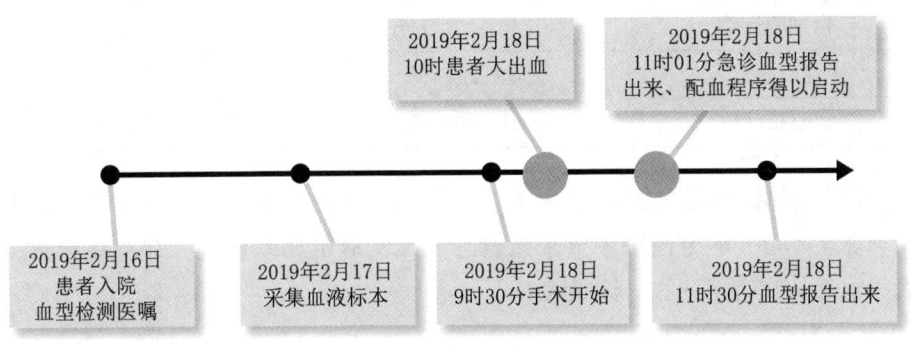

图6　报告延迟

2. 手术风险防范不到位

医方实施手术前没有主动防范突发风险，没有提前预备应对方案，没有

---

[1]　未获取医学检查报告结果的问题，在其他案件中也存在。如福建省福州市中级人民法院[2017]闽01刑终1458号刑事判决书认定的，产妇陈某异常结果检验报告在分娩前两天就已经出来，但因为医方的过失，产妇检查结果异常情况至分娩前既无首诊医生也无值班医生查看、了解。

备血，以致输血严重不充分，延误治疗。医方上述行为严重违反《医疗纠纷预防和处理条例》第 14 条的规定，即开展手术、特殊检查、特殊治疗等具有较高医疗风险的诊疗活动时，医疗机构负有提前预备应对方案、主动防范突发风险的法定义务。

（1）在患者 2019 年 2 月 17 日的血项检查结果异常情形下（具体数值见表 5），医方直接于 2019 年 2 月 18 日进行食管静脉曲张硬化剂治疗手术，没有实施相应的风险防控措施，术前未备血。医方在庭审中确认对患者李某的治疗是一般手术，出血量不大，不存在手术前需备血的情形（病人术中大出血这一事实本身已说明医方对出血风险评估错误）。但在患者术前存在贫血、血小板计数接近危急值、凝血功能差、贲门下有溃疡、质脆易出血的前提下，医方术前不备血、不掌握患者血型、未准备任何风险防控措施、不告知患方相应风险及相应备选方案，就贸然进行食管静脉曲张硬化剂治疗手术，不仅严重侵犯患者的知情同意权及选择权，更使患者面临致命风险。

表 5 血项数据异常

项目	数值	参考范围
白细胞计数	2.4↓ 10^9/升	3.5~9.5 10^9/升
血红蛋白	99↓ 克/升	130~175 克/升
血小板计数	61↓ 10^9/升	125~350 10^9/升

（2）因医方术前未备血，患者实际输血量严重不足。医方亦确认准备不足、血浆不够，医方医嘱中要求血量与实际输血量相差甚远，并直接导致患者失血性休克直至死亡。详见表 6：

表 6 输血不足问题

产品\数量	病毒灭活血浆	少白红细胞	冷沉淀凝血因子
医嘱需血量	6200 毫升	36U（单位）	43.75U（单位）
实际输血量	2325 毫升	14U（单位）	13.75U（单位）

3. 诊疗流程不规范

从证据上看，医方没有进行术前讨论，没有进行麻醉前访视，手术医师术前未依法对住院患者李某进行亲自查房，没有进行术前小结，没有对患者进行体温、脉搏、呼吸、血压、出入量、大便次数等计量，没有记录患者的生命体征及有关情况，致使术前漏诊、漏查、血型未掌握等过错未能及时纠正，进而导致手术风险评估不到位、术前准备不充分、风险告知不全面，严重侵害患者的知情同意权、选择权，严重危害患者生命健康。医方违反以下相关主要法律规范：①《医疗质量安全核心制度要点》在"二、三级查房制度"中规定，对住院患者，医方应以查房的形式实施患者评估、制定与调整诊疗方案，术者必须亲自在术前和术后24小时内查房。②《医疗质量管理办法》第47条第3项所明确的医疗质量安全核心制度即医方在诊疗活动中应当严格遵守的制度主要包括：首诊负责制度、三级查房制度、分级护理制度、值班和交接班制度、疑难病例讨论制度、术前讨论制度。客观上，这些存在的问题，一定程度上受医方工作环境的影响，如患者就诊人数多、医生工作量大以及信息传递与管理的问题。但从患者的视角看，无论什么原因，医方都应坚守核心制度的履行，否则就要做好承担法律责任的准备。[1]

4. 抢救与治疗延误

在三腔二囊管止血失败后，医方未及时请外科会诊评估急诊手术干预机会，延误了抢救与治疗。《抢救记录》显示患者在2019年2月18日10时就被发现大出血了；《护理记录单》显示11时22分医方才使用三腔二囊管压迫止血，且止血失败。但13时29分的《抢救记录》显示，患者转入重症医学科后的"转入后病情评估及诊疗计划"才谈及要"联系普外科急会诊评估手术指征"。医方更是在患者持续大出血4个半小时之后即当日14时38分，才下"普通外科会诊"的临时医嘱。医院重症医学科拟"急会诊"的时间亦是当日14时38分，会诊目的是"患者目前消化道仍有活动性出血，伴循环不稳定，病情极其危重，请贵科协助评估有无急诊手术指征！"而医方实际会诊时间是当日15时54分37秒，即急会诊医嘱下达后1个小时16分钟后

---

[1] 不难想象，医务人员承受着很大的工作压力，这种压力有来自工作强度的，更有来自工作中的高度注意义务责任的。

才实际开展会诊,如图 7 所示。医方会诊不及时,违反《医疗质量安全核心制度要点》以及《病历书写基本规范》有关规定[1],即急会诊时会诊医师应当在会诊申请发出后 10 分钟内到场。

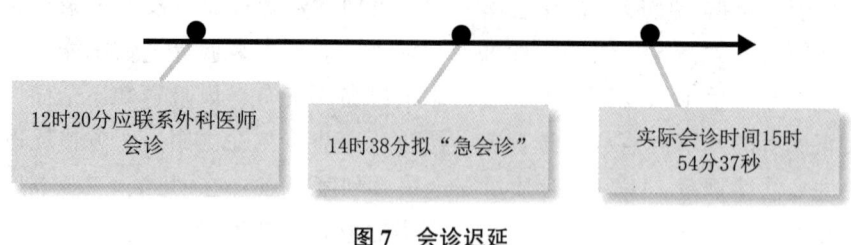

图 7　会诊迟延

5. 尚存争议的问题

对于有些医学专业问题,因医学的不确定性,对错有时难以判断。患方的意见,可能与鉴定专家的意见、医方的意见不一致;医患双方的意见,可能与鉴定专家的意见不一致;医方的意见,可能与患方的意见、鉴定专家的意见不一致;患方、医方、鉴定专家之间可能存在三种不同意见。患方提供的论证材料往往是医学书籍资料、网络信息、日常生活经验;鉴定专家与医方的意见往往是最新的临床意见,而临床本身又会存在不同学术与临床经验差异。于是,鉴定专家个人的临床经验和临床习惯,不可避免地会作为评判医疗行为对错的标准之一。毫无疑问,正如司法需要承认法官拥有一定程度的自由裁量权,临床中的医生也需拥有"因事制宜"的诊断权。医学书本知识、临床医学的发展性、多样性、不确定性,使得在这些不一致的意见之间判断孰是孰非,可能成为一个难有确切答案的问题。

(1) 医方术前是否存在胃底静脉曲张漏诊之事实?患方认为医方术前存在胃底静脉曲张漏诊之事实,理由:第一,河北 A 医院的腹部 CT 增强已显示患者存在食管胃底静脉曲张,且正如鉴定专家所言"临床中食管静脉曲张常

---

[1] 其中,《病历书写基本规范》第 22 条明确,会诊记录(含会诊意见)是指患者在住院期间需要其他科室或者其他医疗机构协助诊疗时,分别由申请医师和会诊医师书写的记录。会诊记录应另页书写。内容包括申请会诊记录和会诊意见记录。申请会诊记录应当简要载明患者病情及诊疗情况、申请会诊的理由和目的,申请会诊医师签名等。常规会诊意见记录应当由会诊医师在会诊申请发出后 48 小时内完成,急会诊时会诊医师应当在会诊申请发出后 10 分钟内到场,并在会诊结束后即刻完成会诊记录。会诊记录内容包括会诊意见、会诊医师所在的科别或者医疗机构名称、会诊时间及会诊医师签名等。申请会诊医师应在病程记录中记录会诊意见执行情况。

伴胃底静脉曲张"。但医方江苏 C 医院术前诊断对此没有任何内容涉及,医方所有"术前诊断"中均不存在食管胃底静脉曲张。第二,2019 年 2 月 19 日手术医师《谈话记录》自认,其术前并不知道患者李某患"食管胃底静脉曲张"及"胃体病变"。第三,医方的治疗方案及备选方案足以证明医方术前存在漏诊胃底静脉曲张之事实。医方的备选方案即经颈静脉肝内门体静脉分流术、外科手术、EVL(扎套治疗),仅是"食管静脉曲张"二级预防治疗的部分备选方案,并没有涉及"食管静脉曲张与胃底静脉曲张相通"的治疗备选方案即"组织胶注射、联合序贯治疗"。[1]

乙医学会的鉴定意见没有明确,虽答疑时确认医方治疗前未考虑伴有胃底静脉曲张的可能,但认为其对患者死亡没有因果关系。

(2) 患者食管静脉曲张与胃底静脉曲张是否相通?患方认为诉讼中医方及鉴定专家认定患者"食管静脉曲张与胃底静脉曲张相通"没有依据,因为医方术前根本没有诊断出胃底静脉曲张,也就绝不可能在术前判断出食管静脉曲张与胃底静脉曲张是相通的这一结论。而且,①江苏 C 医院在庭审时就河北 A 医院于 2018 年 12 月拍摄的影像片明确,该影像片并不能证明患者所患的疾病为食管胃底静脉曲张,而仅是食管静脉曲张。②江苏 C 医院通过河北 A 医院的增强 CT 片子无法直接判断出"食管静脉曲张与胃底静脉曲张相通"这一结论,鉴定专家在庭审中也明确要通过特殊的"造影技术"才能完成血管成像。③江苏 C 医院手术医生在《谈话记录》称河北 A 医院那个片子照得不是很清楚。手术医师术前、术中、术后均不了解患者"肝动脉血供及门静脉系统侧枝循环情况",称"可能在下面(溃疡)就是个血管"。④江苏 C 医院违反诊疗常规,有能力确诊却未予确诊。鉴定专家称大多数患者"食管静脉曲张与胃底静脉曲张是相通的",并以此简单地推断患者李某的病情为"食管胃底静脉曲张相通",而无视患者可能存在孤立胃底静脉曲张情形,这本身就是不严谨的,论证逻辑存在漏洞。

(3) 医方术前是否存在漏查?乙医学会的答疑虽然确认医方治疗前未考

---

[1] 食管静脉曲张与胃底静脉曲张相通的治疗方案:①EIS:从食管静脉曲张内注射的硬化剂可以对胃底静脉曲张进行治疗;②组织胶注射:从胃底静脉曲张注射的组织胶可以对食管静脉曲张达到治疗作用;③联合序贯治疗:首先对胃底静脉曲张进行组织胶治疗,择期或同时再对食管静脉曲张进行套扎或硬化剂治疗。参见徐小元等:《肝硬化门静脉高压食管胃静脉曲张出血的防治指南》,载《临床肝胆病杂志》2016 年第 2 期。

虑伴有胃底静脉曲张的可能,但《鉴定意见书》在"(一)医疗过错分析"中认为江苏C医院"在外院腹部增强CT已有较明确诊断的情况下,入院后进一步行影像学检查并非必要",鉴定专家以大多数情形判断,患者李某不存在孤立胃底曲张静脉这一情形。患方认为医方术前存在漏查,违反诊疗常规,没有明确患者是否存在孤立胃底静脉曲张这一重要情形,贸然手术,存在过错。患方主要理由如下:①2016年《肝硬化门静脉高压食管胃静脉曲张出血的防治指南》明确要求[1],二级预防治疗前应常规进行增强CT/磁共振成像(MRI)检查及门静脉系统血管重建,了解肝动脉血供及门静脉系统侧枝循环情况。因为食管胃底静脉曲张存在三种情形:第一,食管静脉曲张与胃底静脉曲张相通;第二,所患食管静脉曲张与胃底静脉曲张相互孤立;第三,食管静脉曲张与胃底静脉曲张相通,同时还存在孤立的胃底静脉曲张。不同情形,治疗方案与风险是不一样的。②河北A医院《出院记录》中的出院医嘱曾要求"进一步行腹部MRI检查"。③孤立胃底静脉曲张属2016年《肝硬化门静脉高压食管胃静脉曲张出血的防治指南》的一种情形,肝硬化门静脉高压是其病因之一。[2]最终,法院尊重了鉴定专家的意见。

(4)手术方案选择是否错误?《鉴定意见书》认为江苏C医院"拟定于2月18日行胃镜检查及内镜下硬化剂治疗,有适应证,无禁忌证""食管静脉曲张常伴有胃底静脉曲张,但不影响选择内镜下硬化剂治疗食管静脉曲张预防再出血"。但该鉴定观点与江苏C医院手术医生的自己诊断矛盾,亦与诊疗常规矛盾。①手术医生《谈话记录》载明:"食管静脉曲张"与"食管静脉曲张同时胃部有肿瘤"的治疗方案与风险不一样,"不知道他里面有这个东西,那要知道有这个东西我就不带你搞了,叫你到外边去开刀去了,我们打硬化剂呢就是胃里面好好的"。②患方认为医方硬化剂手术方案选择错误。如果患者存在孤立胃底静脉曲张情形,医方实施食管静脉曲张硬化剂治疗就是错误的,其将直接导致压力转移至胃底静脉曲张,极易引发胃体大出血。因为预防与治疗肝硬化孤立胃底静脉曲张出血的方法为:内镜氰基丙烯酸酯注射治疗/内镜下组织黏合剂治疗/内镜下组织胶注射、非选择性β受体阻滞剂、经颈静脉肝内门体分

---

[1] 徐小元等:《肝硬化门静脉高压食管胃静脉曲张出血的防治指南》,载《临床肝胆病杂志》2016年第2期。

[2] 徐小元等:《肝硬化门静脉高压食管胃静脉曲张出血的防治指南》,载《临床肝胆病杂志》2016年第2期。

流术（TIPS）及外科手术。[1]换言之，孤立胃底静脉曲张治疗中，根本不存在硬化剂治疗方案。但对此，法院最终尊重了鉴定专家的意见。

（5）手术时机是否选择错误？患方认为作为可择期手术，医方对手术时机选择错误。①即使在胃镜检查中才确诊胃体病变以及胃底静脉曲张，医方也应该按照诊疗常规进一步明确胃底静脉曲张的类型，重新评估风险、重新选择治疗方案，重新制定防备方案。[2]②医方无视患者 2019 年 2 月 17 日的血项检查结果异常（见表5）。在患者术前存在贫血、凝血功能差、身体可能有感染的情形下，任何有创手术都将致患者生命健康处于非常危险的境地。③2019 年 2 月 18 日进行的手术，本身属食管静脉曲张出血二级预防治疗，属于可择期手术。对于可择期的手术，应在对患者异常血项检查结果进行相应治疗、调整后再实施。但是，鉴定专家认为手术时机没有问题。对此，法院最终亦尊重了鉴定专家的意见。

（6）医方是否存在术中漏查？《鉴定意见书》对术中漏查过错，除胸片漏查外，均没有认定。未认定医方漏查的事实本身说明，鉴定专家并没有主动全面审查涉案医疗行为，或可能因为过失遗漏该问题的审查。而且《鉴定意见书》称"胸片检测是辅助性检查，其是否执行不影响患者转归"。患方认为，鉴定专家对医方术中漏查、医嘱未执行的过错的未认定，及其认定的医方的相关行为没有过错且不影响对患者的救治结论，是错误的。

患方的理由是，2019 年 2 月 18 日 12 时 34 分临时医嘱中的血常规、血液生化全套、血常规（急诊）、血液降钙素原（急诊）、心肌酶（急诊）、血清 B 型钠尿肽（BNP）（急诊）、肾功能（急诊）、凝血五项（急诊）、肌钙蛋白 T（急诊）、单核细胞 HLA-DR 监测、胸片正位片等均没有检测结果。对此，医方要么存在术中漏查，要么隐匿检测结果病历资料。紧急抢救及患者当日 17 时死亡之事实，并不能否认医方当日 12 时 34 分术中漏查的过错，甚至漏

---

[1] 徐小元等：《肝硬化门静脉高压食管胃静脉曲张出血的防治指南》，载《临床肝胆病杂志》2016 年第 2 期。

[2] 客观而言，患者的病情本身确有大出血的风险，如果医方在做完胃镜检查之后未进一步治疗，在新的治疗方案实施前患者胃底大出血，估计医方同样将面临追责的风险。所以，对医务人员而言，任何一种选择都有风险，这是两难的选择。当然，如果诊疗流程规范，无论哪一种选择，都有一定的临床合理性，那法律责任的确立还是很难的。所以，对于案件法律责任的落实，关键点不是临床中瞬间的一个选择，而是流程规范与否的问题。

查可能正是患者的真正死因或者死因之一，漏查使得治疗方案没能有针对性地开展。其中，胸片正位片检测的意义至少包括：第一，明确气囊压迫的并发症包括吸入性肺炎。第二，更重要的是，可明确被注射物质是否进入到肺。因为针对食管静脉曲张注射物质，其带来的突出问题就是被注射物质可在极短的时间内进入肺、心脏等[1]。所以，患方认为胸片正位片检测并不是可有可无的辅助性检查，它本身也将直接决定患者的生死。对此，法院没有进行相应评判与责任认定。

（7）死亡原因争议？医方没有告知患方尸检事项，未履行法定义务，致使尸检未开展，从而导致患者确切的死亡原因、医方是否做了活检等问题处于真伪不明的状态。鉴定专家在庭审时明确，医方出具的两份有关患者死亡原因的材料存在出入。患方更认为有合理理由怀疑相关材料内容的真实性，致使患者死亡原因不明确：①江苏C医院出具的《消化内镜中心诊疗报告单》称患者属贲门下溃疡处活动性出血。②2019年2月18日《居民死亡医学证明（推断）书》载明，患者李某的死亡原因为"肝硬化伴食管胃底静脉曲张破裂出血"。③2019年2月19日14时03分，江苏C医院将《死亡记录》中的死亡原因由"肝硬化失代偿伴代长期、食管胃底张破裂出血、消化道出血"修改为"乙肝肝硬化失代偿期、食管胃底静脉曲张"。④患者大出血还有可能是医方擅自做"活检"导致的。⑤患者的死亡原因可能是"大出血"+"硬化剂进入患者肺、心脏"。

事实上，尸检作为查明死因最直接、最有效的手段，是确保医疗事故鉴定或医疗损害鉴定科学性、准确性以及客观性的重要环节。就案例1而言，患者胃体病变性质？患者的病情是否严重？医方胃镜检查报告内容是否真实？医方到底有没有实际取到活检标本？食管静脉曲张与胃底静脉曲张是否相通？是否存在独立的胃底静脉曲张？肝右叶占位性病变性质？被注射物质是否在极短的时间内进入肺、心脏？患者真正的死亡原因？从患者的视角来看，这些问题都可以通过尸检来加以明确，但是因为医方没有履行告知患方尸检事项的法定义务，案件最终未启动尸检程序，导致这些事实难以查明。所以，患方认为不能将死亡的归结于患者身体状况，而应该从不利于医方的角度判

---

〔1〕 中华医学会消化内镜学分会食管胃静脉曲张学组：《消化道静脉曲张及出血的内镜诊断和治疗规范试行方案（2009年）》，载《中华消化内镜杂志》2010年第1期。

定因果关系，即认定过错医疗行为是患者死亡的根本原因。

对此，法院认为未做尸检导致死亡的原因存在争议，"医患双方对此均负有一定责任"。但因为案件是采用综合划分责任模式，医患双方就此问题各自应承担多少责任，裁判文书没有细分。无疑，医方对尸检事项要承担的告知责任来自法律义务未履行，而患方未申请尸检要承担的责任来自"权利未享有"，"权利未享有"会带来法律责任？准确地说，是"权利未享有"将要承受不利后果。[1]但"权利未享有"，可能是权利者主动放弃权利，也可能是其不知道该权利的存在。虽然法律规范的内容是公开的，但制度设计考虑医患双方医学专业知识的差异，让医方承担告知患方尸检事项的义务。如果因医方未履行法定义务导致患方未申请尸检[2]，对此司法应强化对法定义务未履行方的法律责任的追究。否则，义务设置的初衷就会落空。从常理推断，江苏 C 医院作为三甲医院，其医务人员对患者李某死亡的真正原因通常应该有一个较为准确的认识。假设医方认为患者死亡与自身医疗行为没有因果关系，其更愿意主动告知患方尸检事项。假设医方认为患者死亡与自身医疗行为存在因果关系，其更不愿意该因果关系被鉴定证实。如果医方未履行法定义务告知患方尸检事项导致患者死亡原因存在争议，法官认定患方对此亦应承担一定法律责任，则医方未履行法定义务之行为对医方而言，是"明智的"，其能将部分责任转至患方。当然，就医方未履行法定义务告知患方尸检事项之事实，试图让法官直接推定医方存在过错，似乎又有点"简单粗暴"。但不推定过错，又会助长部分医方有意不履行法定义务以推卸部分甚至全部法律责任的"侥幸"心理。

（三）对诚信原则的背离

1. 未依法进行的死亡病例讨论

这一问题本是医疗技术问题，但因为医方在未封存电子病历的前提下主张因"患方申请病历封存才导致其未进行死亡病例讨论"，所以其不仅是医学技术问题，更是一个关乎诚信的问题。《鉴定意见书》对被告未依法进行死亡病例讨论的过错，未予认定。随后鉴定专家在答复中认为，住院病历于 2019

---

〔1〕 这本身也是因为权利与义务的关系复杂，权利与义务可能一一对应而存在，可能合体存在，也可能相互转化。

〔2〕 理想的状态是应该综合考虑医方义务未履行与患方权利未享有之间的时间先后、因果关系，以及医患双方的过错差异。义务未履行，显然是存在过错的。

年2月19日封存,未见常规的死亡病例讨论记录。是否进行死亡病例讨论不影响医疗损害鉴定。

患方认为案件存在大量未封存且一直未封存电子病历的病历资料,仅封存部分纸质病历并不影响死亡病案讨论。另外,即使所有病历都封存了,医方在给患方复印病历资料时,完全可以给自己复印一份。否则,这就是医方管理不到位的问题。而且对死亡病例的讨论涉及对诊断、治疗、抢救的意见,以及对死亡原因分析、经验教训等内容的记录。死亡病例讨论记录作为重要的病历资料,对还原医疗过程、判断医方是否存在医疗过错具有重要意义。同时,死亡病例讨论制度是医疗质量安全核心制度之一,医方未执行该制度或隐匿死亡病例讨论记录,必然对医疗损害鉴定产生重要影响,尤其是在因医方原因导致尸检程序未予启动的情形下。为此,患方认为,鉴定专家在答复中认定的相关死亡病例讨论内容是错误的,易误导法官。

2. 被修改的病历

鉴定专家认为,医方"在病历书写方面存在诸多不规范之处,但对本例医疗损害鉴定无影响"。事实上,法院查明,江苏C医院对案件涉及的病历给出的院评病例评分为"丙",即医方自己已经评定本案病历存在重度缺陷,属不合格病历。对此,患方认为难以接受该鉴定意见。患方认为病历书写方面存在的诸多不规范之处,足以证明医方试图掩盖事实真相,且很多地方明显属于篡改病历情形,故而对大量病历内容真实性存疑。对病历内容真实性存疑,必然影响到医疗损害鉴定结果。①《入院记录》在2019年2月18日14时55分、20时07分、20时08分(即患者术中大出血之后)存在大量修改痕迹,且该记录没有被依法封存,不具合法性,患方有正当理由怀疑其真实性。②2019年2月18日9时30分《刘副主任查房记录》在当日15时27分之前记载"该患者病史不和胃癌特点,暂不考虑该病,择期行胃镜检查明确诊断""目前诊断:①食管静脉曲张;②乙肝肝硬化(失代偿期);③门静脉高压(脾大);④胆囊炎"。但当日15时27分刘副主任删除了上述记载内容,并于15时30分添加"另外告知家属胃体病变考虑胃癌可能性大,今日复查胃镜时明确,必要时活检,家属表示理解"。③经患者本人签署的知情同意资料中,术前诊断并无胃底静脉曲张及胃体病变。④刘副主任于2019年2月18日15时37分即手术后才在《手术记录》"术前诊断"中添加"5. 胃癌(可能)"。首诊张医生、刘副主任分别于2月19日14时07分、15时29分在《转入记录》《转出记录》中的"入院诊断"中添加"5. 胃癌（可能）"。

3. 被质疑的沟通记录

沟通记录资料显示的时间不合逻辑且内容自相矛盾，这表明手术开始之前并没有第一次、第二次的《医患沟通记录》，该材料证明，医方在手术后才制作该沟通记录、并要求患者近亲属补签，医方存在推卸法律责任的意图。第一，沟通内容自相矛盾。第一次沟通的内容"目前诊断考虑：食管静脉曲张；乙肝肝硬化失代偿期；门静脉高压；胆囊炎；脾大。……待排除手术禁忌后择日行食管胃底静脉曲张硬化剂治疗"。显然其诊断与治疗方案不符，治疗方案也与知情同意书、手术记录等病历资料中的"食管静脉曲张硬化剂治疗"内容不符。第二次沟通显示"拟于今日行食管静脉硬化剂治疗"，与第一次沟通中拟行手术"食管胃底静脉曲张硬化剂治疗"的内容，不一致。第二，时间不合逻辑。从其沟通的内容推断，第一次沟通、第二次沟通应在手术开始前即 2019 年 2 月 18 日 9 时 30 分前，且其显然不属于医方所称的"先应抢救，然后才跟患者家属沟通"的情形。同时，手术结束时间为 2019 年 2 月 18 日 11 时 20 分，而第一次、第二次的《医患沟通记录》电脑自动生成的时间均为 2019 年 2 月 18 日 11 时 19 分。

4. 伪造的《术前讨论记录》

《术前讨论记录》电脑自动生成的时间是 2019 年 2 月 18 日 15 时 13 分 24 秒，即其是手术结束之后才生成的。该记录显示医方工作人员在 2019 年 2 月 18 日 15 时 40 分，将"15∶13∶24"改为"09∶13∶24"，接着又将"09∶13∶24"改为"08∶13∶24"，并于 2019 年 2 月 18 日 15 时 40 分在该记录的"入院诊断"中增加了"5. 胃癌（可能）"。虽然就《术前讨论记录》，医方并没有提交给法院，是患方自行前往医方的电脑中拍摄出来并提交给法院的；但其存在本身客观上证明了，医方在事发当日存在为逃避责任、伪造病历资料的意图与行为。

5. 被代签的患者授权委托书

医方在手术前并没有要求患者签署授权委托书，术中患者出现大出血后，医方才拟定授权委托书，但此时患者已经不可能自己签署，医方便让患者的儿子即被委托人代患者本人签署授权委托书。此情形，也会被视为医方不诚信的表现。事实上，在患者无法表达自我意识的情形下，让患者近亲属直接签署有关医学文书即可。

6. 与客观事实不相符的医方庭审陈述

医方在 2019 年 9 月 6 日庭审时称,患者血常规异常且无法纠正。患方认为这一说法是错误的,其与鉴定专家的说法不一样,亦与现实不相符合。鉴定专家在 2020 年 11 月 11 日庭审中明确对凝血功能可以做一定的调整或者术前输适量的凝血因子;2018 年 12 月 27 日患者在河北 A 医院住院时血常规异常经治疗,均有明显好转。详见表 7:

表 7 患者前期凝血功能的调整

时间 项目	白细胞计数	血红蛋白	血小板计数
2018 年 12 月 27 日	4 (3.5~9.5 10^9/升)	92↓ (130~175 克/升)	59↓ (125~350 10^9/升)
2019 年 1 月 2 日	4.86 (3.5~9.5 10^9/升)	101↓ (130~175 克/升)	98↓ (125~350 10^9/升)

过去,神明裁判认为,说假话会引起神的愤怒;当下,事实证明,说假话易引起人的愤怒。面对医方存在的一些违反诚信行为,案例 1 中涉案患方对医方的信任渐渐丧失。人与人之间交往,由"信任"转为"不信任"很容易,而由"不信任"转为"信任"则很难。只有诚信才有可能构建信任关系,信任能降低人际交往的复杂性。医患双方出现信任危机后,求助于司法机制,其本质是基于对司法系统的信任。但因为医学的专业性,司法系统不得不求助于专家信任。在此意义上可以说,专家信任被认为是最后的保障,一旦患方对专家亦不信任,社会信任机制(包括调解机制、诉讼机制)的根基就会受到威胁。

事实上,案例 1 中裁判文书亦确认"医方在病历书写方面存在漏写、错写、加写、前后不一致"等违反病历书写规范的情形。无疑,"不规范"是书写形式问题,"篡改"则涉及内容伪造。从书写不规范,到内容伪造,从逻辑上看,确实还需要进一步举证与论证。应由谁来证明呢?患方认为从修改时间、内容本身进行证明,就应属完成了相应举证与论证,并认为从常理分析,医方有义务对自身行为作合理解释,否则应承担举证不能的责任。如果法院认定"篡改"成立,则至少应就篡改内容对应的医疗行为推定过错,并对过错医疗行为进行责任认定。而对"漏写、错写、加写、前后不一致"这些不规范情形是否能认定为"篡改"这一问题，案例1的判决书未做确认。在确定责任时，判决书也仅对不规范书写本身认定了"应承担相应责任"（同样没有具体的责任份额，仅是一种概括式的判定），对内容对应的相关医疗行为并没有进行过错推定，更没有进行责任认定。此时，患者的病情到底如何，相应的医疗行为到底是什么，都变得"扑朔迷离"。患方认为，如果有其他有效证据能还原病情及医疗行为，法院的认定是没有问题的；但是如果相应的病情及医疗行为难以还原，则法院应该推定过错。客观上，法院时常并不还原每一个医疗细节，而且单个医疗细节可以归属某大的类属如技术过错、伦理过错、管理过错等。无疑，有些细节确实无关紧要，但是有些细节可能正是评判对错的关键环节。不还原关键细节，可能会让一些关键环节隐没于整体轮廓中，并致使责任的认定仅顺从大体轮廓所导向的比例。最终法院正是依据河北省A、B医院的病历资料认定患者基础疾病严重、预后差、治疗难度大，与死亡后果之间具有因果关系，且具有较大原因力。与此同时，法院认为医方的种种过错，与患者死亡后果之间存在因果关系，应承担40%的责任，既非患方认为的80%的责任，也非轻微因素在司法实践常规下所对应的5%~15%的法律责任。[1]一审判决后，医患双方均未上诉，一定程度上反映了当事人对裁判结果的认可。判决生效后，卫生行政部门也介入了对医方过错问题的调查，对江苏C医院及相关责任人课予了警告与罚款处分。行政责任的

---

[1] 最高人民法院《关于审理医疗损害责任纠纷案件适用法律若干问题的解释》第12条规定："鉴定意见可以按照导致患者损害的全部原因、主要原因、同等原因、次要原因、轻微原因或者与患者损害无因果关系，表述诊疗行为或者医疗产品等造成患者损害的原因力大小。"对此，实践中通常的解读是：①完全原因，是指医疗过错行为对患者的损害起完全作用，即损害后果完全由医疗过错行为造成。完全原因参与程度的理论数值范围为96%~100%，理论参与均值为100%。②主要原因，是指医疗过错行为对患者的损害起主要作用，即损害后果主要由医疗过错行为造成，其他损害因素在损害后果中起次要作用。主要原因参与程度的理论数值范围为56%~95%，理论参与均值为75%。③同等原因，是指医疗过错行为与其他损害因素共同造成患者的损害后果，且医疗过错行为与其他损害因素在损害后果中所起作用基本相当，属同等作用。同等原因参与程度的理论数值范围为45%~55%，理论参与均值为50%。④次要原因，是指医疗过错行为对患者的损害起次要作用，即损害后果主要由其他损害因素造成。次要原因参与程度的理论数值范围为16%~44%，理论参与均值为30%。⑤轻微原因，是指医疗过错行为对患者的损害起轻微作用，即损害后果主要由其他损害因素造成。轻微原因参与程度的理论数值范围为5%~15%，理论参与均值为10%。⑥无因果关系，是指医疗过错行为对患者的损害没有作用，即损害后果完全由其他损害因素造成。无因果关系参与程度的理论数值范围为0~4%，理论参与均值为0。参见夏文涛、徐洪新、蒋士浩主编：《医疗损害鉴定技术指引》，科学出版社2020年版，第5~6页。

追究，让患方的诉求进一步获得了回应，也再次让医方引以为戒。

三、医患双方的偏好差异

医患纠纷很多问题出在，当事人认为自己的"需求"没有得到满足。这些需求中有些是客观需求，有些是个性化需求，但何为客观需求，何为个性化需求，很多时候难以有客观的评判标准。为阐述方便，笔者将这些需求统称为个人"偏好"。医患纠纷的预防与处理首先需要了解医患双方的偏好。对医疗纠纷诉讼进行过程跟踪，可以发现通过充分展示出的医患双方的诉求与理由，也能掌握到医患双方的一些偏好。

（一）患方的偏好

如果不了解患方的诉求包括但不限于医疗技术的诉求、物质诉求、情感诉求乃至内心世界的微妙需求，便无法全面洞悉患方的期待，在调整医患矛盾时，便会缺少针对性。但患方不是一个有组织化的职业群体，没有固定类型，所以对其偏好，我们无法一一列举，只能就当下医患问题，结合一般性的原理，做一些例证式的说明。

1. 安全、低价、舒适、便捷的就医需求

伤痛疾病，会影响个人健康、生命安全、资源财产、家庭安全、职业保障等方方面面。人体作为一个生物体，呼吸、水、食物、睡眠、生理平衡等机体的生物需求是其最基本、最初级、也是最具优势的需求。如果这些基本需求（除性以外）中的任何一项得不到保障与满足，则个人生理机能就难以正常运转，生命健康会受到威胁。生理保障的需要，一定意义上是个体"就医"的首要推动力。对个体而言，健康是其全面发展的基础，健康是其个人安全、家庭功能、社会功能得以实现的重要保障。

虽然个体是其身体健康的第一责任人，但是获得医疗保障仍是其重要合法权益。正如上文所述，医疗直接关乎人的健康及生死，不安全的医疗将不仅不能医治疾病与伤痛，反而会损害人的健康与生命。所以，对医疗的需求，首要的是安全可靠的医疗。其次，从常理而言，就近就医能节约时间成本，尤其是在需要急救的情形下，以最快的速度获得救治；同时也能节省经济成本，省掉路途费用。所以，患方希望就医便捷，避免就医困难。案例1中，患者不计空间距离成本，跨省治疗；也不计经济成本，就是为了寻求更安全的医疗行为。将其就近治疗与跨省治疗的费用进行对比，不难发现就近治疗

第三章　鉴定结论的公正性与科学性：矫正机制对交往机制的审视

的报销比例比跨省治疗高 20.9%，详见表 8。

表 8　医疗费用报销情况

地域	总费用	医保报销金额	患者自付金额	报销比例
就近医疗	21 892 元	14 987 元	6905 元	68.5%
跨省医疗	31 243 元	14 869 元	16 374 元	47.6%

事实上，任何一个社会主体，在其生命受到疾病威胁时，都会在自我能够承受的前提下寻求自我认为最安全的医疗。在安全已经保障或者没有差别的前提下，患者会寻求情感需求的满足，寻找舒适的就医环境、舒心的就医体验，希望得到足够的关心和照顾，这亦属于广义上的心理治疗。就近就医的同时，可享用安全的、高质量的、价格低的医疗服务，无疑能满足绝大多数患者的需求。但是，这样的需求往往依赖于医疗资源的配置、社会保障机制的完善、医疗水平的发展程度，这不仅受限于医生的医疗供给、患者家属的支持，还受限于工作单位、国家以及社会的支持。

2. 寻求优质医疗资源

通常而言，患者可以被假定为典型的"经济人"，他们追求低风险、低成本、高疗效、优体验。如果在其可承受的范围，其会在低风险、高疗效、低成本、优体验间作排序。为此，他们总是在挑医院、选医生，努力寻求经验丰富的医生救治。据统计，2019 年我国三级医院的数量（2749 个）仅占全国医院机构总数（34 354 个）的 8%，但其所承担的诊疗人次数（20.6 亿人次）却高达全国医院诊疗人次数（38.4 亿人次）的 54%。[1] 从医疗资源配置格局来看，这种偏好是值得体谅的。因为在很长一段时间，我国医疗资源被认为分配不均，优质人力资源、设备资源主要集中在大城市、大医院。事实上，社会很多领域都存在这一现象，更何况医疗是直接服务于人、关乎人的健康生死的重要领域，人多的地方必然需要更多的医疗资源。当然，如果资源足够多，无论人多人少，只要有人需要就能提供足够丰富的医疗资源加以保障，则医患矛盾或许不会那么凸显。但事实是，在一定时间内可供分配的

---

[1]《2019 年我国卫生健康事业发展统计公报》，载 http://www.gov.cn/guoqing/2021-04/09/content_5598657.htm，最后访问日期：2020 年 9 月 18 日。

医疗资源终究是有限的，需要按一定的比例标准进行分配。而且从竞争的角度看，大城市的大医院较之小城市的小医院有着绝对的优势地位，"今有良医于此，治十人而起九人，所以求之万也"。[1]

寻求优质医疗资源这一偏好的结果，便是扎堆就医。扎堆就医对于大多数患者而言，属于就医贵、就医难、就医体验差的一种就医模式。但即便如此，仍会有很多患者选择"扎堆就医"，其目的就是寻求更安全、更可靠的医疗服务。其实，扎堆就医这一现象在发展中国家具有一定的普遍性。通常而言，发展中国家的医疗服务体系是混合的，医疗机构的服务水平参差不齐。在此情形下，前往大医院扎堆就医正是患者的理性选择之一。对他们来说，集中了优势资源的大医院更有可能恢复其健康，即便未能如愿或出现差错，从事后处置的角度看，选择大医院也是经济的。因为在纠纷处理过程中，医疗水平通常被作为医疗过失认定的参考因素之一，甚至是过失判断的基本标准。[2]医院、医生水平越高，注意义务要求就越高，对患者就越有利。当然，"看病难，看病贵"、医疗侵权诉讼急剧上升等现象，与患者的这种经济人式的理性计算也是有关系的。因为，医院的门诊量越大，医患的交往基数越大。当患者的"扎堆"超出了这些医院的人力、物力的合理承受范围时，问题便会层出不穷，医患冲突也会不断产生。于是，现实中人们会见到这一吊诡的现象："医院的牌子越响、收费越高、参与治疗的医生名气越大、人数越多，医疗服务的质量就越低。"[3]下面的数据统计从一个侧面印证了上述说法即二级医院普遍比三级医院对医患关系的评价要高：在二级医院中，认为医患关系较好或很好的医务人员占33.3%；而在三级医院中，认为医患关系较好或很好的医务人员仅占26.6%。另外，调查显示，学历越高、水平越高的医生对医患关系的评价越低。形成这一现象的原因并不是高素质者反而缺乏宽容精神，而可能是由于高素质医生主要分布在三级医院，他们接触患者多，工作压力大。[4]与此同时，诸多基层医疗资源却存在被闲置的不合理现象。

---

〔1〕 吕不韦：《吕氏春秋》（卷二十一·开春论 察贤）。

〔2〕 参见张新宝：《中国医疗损害赔偿案件的过失认定》，载朱柏松等：《医疗过失举证责任之比较》，华中科技大学出版社2010年版，第74~75页。

〔3〕 参见［美］菲利普·朗曼：《最好的医疗模式：公立医院改革的美国版解决方案》，李玲等译，北京大学出版社2011年版，第172页。

〔4〕 参见梁艳超等：《北京市医患关系现状的医方因素及对策研究》，载《中国医院》2010年第1期。

第三章　鉴定结论的公正性与科学性：矫正机制对交往机制的审视

"扎堆就医"本是为了寻求更安全、更有效的医疗，但是如果"扎堆"过度，这种医疗反而会变得更不安全。为此，难免引发社会忧虑。而即便"扎堆就医"就医难就医贵、风险大，还是有很多患者前赴后继、在所不惜，因为医疗直接关乎其第一、第二需求即生理需求与安全需求。选择其不信任的医方，不仅危及第一、第二需求，在经济上也是高成本的，其可能需要更多、更久的医疗来纠正，甚至难以纠正。案例1中，在就近的医疗机构得到初步救治后，患者获得了选择医方的时间与机会，便会寻求自认为更可靠、更安全的医疗机构做进一步治疗。于是，"货比三家"的情形便出现了，患者千里迢迢前往江苏C医院就医，这在某种程度上正是患者"扎堆就医"的一个表现。

3. 追求对损失的最大化填补

案例1中，患者死亡，是疾病自身的原因？是医疗本身的风险？是过错医疗行为的存在？或者是三者中任二者的组合？或者是三者不同程度的共同作用之结果？组合中，各自比例分别是多少？而医方的责任存在与否以及大小，需要由过错医疗行为的存在与否以及其对损害后果参与度的大小来确定。这一问题，是法律问题，更是医学问题。医疗关乎生命健康，是一个严肃的事情。但医疗作为一个技术有限且风险较高的行业，有时会让患者对健康的期待落空。正常医疗风险所导致的健康期待落空，大多数人是能够而且不得不理解并接受的。但是如果患方发现其期待落空与医方的过错有关，则患方希望自己的损失能得到最大化的填补。

正如前文所述，以医疗事故损害赔偿能否适用民法领域人身损害赔偿标准问题为例，其经历了从否定到肯定、赔偿项目不断增多、赔偿金额不断上升的演变过程。

第一阶段：医方不予补偿。1964年1月18日起公布并施行的最高人民法院《关于处理医疗事故案件不应判给经济补偿问题的批复》明确，法院在处理医疗事故案件时，不宜判决医疗部门给予经济补偿。

第二阶段：医方给予一次性经济补偿。1987年6月29日国务院颁布并施行的《医疗事故处理办法》第18条规定确定为医疗事故的，可根据事故等级、情节和病员的情况给予一次性经济补偿。

第三阶段：适当限制性赔偿。2002年9月1日起施行的《医疗事故处理条例》第50条规定了医疗事故赔偿项目和标准，同年还出台了《医疗事故分级标准（试行）》以适用于医疗事故中的伤残鉴定。而2003年在1986年《民法通则》基础上出台的最高人民法院《关于审理人身损害赔偿案件适用法律若干问题的解释》，对人身损害赔偿项目与标准作了与《医疗事故处理条例》不完全一样的规定。其中差异最大并引发最大争议的是死亡赔偿金：①2001年3月10日起施行的最高人民法院《关于确定民事侵权精神损害赔偿责任若干问题的解释》第9条明确规定，死亡赔偿金属精神损害抚慰金。在此基础上，2002年9月1日起施行的《医疗事故处理条例》没有规定死亡赔偿金，而仅在第50条第11项规定了精神损害抚慰金，具体按照医疗事故发生地居民年平均生活费计算：造成患者死亡的，赔偿年限最长不超过6年；造成患者残疾的，赔偿年限最长不超过3年。但是②2004年5月1日起施行的最高人民法院《关于审理人身损害赔偿案件适用法律若干问题的解释》第31条将死亡赔偿金、残疾赔偿金均视为赔偿权利人的财产损失，与精神损害赔偿并存，并在第29条规定了远高于精神损害抚慰金的死亡赔偿金计算标准，"按照受诉法院所在地上一年度城镇居民人均可支配收入或者农村居民人均纯收入标准，按二十年计算。但六十周岁以上的，年龄每增加一岁减少一年；七十五周岁以上的，按五年计算"。由此，导致司法实践中就医疗事故赔偿案件处理差异大，有的判决依据《医疗事故处理条例》第50条第11项精神损害抚慰金，认为死亡赔偿金已包含其中；有的判决则认为此时的《医疗事故处理条例》在死亡赔偿金的规定方面产生了立法空白，应通过司法实践加以填补，故参照2004年5月1日起施行的最高人民法院《关于审理人身损害赔偿案件适用法律若干问题的解释》第29条，除了规定精神损害抚慰金，还支持死亡赔偿金。无疑，后者在客观上加重了医方的赔偿责任，有违适当限制赔偿规则。[1]

---

〔1〕 例如浙江省绍兴市中级人民法院［2010］浙绍民终字第1194号民事判决书。参见国家法官学院案例开发研究中心编：《中国法院2012年度案例：侵权赔偿纠纷》，中国法制出版社2012年版，第7~10页。

第三章 鉴定结论的公正性与科学性：矫正机制对交往机制的审视

表 9 《医疗事故处理条例》中的赔偿与民事领域中的赔偿差异比对

《医疗事故处理条例》第 50 条	最高人民法院《关于审理人身损害赔偿案件适用法律若干问题的解释》（2004 年 5 月 1 日施行）
（一）医疗费：按照医疗事故对患者造成的人身损害进行治疗所发生的医疗费用计算，凭据支付，但不包括原发病医疗费用。结案后确实需要继续治疗的，按照基本医疗费用支付。	第 19 条 医疗费根据医疗机构出具的医药费、住院费等收款凭证，结合病历和诊断证明等相关证据确定。赔偿义务人对治疗的必要性和合理性有异议的，应当承担相应的举证责任。 医疗费的赔偿数额，按照一审法庭辩论终结前实际发生的数额确定。器官功能恢复训练所必要的康复费、适当的整容费以及其他后续治疗费，赔偿权利人可以待实际发生后另行起诉。但根据医疗证明或者鉴定结论确定必然发生的费用，可以与已经发生的医疗费一并予以赔偿。
（二）误工费：患者有固定收入的，按照本人因误工减少的固定收入计算，对收入高于医疗事故发生地上一年度职工年平均工资 3 倍以上的，按照 3 倍计算；无固定收入的，按照医疗事故发生地上一年度职工年平均工资计算。	第 20 条 误工费根据受害人的误工时间和收入状况确定。 误工时间根据受害人接受治疗的医疗机构出具的证明确定。受害人因伤致残持续误工的，误工时间可以计算至定残日前一天。 受害人有固定收入的，误工费按照实际减少的收入计算。受害人无固定收入的，按照其最近三年的平均收入计算；受害人不能举证证明其最近三年的平均收入状况的，可以参照受诉法院所在地相同或者相近行业上一年度职工的平均工资计算。
（四）陪护费：患者住院期间需要专人陪护的，按照医疗事故发生地上一年度职工年平均工资计算。	第 21 条 护理费根据护理人员的收入状况和护理人数、护理期限确定。 护理人员有收入的，参照误工费的规定计算；护理人员没有收入或者雇佣护工的，参照当地护工从事同等级别护理的劳务报酬标准计算。护理人员原则上为一人，但医疗机构或者鉴定机构有明确意见的，可以参照确定护理人员人数。 护理期限应计算至受害人恢复生活自理能力时止。受害人因残疾不能恢复生活自理能力的，可以根据其年龄、健康状况等因素确定合理的护理期限，但最长不超过二十年。 受害人定残后的护理，应当根据其护理依赖程度并结合配制残疾辅助器具的情况确定护理级别。
（九）交通费：按照患者实际必需的交通费用计算，凭据支付。	第 22 条 交通费根据受害人及其必要的陪护人员因就医或者转院治疗实际发生的费用计算。交通费应当以正式票据为凭；有关凭据应当与就医地点、时间、人数、次数相符合。

续表

《医疗事故处理条例》第50条	最高人民法院《关于审理人身损害赔偿案件适用法律若干问题的解释》（2004年5月1日施行）
（三）住院伙食补助费：按照医疗事故发生地国家机关一般工作人员的出差伙食补助标准计算。 （十）住宿费：按照医疗事故发生地国家机关一般工作人员的出差住宿补助标准计算，凭据支付。	第23条 住院伙食补助费可以参照当地国家机关一般工作人员的出差伙食补助标准予以确定。 受害人确有必要到外地治疗，因客观原因不能住院，受害人本人及其陪护人员实际发生的住宿费和伙食费，其合理部分应予赔偿。
	第24条 营养费根据受害人伤残情况参照医疗机构的意见确定。
（五）残疾生活补助费：根据伤残等级，按照医疗事故发生地居民年平均生活费计算，自定残之月起最长赔偿30年；但是，60周岁以上的，不超过15年；70周岁以上的，不超过5年。	第25条 残疾赔偿金根据受害人丧失劳动能力程度或者伤残等级，按照受诉法院所在地上一年度城镇居民人均可支配收入或者农村居民人均纯收入标准，自定残之日起按二十年计算。但六十周岁以上的，年龄每增加一岁减少一年；七十五周岁以上的，按五年计算。 受害人因伤致残但实际收入没有减少，或者伤残等级较轻但造成职业妨害严重影响其劳动就业的，可以对残疾赔偿金作相应调整。
（六）残疾用具费：因残疾需要配置补偿功能器具的，凭医疗机构证明，按照普及型器具的费用计算。	第26条 残疾辅助器具费按照普通适用器具的合理费用标准计算。伤情有特殊需要的，可以参照辅助器具配制机构的意见确定相应的合理费用标准。 辅助器具的更换周期和赔偿期限参照配制机构的意见确定。
（七）丧葬费：按照医疗事故发生地规定的丧葬费补助标准计算。	第27条 丧葬费按照受诉法院所在地上一年度职工月平均工资标准，以六个月总额计算。
（八）被扶养人生活费：以死者生前或者残疾者丧失劳动能力前实际扶养且没有劳动能力的人为限，按照其户籍所在地或者居所地居民最低生活保障标准计算。对不满16周岁的，扶养到16周岁。对年满16周岁但无劳动能力的，扶养20年；但	第28条 被扶养人生活费根据扶养人丧失劳动能力程度，按照受诉法院所在地上一年度城镇居民人均消费性支出和农村居民人均年生活消费支出标准计算。被扶养人为未成年人的，计算至十八周岁；被扶养人无劳动能力又无其他生活来源的，计算二十年。但六十周岁以上的，年龄每增加一岁减少一年；七十五周岁以上的，按五年计算。

续表

《医疗事故处理条例》第50条	最高人民法院《关于审理人身损害赔偿案件适用法律若干问题的解释》（2004年5月1日施行）
是，60周岁以上的，不超过15年；70周岁以上的，不超过5年。	被扶养人是指受害人依法应当承担扶养义务的未成年人或者丧失劳动能力又无其他生活来源的成年近亲属。被扶养人还有其他扶养人的，赔偿义务人只赔偿受害人依法应当负担的部分。被扶养人有数人的，年赔偿总额累计不超过上一年度城镇居民人均消费性支出额或者农村居民人均年生活消费支出额。
（十一）精神损害抚慰金：按照医疗事故发生地居民年平均生活费计算。造成患者死亡的，赔偿年限最长不超过6年；造成患者残疾的，赔偿年限最长不超过3年。	第29条 死亡赔偿金按照受诉法院所在地上一年度城镇居民人均可支配收入或者农村居民人均纯收入标准，按二十年计算。但六十周岁以上的，年龄每增加一岁减少一年；七十五周岁以上的，按五年计算。
	第18条 受害人或者死者近亲属遭受精神损害，赔偿权利人向人民法院请求赔偿精神损害抚慰金的，适用《最高人民法院关于确定民事侵权精神损害赔偿责任若干问题的解释》予以确定。 精神损害抚慰金的请求权，不得让与或者继承。但赔偿义务人已经以书面方式承诺给予金钱赔偿，或者赔偿权利人已经向人民法院起诉的除外。

此外，2005年最高人民法院出台的、适用于人身损害伤残鉴定的《人体损伤残疾程度鉴定标准（试行）》，与2002年《医疗事故分级标准（试行）》亦存在差异。于是乎，在很长一段时间的司法实践中，医疗事故与一般的人身损害（包括非医疗事故医疗损害）核算标准存在差异，二者的伤残鉴定也存在差异，以此明示医疗事故的特殊性以及其背后医患关系的特殊性。换言之，同样的身体损害，二者在司法层面对伤残标准、赔偿项目与计算方法被区别对待。这种差异化对部分患方而言，是不公平的，似乎只要在行政责任追究程序中，无论医方最终是否承担行政责任，都将减轻医方民事赔偿的负担。不过，2010年施行的《侵权责任法》结束了这一问题的争议，其将医疗损害与医疗事故的民事赔偿完全统一了起来。事实上，类似问题能否按一般民事人身损害的标准赔偿受害方，仍一直困扰着刑事司法实践。犯罪行为虽与民事侵权行为竞合，但其导致的刑事责任和民事责任依法可以包容并存的理念与呼声也越来越深入人心和强烈。2021年3月1日起施行的最高人

民法院《关于适用〈中华人民共和国刑事诉讼法〉的解释》第175条再次明确，刑事诉讼程序中涉嫌犯罪的人身损害民事赔偿仅限于被害人因人身权利受到犯罪侵犯或者因财物被犯罪分子毁坏所遭受的物质损失，一般不包括精神损失，也不包括死亡赔偿金或残疾赔偿金，其往往低于一般人身损害民事赔偿。不过，在精神损害赔偿方面目前已有一些突破。[1]客观上，司法解释的出台，往往是对民众在维权过程中提出的诉求之回应，是医患双方无数次较量后的制度改变。而后，为患者权益救济的公平起见，相关回应可能从司法层面上升到正式的立法层面。

第四阶段：人身损害赔偿。2010年施行的《侵权责任法》将医疗损害包括医疗事故直接纳入了其调整范畴，于是医疗事故的赔偿项目与核算标准统一到了这部民事法律中。但直至2017年施行的《人体损伤致残程度分级》，才将医疗事故中的伤残鉴定与一般人身损害伤残鉴定中的人体损伤致残程度鉴定标准统一起来。当然，还有省份如江苏省对涉及医疗损害案件的伤残等级鉴定，并未统一适用《人体损伤致残程度分级》，而是仍采用2002年《医疗事故分级标准（试行）》[2]，但统一的大趋势已经确立[3]。

目前，根据《民法典》第1179条的明确规定，侵害他人人身健康的侵权人，应当赔偿受害方误工费，以及为治疗和康复所产生的合理费用，包括交

---

[1] 2021年3月1日起施行的最高人民法院《关于适用〈中华人民共和国刑事诉讼法〉的解释》第175条第2款规定："因受到犯罪侵犯，提起附带民事诉讼或者单独提起民事诉讼要求赔偿精神损失的，人民法院一般不予受理。"较之2012年该司法解释相关规定中的"不予受理"，增加了"一般"二字，为精神损害赔偿开辟了空间。对此条款内容精神，上海市早已在需要优先、特殊保护的防卫能力弱、自我修复和调节能力不足的未成年被害人案件中实现，表现为上海市法院首个在刑事附带民事案件中支持精神损害赔偿请求的案例。即2020年上海市宝山区人民检察院对牛某某涉嫌强奸案依法提起公诉并支持被害人提起刑事附带民事诉讼，被告人牛某某被判处有期徒刑10年，剥夺政治权利1年，一次性赔偿被害人精神抚慰金3万元。详见《最高检发布〈未成年人检察工作白皮书（2020）〉》，载https://www.spp.gov.cn/xwfbh/wsfbt/202106/t20210601_519930.shtml#2，最后访问日期：2022年8月6日。

[2] 江苏省高级人民法院《关于委托医疗损害鉴定案件有关问题的通知》（苏高法电[2017]728号）规定：在最高人民法院明确《人体损伤致残程度分级》的适用范围前，医疗损害鉴定案件涉及伤残等级评定的，仍参照适用《医疗事故分级标准（试行）》，并须在委托书中予以明确，写明"伤残等级参照《医疗事故分级标准（试行）》进行评定"。

[3] 如不统一，会给特定案件处理带来不公平的质疑，例如一已育妇女因医疗过错导致单侧乳房完全缺失，按照2002年《医疗事故分级标准（试行）》不构成伤残（该标准规定，未育妇女单侧乳腺缺失，属三级丙等医疗事故，八级伤残；已育妇女单侧乳腺缺失，则不构成伤残），而依据2017年《人体损伤致残程度分级》第5.8.3条，女性一侧乳房完全缺失；女性双侧乳房缺失或者毁损，累计范围相当于一侧乳房3/4以上，则构成八级伤残。

通费、医疗费、护理费、住院伙食补助费、营养费等；若造成受害方残疾，还应赔偿辅助器具费及残疾赔偿金；若造成受害方死亡的，还应当赔偿丧葬费与死亡赔偿金。事实上，正如上文所述，即便按照民事侵权的赔偿标准处理医疗损害纠纷，患方也往往还是认为不足以补偿其遭受的损失。因为法律层面所有量化的赔偿项目，都不等同于真实的损失。健康值多少钱？生命值多少钱？亲情值多少钱？时间值多少钱？这些都是难以物量化的项目。而在法律层面，损失只能通过一定方式、一定标准的量化、物化加以补偿或赔偿。法律上认定的损失，会被限定在一个"公平"的范围与标准内，其不等同于患方实际的损失。换言之，法律上对人身损害的救济，客观上仅是有限的损失填补，并主要转化为特定、量化后的经济补偿/赔偿，并不能填补权利人的实际损失。事实上，人身的价值难以确定，正是商业人身保险中人身损害不必遵循补偿原则而可以获得双份赔偿（一份来自保险人，一份来自侵权人）的重要事实依据[1]。而且，法律对赔偿划定了特定范围，并因受政策的影响，有些赔偿项目的金额在特定时期内还会在医患之间产生争议。

以死亡赔偿金在我国法律体系中的变化为例：①1987年1月1日开始施行的《民法通则》没有涉及死亡赔偿金的规定；②1992年1月1日开始施行的《道路交通事故处理办法》首次提出了死亡补偿费；③1993年9月1日开始施行的《产品质量法》规定了一个死亡抚恤费；④1994年1月1日起施行的《消费者权益保护法》第一次规定了死亡赔偿金；⑤1995年1月1日起施行的《国家赔偿法》明确了死亡赔偿金及其计算方法；⑥2001年3月10日开始施行的最高人民法院《关于确定民事侵权精神损害赔偿责任若干问题的解释》第9条明确规定，死亡赔偿金属精神损害抚慰金；⑦2002年9月1日开始施行的《医疗事故处理条例》第50条第11项规定了精神损害抚慰金的计算标准：按照医疗事故发生地居民年平均生活费计算，造成患者死亡的，赔偿年限最长不超过6年；造成患者残疾的，赔偿年限最长不超过3年；⑧2004年5月1日起施行的最高人民法院《关于审理人身损害赔偿案件适用法律若干问题的解释》第31条将死亡赔偿金、残疾赔偿金均视为赔偿权利人的财产损失，与

---

[1]《保险法》第46条规定："被保险人因第三者的行为而发生死亡、伤残或者疾病等保险事故的，保险人向被保险人或者受益人给付保险金后，不享有向第三者追偿的权利，但被保险人或者受益人仍有权向第三者请求赔偿。"

精神损害赔偿并存；[1]⑨2010年7月1日开始施行的《侵权责任法》明确将精神损害赔偿独立于死亡赔偿金、残疾赔偿金等之外，可同时主张；[2]⑩2021年1月1日起施行的《民法典》就死亡赔偿金，沿袭了原《侵权责任法》的法律定位。

另外，在演变为财产性损失后，死亡赔偿金具体数额的计算亦存在一个演变。①城乡差异。2004年5月1日起施行的最高人民法院《关于审理人身损害赔偿案件适用法律若干问题的解释》第29条规定："死亡赔偿金按照受诉法院所在地上一年度城镇居民人均可支配收入或者农村居民人均纯收入标准，按二十年计算。但六十周岁以上的，年龄每增加一岁减少一年；七十五周岁以上的，按五年计算。"依据该规定，居民的城乡身份差异，将导致死亡赔偿金差异颇大，同命不同价，引发的法律不平等争议较大。②城乡统一试点。为此，2019年8月26日，最高人民法院出台《关于授权开展人身损害赔偿标准城乡统一试点的通知》，授权各省、自治区、直辖市高级人民法院及新疆维吾尔自治区生产建设兵团分院根据各省具体情况在辖区内开展人身损害赔偿纠纷案件统一城乡居民赔偿标准试点工作。以江苏省为例，2020年3月20日江苏省高级人民法院印发的《关于开展人身损害赔偿标准城乡统一试点工作的实施方案》规定：死亡赔偿金按照上一年度江苏省居民人均可支配收入中工资性收入与经营净收入之和乘以全省平均负担系数的标准，计算20年。但60周岁以上的，年龄每增加一岁减少一年；75周岁以上的，按五年计算。被侵权人有被扶养人的，被扶养人生活费不再作为单独的赔偿项目，不影响赔偿总额，但需在残疾赔偿金或死亡赔偿金中列支，以保护被扶养人的生存权益。列支的被扶养人生活费根据被侵权人丧失劳动能力程度，按照上一年度江苏省居民人均消费性支出标准计算。被扶养人为未成年人的，计算至18周岁；被扶养人无劳动能力又无其他生活来源的，计算20年。但60周岁以上的，年龄每增加一岁减少一年；75周岁以上的，按5年计算。被扶养人有数人的，年赔偿总额累计不超过上一年度全省居民人均消费性支出额。这一规定，打破了城乡界限并使得赔偿金额不受被扶养人是否存在以及其人

---

〔1〕 参见杨立新：《从契约到身份的回归》，法律出版社2007年版，第306~307页。
〔2〕 参见庄洪胜、刘志新、吴立涛编著：《医疗纠纷侵权责任：损害鉴定与赔偿》，中国法制出版社2010年版，第176页、216页。

第三章　鉴定结论的公正性与科学性：矫正机制对交往机制的审视

数的影响。③城乡统一。2022年2月15日最高人民法院审判委员会第1864次会议通过、自2022年5月1日起施行的最高人民法院《关于审理人身损害赔偿案件适用法律若干问题的解释》明确，自2022年5月1日起发生的侵权行为引起的人身损害赔偿案件，残疾赔偿金、死亡赔偿金、被扶养人生活费等按照城镇居民的相应标准来计算，以实现城乡赔偿标准统一。

再以患方诉请医方道歉为例，原《侵权责任法》第18条明确，被侵权人死亡的，其近亲属有权请求侵权人承担侵权责任。其中，就精神损害赔偿，近亲属的请求权并未明确排除道歉之方式。[1]但对于患方诉请医方道歉之诉求，目前法院往往不予支持[2]，仅在部分案件予以支持。例如，案例29 浙江省温州市中级人民法院［2010］浙温民终字第1413号民事判决书指出：在判决医院支付精神损害抚慰金80 000元的前提下，还判决医院向患方出具书面道歉声明（道歉声明的内容须事先经原审法院审查，如被告在判决书确定的期限内不履行义务的，改由被告在《温州都市报》上刊登道歉声明，所需费用由被告承担）。再如，江苏省高级人民法院［2016］苏民申3516号民事裁定书指出：患者主张其因跌伤在医方治疗期间，医护人员存在用错药品、安排无资格人员从事诊疗等过错行为，致其人身造成损害，请求医方向患者书面公开道歉、提供规范的"出院记录"、涉案药品的检测报告、所有CT设备检查操作者的资格证、赔偿医疗费15 880.46元及相关损失费2473.8元。对此，法院认为，第一，医方在对患者进行治疗的过程中将他人的药品提供给患者使用，虽被及时发现而中止用药，但仍造成患者身体出现异常状况，侵害了患者的人身权。患者据此要求医方向其赔礼道歉，具有事实和法律依据，原审法院已经支持其该项诉讼请求，同时对道歉形式及必须具备的内容

---

[1] 全国人大常委会法制工作委员会民法室编：《中华人民共和国侵权责任法：条文说明、立法理由及相关规定》，北京大学出版社2010年版，第81页。

[2] 不支持的理由各式各样。例如，河南省南阳市中级人民法院［2014］南民一终字第00945号民事判决书认为：被告侵犯的是患者个人的生命健康权利，而不是原告的人格尊严或者人身自由，也未给原告造成市级以上区域范围内的不良影响，故对原告要求赔礼道歉的诉讼请求不予支持。四川省眉山市中级人民法院［2014］眉民终字453号民事判决书认为：在医疗过程中，医院存在过错行为，对患者的人格权造成了侵害，因已判决医院承担精神抚慰金，且医院的行为不具有故意，故而对患者要求赔礼道歉的诉讼请求不予支持。湖南省长沙市中级人民法院［2013］长中民一终字第02816号民事判决书认为：焦某乙的死亡并非中南大学湘雅二医院的故意行为导致，中南大学湘雅二医院的过错也未对马某和焦某甲的名誉或者荣誉等造成损害，马某和焦某甲请求判决中南大学湘雅二医院向其书面赔礼道歉，没有法律依据，原审法院不予支持。

予以明确。不难预料，随着患方对医方赔礼道歉诉请现实需求明朗化以及学术界对该诉求合理性论证的推进[1]，该诉求获得司法裁判支持的可能性将日渐增大。

总之，从患者的角度看，因为过错医疗行为造成的损害赔偿，必不可少，且应该尽可能大，人身伤害问题及赔偿具有重要的社会及经济意义。但是，过错医疗行为的损害、疾病本身的危害及医疗行为自身的风险，往往并存且不易区分。作为一个集中处理大量生老病死问题的主体，医方将面临极大的风险。每年几百万名患者在医疗中受损，将对医方以及社会提出极大的挑战。[2]事实上，很多时候社会没有足够的能力区分损害来源，而纠纷处理程序囿于自身的局限性可能导致对单个主体不公平的现象，如一些患者的损害或死亡应该得到赔偿却没有得到赔偿，或者不应该得到赔偿却得到了赔偿，或者较小的损失获得了过高的赔偿，或者较大的损失获得了过低的赔偿。如何构建一个尽可能公平且高效的损害赔偿体系，便成了医疗纠纷处理的重要目标。

此外，在资源配置难以充分保障的前提下，不同患者的需求之间也可能存在张力，患者与医方之间的需求也存在张力。患方追求生理的健康需求，进而会要求情感需求、尊重需求、并追求自我实现，其需求是从低到高的。而与此同时，医方最初是在追求自我实现、退而要求尊重需求，再退而要求情感需求，再退而要求安全需求，直至要求维护其身体健康的需求，其需求是从高到低的。一般而言，损害到自我实现的需求时，很少有人实行危害别人生命健康的举措。而自身的身体健康受到损害时，"以牙还牙、以眼还眼"的复仇模式便可能存在。但是医疗直接关乎个体生死健康，而且医疗本身就有风险性，稍有不慎就会伤及个体健康甚至生命。所以，当很多医务人员在呼吁身体健康、安全时，间接说明医患冲突演化到了一定程度。

4. 交涉性的纠纷解决

一般而言，医患之间一旦发生纠纷，选择何种方式化解矛盾，很大程度上取决于当事人的个体选择。然而，个体化的选择也并非杂乱无章，而是有

---

[1] 陈云良：《保护道歉规则在医疗纠纷中的确立与运用》，载《中外法学》2020年第6期。
[2] 参见［德］乌尔里希·马格努斯主编：《社会保障法对侵权法的影响》，李威娜译，中国法制出版社2012年版，导论第2页。

第三章　鉴定结论的公正性与科学性：矫正机制对交往机制的审视

规律可循的。以美国为例。美国是个大司法架构的国家。在大司法的架构下，美国的患者似乎应该选择司法裁判获得救济。然而，美国的实践表明，将医疗纠纷一概诉诸司法解决，并不能取得很好的效果。按照美国学者的话说，适用对抗制式的裁判方法，不能很好地实现其目标。有鉴于此，在美国，患者寻求调解结案的比例相对较高，而对抗制的诉讼模式却受到了一定程度的遏制。他们认为，只有如此才可能充分实现医疗侵权法的两个目标：第一，确保因医疗服务提供者玩忽行为导致的受害患者能获得合理赔偿；第二，对医疗服务玩忽职守行为参与者施以责任，以此来预防或制止不合格医疗服务行为。[1]

中国的情况，很多时候却正好相反。在医患关系出现乱象之际，正义的裁判对于医患关系的引导甚为重要。然而，患方往往倾向于选择制度内（甚至是制度外）的交涉方式，导致纠纷解决过程交涉性过度、规范性不够。此类解决模式的盛行，辅之以传统的"厌讼"法律文化的助推，使得制度性因素在医患矛盾解决中的重要性被削弱，医疗领域的纠纷解决变得更加困难。

"医闹"则可以被看作上述现象较为极端的形式。最初的医闹，只是患者及其家属到医院纠缠医务人员、医院管理者，要求医方拿出诚意、解决问题，后来慢慢发展成以采取拉横幅、扯标语等方式，诋毁医院及其医务人员的名誉，给医疗机构的工作造成负面影响。医闹行为，还会发展到采取暴力干涉医疗机构正常诊断秩序、封堵大门等违法行为。医闹这一社会现象，反映了某些患者及其家属只顾自己的愿望满足、不择手段的心态。如果政府相关部门不予干预，医闹的形式只会进一步升级，甚至会演变成为群体性事件。[2]遇有纠纷的患方不选择诉讼方式解决问题，转而以"闹"获取相对于医方的优势地位，在屡试不爽的情况下，获取主动性，便有可能渐渐成为患方的一种独特的偏好。过去这种"闹"最后往往会以"和解"方式了结。但是这是一种体制外的对抗，是以扰乱法律秩序、牺牲合法性作为社会成本的。从现实层面看，这种"闹"的代价同样是非常沉重的。如此形式的异议表达与诉

---

[1] Abramson M. Elliott, "The Medical Malpractice Imbroglio: A Non-Adversarial Suggestion", Vol. 78, *Kentucky Law Journal*, 1990, p. 293.

[2] 参见刘鑫：《医疗侵权纠纷处理机制重建——现行〈医疗事故处理条例〉评述》，中国人民公安大学出版社2010年版，第132页。

求给医方施加的压力，不仅仅限于特定医院和医生本身，还会以间接的方式波及其他的患者，其会质疑自己未采取"闹"的方式会不会"吃亏"。这种不良影响在一定程度上损害了医患双方的互信机制，阻碍了医患之间的良性互动，致使医患关系陷入恶性循环趋势。

（二）医方的偏好

医疗纠纷日益增多，医患关系紧张已然成为社会转型期的一项突出问题，同时也成为民众高度关注的社会矛盾之一。医疗暴力，更是以极端的形式，给医患关系抹上了悲剧、血腥、沉重、压抑的色调。暴力，作为一种古老、但又是人类文明孜孜以求予以消除的不满情绪宣泄与复仇之手段，一次又一次地由患方施加在医生身上。理想中应该怀抱期待与感恩之心的患方，何以对医务人员充满了仇恨，而且这种仇恨有时如此歇斯底里，不计后果？更为可怕的是，不少潜在患者甚至或许正是患者的"看客"，曾对这类暴力事件的出现"感到高兴"[1]。而且这种恶性事件，还远非孤案。医疗暴力，作为体制外的私力救济，是违法的，这将严重损害医务人员的就业体验。所以，在医患关系的改善中，提升患者的就医体验是重要的，而改善医生的就业体验也很重要，甚至直接影响到患者的就医体验。目前我们的很多改革都是根据患者的视角来展开的，但如果忽视或无视医务工作者的需求，这种改革就是有局限的。医疗工作关乎生死健康、人照顾人、人帮助人的问题，需要医务人员严肃、谨慎并带有责任感与使命感。让医务人员建立强大的使命感、宗旨、愿景、价值观，并让医务人员在工作中找到快乐、找到认同感，找到被关爱、被尊敬感，是非常重要、非常关键的。尽管医务人员是经过严格职业训练的，但并不意味着其没有个人情绪的存在。如果医务人员的就业体验不高、敬业不够，带着消极心态如沮丧、悲观、担心、防备、失落、紧张，则患者期待医务人员给予其最好的治疗、护理与关心的目标就可能会落空。也就是说，当医务人员带着负面情绪去医治患者时，即便其尽心尽力，患者对获得的就医体验评价也不会高，甚至存在不满与质疑，进而导致双方关系的恶性循环。为此，在医务人员关心患者时，其背后的组织如医疗机构、政府、社会必须也要有所行动，给予医务人员以支持、关心、鼓励，这一点再

---

[1] 参见《杀医惨案：反智催生暴力》，载 http://news.ifeng.com/opinion/special/shayi/，最后访问日期：2020年10月18日。

第三章　鉴定结论的公正性与科学性：矫正机制对交往机制的审视

怎么强调也不过分！[1]

医患关系的紧张，很多时候，是因为某一角色的扮演者偏离了其应有的行为模式，其基于偏好的行动超出了对方给予的角色期待，并致使对方不满。角色犹如社会规范，其目的在于使社会生活变得更加方便而有秩序。明晰的角色存在，方便了人们之间的交流。同时，针对人们可能的行为选择，角色能够发挥导引与限制作用，将事情简化，使人们的社会关系趋于理性化。医生的社会角色，正是在漫长的历史演进中，根据社会需求与患者的期待塑造出来的。因此，谈医患关系中的角色，需要重视患者一方的偏好。但是，由于每一个人都是潜在的患者，这意味着患者这一角色，除身患疾病外，没有固定类型，人性有多复杂，患者群体就有多复杂。这意味着，制度的设计，不能不考虑如何引导患者理性、科学地选择。不过，患者终究不是一个有组织化的职业群体，我们更应该分析医生这一社会角色拥有何种偏好，丧失信任后又该如何重获信任——这是化解医疗暴力无法绕开的议题。

参照早在1943年亚伯拉罕·马斯洛提出的需求层次理论，不难推断，患者在生病时，第一层次的需求即生理需求是第一位的；而在医患双方接触的初期，医方是在通过第三层需求即社交需求的满足，获取第四层需求即尊重需求，并最终实现第五层次的需求即自我实现需求。第三层需求的实现与否，会决定结果是否截然相反：成功了，其是更高需求的基础与阶梯；但如果失败，医方直接阻碍了患方的第一层需求与第二层需求即安全需求，进而可能阻碍患方第三层需求、第四层需求、第五层需求的满足，从而可能会引发患方强烈的不满。患方的强烈不满又可能让医方的第二层需求、第一层需求的满足遭遇威胁。但是，第一层需求、第二层需求的满足中有不少内容是国家法律所设定的人与人交往的基本底线，任何人超越这个底线威胁到或损害到他人的健康、安全，其行为都将招致法律的制裁。总之，只谈论患方的偏好，对医患关系的认识是片面的。当人们选择从A的角度看问题时，不能放弃从非A的角度看问题。因此，我们有必要从历史的视角考察医方曾有过甚至目前仍存在的偏好，这样的构思不是简单地求全责备，而是为了更准确地查找医患矛盾的乱源。

---

[1] 参见［美］保罗·斯皮格尔曼、布里特·巴雷特：《患者第二：改善医患关系之根本》，林贤聪译，电子工业出版社2017年版，第62、72页。

1. 家长主义作风

医疗行业从业人员的行为选择,往往受制于长期养成的职业习气。医生替病人做主的家长主义做派,是一种家长主义习气,会直接影响到医方的选择,以及医务人员的工作态度。这种家长主义的存在有个预设,即医生能够为患者作出最佳的利益判断。医患双方在医学专业知识方面的信息不对称[1],使得医疗人员往往认为,自己在患者利益判定方面明显要比患者自己更有权威[2],这在现实中是大量存在的。然而,除去医学本身的风险特性外,这一观念至少存在两个方面的疑问。

第一,医疗行为所关涉的不仅仅是患者在医学上的利益,还可能会涉及患者的其他利益,如信仰自由、追求某种生活方式的自由,等等。从这个角度看,在对生命健康以及其他相关权益的权衡上,患者显然比医生更有权威性。

第二,从资源分配的角度看,医生能否成为病人的最佳利益代表,存在不确定性。在今天的中国,江湖郎中、赤脚医生已经成为历史,医疗活动不仅涉及医生与患者,还与其他人、社会密切相关。医务人员在医疗活动中不仅要考虑患者当前的利益,还要考虑他人、集体乃至社会的利益。例如,在任何一家医院,稀缺药物的分配都是一个难题,面对众多患者的需求,医方究竟代表谁的利益,实际上是难以回答的。

即使我国《医疗纠纷预防和处理条例》第13条、《民法典》第1219条都明确了医方的告知义务,但或许是受医疗父权主义的影响(甚至成为医疗职业伦理义务的一部分),医方对于以上两点往往采取选择性遗忘的态度。医方的这种偏好在实践中引发不少医患纠纷,尊重患方知情同意权,已经上升到患方维权的法律高度。司法实践中常见的此类过错包括疾病诊断告知不充分、疾病治疗相关情况告知不充分、治疗中病情变化告知不充分、药物选择告知不充分、治疗方法告知不充分、手术方案告知不充分、出院医嘱告知不充分、

---

[1] 信息不对称理论是由诺贝尔经济学奖获得者詹姆斯·莫里斯和威廉·维克瑞在20世纪70年代提出来的,涉及在日常的经济生活中,由于某些人拥有另外一些人没有的信息,由此形成的交易关系和契约安排。张维迎:《博弈论与信息经济学》,上海三联书店、上海人民出版社1996年版,第43页。

[2] 参见肖健、严金海、吕群荣:《医学伦理决策中的道德原则冲突及其排序》,载《中国医学伦理学》2010年第2期。

第三章　鉴定结论的公正性与科学性：矫正机制对交往机制的审视

药物副作用告知不充分、手术知情同意书告知不充分、特殊检查风险告知不充分、转诊风险告知不充分、放弃治疗风险告知不充分，等等。〔1〕总之，在实际工作中，强调患者知情同意权的主要目的在于，通过医疗机构及其医务人员相应告知义务的履行，使患者在了解自己将要面临的风险、付出的代价和可能取得的收益的基础上自由作出选择，从而维护患者的利益、预防纠纷的发生。

2. 行业信息不透明

部分医生在执业过程中，对于本专业内的基本医疗信息不屑于向患者解释，或有意对信息作保密，给患者以"讳莫如深"的印象。在 2002 年 9 月 1 日《医疗事故处理条例》实施之前，患方无法直接从医方处复印病历资料，就曾是一个典型的例证。从微观层面看，这种"讳莫如深"造成了很大的难题，会直接导致医患之间的交往机制失灵。在日常的诊疗活动中，由于缺乏医学常识，很多患者对手术前签字的医学术语不明了，医师的解释并不到位，签署知情同意书反倒成了医师自我保护的手段，成为所谓的"守法的装饰"，而丧失了立法的原意即有效、充分的沟通与尊重。其实，不只是医生个体，整个医疗行业都必须调整自己在信息管理方面的偏好，以一种开放的姿态面对公众，否则公众便有可能对整个医疗行业抱有偏见。从宏观层面看，基本医疗信息的维护、公开是行业规制必须进行的基础性工作。就世界范围内来说，每个发展中国家在改进医疗服务提供的规制机制时，都有它自己的优先次序。然而，在改进规制机制的第一阶段通常要做的是同一件事——收集行业信息、职业人以及私人行为者将扮演角色的信息，确立医疗政策制定者、私人部门和诸如服务者协会、社区协会等有代表性机构之间的对话机制。

一般而言，医方不重视信息的透明公开，不改变自己在信息管理方面的旧有偏好，对此原因可能是多方面的，绝不会只是出于知识性的垄断与傲慢，行业利益的驱动往往是更为重要的因素。"傲慢"加上"自利"，后果是极其严重的，不仅仅影响到行业的规制，还影响事后的纠纷解决，让患方认为医方在利用专业知识自我保护、掩盖过失。

以医疗事故鉴定机制为例。我国《医疗事故处理办法》自 1987 年诞生之初，就曾经引起法律界的极大争论。在很长一段时间，司法实践中的法官认

---

〔1〕 参见夏文涛、徐洪新、蒋士浩主编：《医疗损害鉴定技术指引》，科学出版社 2020 年版，第 78~79 页。

为,按照这种处理机制无法实现公正,其中的一个重要原因就是,医疗事故技术鉴定机构设定和鉴定机制被认为不合理。如果以获取真实医疗信息为目标的鉴定机制不能公正运行,那么依照《医疗事故处理办法》(已失效)得出的医疗事故技术鉴定能否作为医疗侵权民事处理的定案依据,当事人对医疗事故处理鉴定不服,可否申请其他鉴定机构鉴定及是否可以起诉医疗事故技术鉴定委员会等,便成为不容回避的问题[1]。如果不允许,有失公允的事后矫正似乎难以避免。所以,虽然目前行政责任追究中的医疗事故仍仅限于医学会的鉴定,但自 2018 年 10 月 1 日起施行的《医疗纠纷预防和处理条例》第 34 条已明确规定,医学会和司法鉴定机构均有权接受委托从事医疗损害鉴定以追究民事责任。

3. 物质利益需求

社会责任大、工作量大、个人成长压力大、工作时间特殊的医疗行业工作模式,使得医务人员个人生活质量整体较差,其需要获得相应的补偿或待遇。另有一些特殊问题,如果以偏好论之,可能招致非难,比如收取"红包""药品回扣"等行为。从世界范围看,医疗机构因有着广泛的公共和私人资源,被认为是许多国家最腐败的部门之一。[2]客观上看,这些问题的出现确有一些现实原因:过去特定时期,基层医疗行业整体素质有待提高,患者就诊困难,优质医疗资源稀缺,病人自然会"送红包"为自己争取优质医疗资源。北京课题组的调查曾表明,当被问及"您认为患者送红包的主要情况是"时,18.8%的患者认为是医生主动要的[3]。这个数据说明大部分红包是患者主动送的,但该数据同时也说明当时红包现象已经严重影响到了医疗行业风气,加剧了医患关系的紧张。这是调查得来的数据,未被公开的可能会更多。对此,从学术的角度看,如果简单地以"违法犯罪"一言以蔽之可能欠准确。

---

〔1〕 参见刘鑫:《医疗侵权纠纷处理机制重建——现行〈医疗事故处理条例〉评述》,中国人民公安大学出版社 2010 年版,第 132 页。

〔2〕 Magnus Lindelow, Inna kushnarova, and KaiKaiser, "Measuring Corruption in the Health Sector: What We Can Learn from public expenditure tracking and service delivery survery in Developing countries", in Transparency International, *Global Corruption Report* 2006: *Corruption and Health*, Berlin: Transparency International, 2006, pp. 29~33, 转引自〔美〕劳伦斯·O. 戈斯廷:《全球卫生法》,翟宏丽、张立新主译,中国政法大学出版社 2016 年版。

〔3〕 参见梁艳超:《北京市医患关系现状的医方因素及对策研究》,载《中国医院》2010 年第 1 期。

第三章 鉴定结论的公正性与科学性：矫正机制对交往机制的审视

这已经不是简单的违法乱纪问题了，当整个行业都弥漫着这种风气，那就说明制度环境有问题了。

其实自18世纪以来，医疗行业随着时代的发展越发呈现出专业化的趋向，角色偏好也随之变化。而与之相平行的，还有另外一条线索，那就是医疗服务费用的支付问题。随着资本进入各个行业，医疗服务的市场化运作已经成为一种不可回避的方式。于是在很多场合下医生具备双重身份：一方面是诊断、治疗方案的决策者，另一方面是缺乏医学专业知识的患者在医疗服务交易中的代理人。这种双重身份会给医生带来极大的特权，同时其双重身份对于患者所构成的威胁可能是灾难性的。双重代理人的身份给规制带来的难题，在过去是难以想象的。事实上，当医生与国家、社会、社区、医药公司、保险公司等机构和组织的关联度越来越高，其双重身份问题就会越突出，并引发包括规制者在内的社会各界的高度关注与疑虑。

4. 技术追求

当前人们在研究医患关系的时候，都会很自然地发现：在技术主义思潮的影响下，医学界所有的问题都试图在生物学中求得答案。确实，现代医学的发展离不开科学技术的进步。随着实验科学的兴起，医生的观念、工作方式不断发生变化，而正是在这一变化过程中，医生和患者之间的关系也发生了微妙的改变，患者对于医生的角色期待逐渐有所调整。甚至在患者看来，高明的医生与杰出的科学家并没有什么不同，他们只是岗位不同罢了。由此，医生对自己的定位也在发生变化。18世纪，医生的命运和行医的方式，都随着医学科学的进步而发生了深刻的变化。医生巩固了他们在科学上的地位，整个医疗界基于知识的积累产生了一系列的偏好，引起患者乃至社会各个方面的不满。即便如此，职业医生还是乐于坚持从自己的专业立场看问题。为了改善医患关系，对社会角色的新偏好进行大规模的改变是必要的。如果规制者不能及时地采取有效的行动，医方就可能自己采取行动，引发新的医患矛盾。特别是当患者在体制之外采取集体行动时——不管是秘密的还是公开的，医患关系就会因此僵化到极点。

历史告诉人们，医学救治能力需要不断提高，医学与科学技术如有任何脱离，必然对医疗行业有害。从这个意义上讲，实验科学在医学中的大量使用是一种进步的体现。但是，从医患关系角度看，另一个极端的出现则未必是幸事，甚至是值得警惕的：现实中，有时医生过分信赖实验结果而忽视临床现象的重要性,诊疗结果完全根据实验室的报告并以此决定自己的行动,而不注意有关病人的疾痛感受的材料。但一个真正高明的医生不应该只重视实验报告,在这一点上现代医生应该回到希波克拉底的观点上来:在病人床旁,仔细观察病人所处的环境,并仔细观察病人。所以,希波克拉底提倡的这种重视临床的精神绝对不能被轻视,一个高明的医师势必会精明地、客观地审视来自两方面的材料。虽然现代社会崇尚理性,医学知识和技术被认为是现代医疗保健系统的保证,但一个谨慎的医生应该懂得,没有一种试验报告能替代综合性临床意见。只重视冷冰冰的实验数据,这也绝不是患者所期待的。

5. 依赖医疗资源保障

正如上文所说,一般情况下,医务人员的生理需求、安全需求、情感需求是有保障的,很多时候其是在追求尊重与自我实现的需求。但如果与患者的关系没有处理好,医务人员的生理需求、安全需求便会遭到危及,直接回到最基本的需求满足中。作为低级别的需求,安全需求(Safety needs)包括生活稳定、人身安全、免遭疾痛等。医务人员若是工作压力大、强度大,同样也会陷入第一层次需求的追求中,对此一般激励措施为改善劳动条件、增加工资、给予更多的业余时间、提高福利待遇等。在医疗资源保障不到位的情形下,医疗与经济利益挂钩,创收、收益、任务就不可避免地成为医疗行业的重要话题。但有些需求,在一方看来是基本需求,因客观条件不满足,在另一方看来可能就是不合理的偏好。例如,某一患者因"左乳胀痛"前往某医院就诊,其怀疑是恶性肿瘤,要求住院治疗。医方根据患者的年龄(27岁)、患者主诉症状、体格检查结果、乳腺B超诊断即双乳腺增生与左乳腺低回声区(BI-RADS 3类),诊断为乳腺炎,予以对症药物治疗并嘱其半年B超复查,但未安排其住院,并称所有病床已经住满,真正的乳腺癌患者都没办法住院。但是,两个月后,该患者在另一医院被诊断出乳腺癌。患方因此以医方延误治疗为由,提起医疗损害赔偿诉讼。

可见,医生的偏好除去个人因素外,更重要的是环境的产物。处在不同环境下,当事人会有不同的偏好,安全保障、专业进步、收入增加、地位提升等需求在不同的环境中,位阶是有差异的。评定何方的何种偏好偏离客观需求以及如何评定?应采取何种方式加以有效引导、限制与约束?似乎都是难题。《基本医疗卫生与健康促进法》第51条第1款明确将医务人员的角色定位为,弘扬敬佑生命、救死扶伤、甘于奉献、大爱无疆,遵守行业规范,恪守医德，努力提高专业水平和服务质量的专业人员。但在不同时期、不同角色介入（医生、医方）的情形下，医务人员会形成不同的偏好，有些偏好可能与法定的角色定位不一致。但是，无论基于什么原因，任何偏离医务人员法定角色的偏好，以及因该偏好所产生的片面角色固化、片面角色目标预设，有时只会让医务人员故步自封。而且无论如何，随着社会的发展，仍有一些基本的共识不会改变，例如安全、医疗公益性等。事实上，在任何一组关系中，只要有一方不满意，另一方必然会受到影响，因为关系中的双方是相互的，夫妻关系、师生关系、雇佣关系、医患关系、亲子关系、情侣关系，概莫能外。医患关系中，无论是医方不满意还是患方不满意，都会影响到对方。就医院而言，不仅要提升患者的就医体验、提高医疗质量，还要提升医疗工作者的工作体验。我国医生的安全问题，随着一个个伤医、杀医案件的出现，变成了一个亟须高度重视的问题，需要调动立法资源、财政资源等加以解决。丧失安全感的医务工作人员士气低落，会直接影响其工作的敬业度。正如美国学者保罗·斯皮格尔曼、布里特·巴雷特在其《患者第二：改善医患关系之根本》中所强调的，没有较高敬业度的医务人员为患者提供更好的医疗服务与治疗护理，患者的就医体验将会下降。在此意义上可以说，提升医务人员敬业度第一，患者第二。[1]而患者的就医体验一旦下降，又会出现新的不满，从而引发新的矛盾。

此外，在一个人因生病而进行医疗护理决策时，成本有时是次要因素，尤其是当人们有赖以依靠的第三方支付者的存在如社会保险机构或商业保险公司时；质量很重要，确保质量需要最好的基础设施、最具有崇高使命感的医生、最棒的医疗护理服务团队。患者在决策时，希望占据主动权，注重谁能提供最好的医疗服务，希望以此获得良好的医疗结果。当患者生病时，需要真正关心他、在乎其感受的医务人员，他们希望得到最好的治疗和护理。而如果医护人员不敬业，是很难满足患者的这些需求的。今天的患者更加精明、也更容易获得医院、医务人员信息；今天的患者已经拥有了更多的选择余地，也有了选择的权利。[2]为了改善医方与患方的互动，医方需要考虑财

---

[1] 参见［美］保罗·斯皮格尔曼、布里特·巴雷特：《患者第二：改善医患关系之根本》，林贤聪译，电子工业出版社2017年版，第9页。

[2] 参见［美］保罗·斯皮格尔曼、布里特·巴雷特：《患者第二：改善医患关系之根本》，林贤聪译，电子工业出版社2017年版，第12~14页。

务结果，毕竟没有哪个国家可以完全忽视财务结果。对于医务人员而言，财务业绩应是一个滞后指标[1]；但是对于整个医患关系的规制而言，却是须被纳入的一个先行指标。"兵马未动，粮草先行"的道理，对医疗领域而言，同样适用。

毋庸置疑，如果忽略因为社会原因造成的主观偏好，实际上是一种不人道的表现，更是一种逃避责任的做法。在转型社会中，政策与规范决定着人们的行动目标与偏好，成为社会生活中塑造个体的重要力量。[2]现代社会重视人性尊严的价值，就如何实现人性尊严的价值这个问题，即便可能有不同的答案，但有一点却是肯定的，即人性尊严价值的实现离不开一个个主观偏好的满足。但是，需要明确的是，满足偏好，特别是满足那些主观个性很强的偏好，绝非目的而只是手段。这一点，对于医患双方而言也不应有例外。因此，当我们严格按照上述意义去使用"偏好"这个概念，并强调应该满足它们的时候，便有可能对人们的行为产生某种误导效应。现实中，任何一个人在交易或交往中都不能只顾自己的偏好、不管对方的意志。相应地，满足医患双方的偏好，需要尊重彼此的意愿。

（三）医患偏好之协调

医患双方的"外露偏好"能够得到尊重，方有可能建立和谐且富有效率的医患关系。反之，医患双方的偏好如果得不到起码的尊重，尤其是医生不能正确对待患者的偏好，便可能形成紧张之势。但是，即便穷尽所有的社会资源，满足医患双方的所有偏好仍是不可能的，而且一味地迎合超出理性标准的偏好，只会造成更加混乱的局面。因此，从法政策学视角看，医患关系规制的目标，不是满足医患双方的所有偏好，而是使医患双方的偏好趋于理性化，即理性选择才是医患关系规制的目标。这个目标的实现，时常不得不对非理性的选择课以法律责任。这一规制目标可以借助角色理论得以阐明，并通过制度化的方式得以表达，最终再以具体的规范适用加以实现。因此，规范是医患关系规制的重要手段，合理的规范将会对矛盾的消解具有重要的引导作用，而失当的规范则可能会是问题激化的催生剂，甚至是某些矛盾的根源所在。

---

[1] 参见［美］保罗·斯皮格尔曼、布里特·巴雷特：《患者第二：改善医患关系之根本》，林贤聪译，电子工业出版社2017年版，第120页。

[2] Sven Steinmo, "The New Institutionalism", in Barry Clark and Joe Foweraker eds., *The Ency-clope-dia of Democratic Thought*, London: Routlege, 2001, p. 27.

第三章　鉴定结论的公正性与科学性：矫正机制对交往机制的审视

法律与政策的难点就在于，医患双方的偏好都有一定的合理性，都希望被尊重，但是制度设计时却时常不得不取舍，或至少要选择双方各自的存在比例以共存。对于那些合乎客观需要的偏好，有必要整合社会资源认真对待并加以满足；反之，如果规制者觉得某些偏好从某个角度看并不合乎客观需要，则需要对其加以适当的限制与约束，从而使医患双方在"守分"的范畴内满足对方的角色期待。在一个权利主张日益盛行甚至有时泛滥的年代，对后者从一定意义上予以考虑是角色规制的重点与难点。作为两个有着不同偏好的个体，或者两个有着不同偏好的群体，医患双方要和谐共处，这是发展医疗卫生服务事业的重要目标之一。然而，这一目标显然不能够通过医患双方各自坚持自我的偏好来实现，而必须通过理性选择来实现，而且这种理性选择一定是制度性的，绝对不能仅仅将希望寄托在主体自身的内省上。患者知情同意权、技术规范、诚信等均是协调医患双方偏好冲突的重要机制。

进入诊疗阶段，理想的医患关系应该是一种相互信赖、合作而富有成效的关系。这并不是对人类某个时段医患关系的描述，而是高于现实、为人类所追求并据以评价医患关系的标尺。现实中，各国越发重视从信息资源的分享入手，建立一种相互信赖、合作而富有成效的医患关系。1990年，美国颁布《患者自我决定法》。而为保障患者自我决定权的有效落实，医患沟通的重要性便更加凸显。1991年，由7名来自加拿大和美国的学者联名发表《多伦多医患沟通宣言》。因在1991年教学领域对医患沟通的研究尚未形成体系化的标准，这份报告为相关的教学与研究提供了一个话语空间。进一步地，1996年在英国、1998年在荷兰的阿姆斯特丹分别召开了相关的会议，并发布宣言，号召就医患的沟通伦理与技巧等方面的问题作深入的教学研究。1999年5月在美国密歇根州的卡拉马佐，由拜耳研究所和费泽尔研究所邀请的代表北美地区医患沟通最高研究水准的几十名专家学者，召开了主题为"医学教育中的医患沟通"会议，并发表了会议宣言[1]。

在传统日常诊疗活动中，医生往往处于主动的支配地位，而患者处于被动地位，该医患关系通常被界定为主动-被动型。这种医患关系类型背后其实存在一种典型的、朴素的预设：医生始终依照其伦理义务扮演着患者守护神

---

[1] 古津贤、李大钦主编：《多学科视角下的医患关系研究》，天津人民出版社2009年版，第54~55页。

的角色、替患者着想，会依照专业训练为患者作出最好的医疗决定，而患者所要做的仅是遵从医生之指示。[1]这种模式，往往被认为是医疗父权主义模式。[2]不过，推行医疗父权主义是有条件的：第一，医疗技术足以应对现实的需要；第二，相应的医疗手段在具体的医疗过程中能够被合道德地使用。但是，医疗科学有时具有侵害性，并非万能；医生行业虽已极具人道主义伦理，[3]但并非所有医生均是"圣贤"，医生的德行并非总是非常适当。于是，法律父爱主义作为一种新的理念进入人们的视野。法律出于对患者的弱势地位的考虑，试图对医患关系进行干预。从理论上而言，法律父爱主义强调医方应尊重患方的自我决定权，对"强制、虚假信息、兴奋或冲动、被遮蔽的判断，推理能力不成熟或欠缺的结果进行限制和干预"[4]。

综上，医患关系存在三种模式即"理想模式""医疗父权主义模式""法律父爱主义模式"。其一，理想模式。既尊重患者的自主，又重视医生权威的树立，但其绝非任何历史上的特定关系类型，只是我们据以评判现状的标准。[5]其二，"医疗父权主义模式"。在患者偏好日渐受到重视、权利意识高涨的当下，该模式的正当性已经受到挑战。其三，"法律父爱主义模式"。但需引起重视的是，"法律父爱主义模式"的医疗实践不能只将法律作为唯一的评判标准，不能忽视"医疗父权主义模式"的合理性，更不能忽略凭借"理想模式"对医患关系作出的评判。针对诊疗过程中，知情同意权有时被视为医方避险工具之现实操作，有必要对此作观念的更新，改变以知情同意书为诊疗措施正当化手段的做法，而应该重视程序模式对于信息资源配置的作用，将

---

[1] 参见赵西巨：《医事法研究》，法律出版社2008年版，第56页。

[2] 陈树林、李凌江：《知情同意中病人自主权和传统医疗父权的冲突》，载《医学与哲学》2003年第6期。

[3] 《希波克拉底誓言》称"行医的唯一目的是为病人谋幸福""尽我们最大的能力去进行判断，最大限度地提出对患者有利的治疗方法，绝不采用明知对患者有害的方法""我们的一生都要坚持对医学纯粹的、神圣的理想，来施展我们的医术"。此类宣誓性的话语所针对的是背德的医疗行为。参见卢启华等主编：《医学伦理学》（第2版），华中理工大学出版社1999年版，第323页；另参见[日] 植木哲：《医疗法律学》，冷罗生等译，法律出版社2006年版，第133页。

[4] Joel Feinberg, "Legal Paternalism", in Paternalism. Rolf Sartorius ed, University of Minneaplois Press, 1983, pp. 3~7, 转引自孙笑侠、郭春镇：《美国的法律家长主义理论与实践》，载《法律科学（西北政法学院学报）》2005年第6期。

[5] 我们之所以能够对后面两种关系作出评判，是因为在我们心中有一个更为理想的关系模型作为标准。

知情同意视作一种预防与沟通机制，并且在沟通技术上投以更多的关切。

四、鉴定结论对审判结果的影响

2020年7月31日起施行的最高人民法院《关于统一法律适用加强类案检索的指导意见（试行）》明确要求，人民法院办理案件就特定情形应当进行类案检索。所谓类案，即已经人民法院裁判生效的，且在基本事实、争议焦点、法律适用问题等方面与待决案件具有相似性的案件。同案同判，对统一法律适用、提升司法公信力，具有重要意义。反之，如果法院对相似甚至相同的案件，没有作出相当或相同的判决结果，则属"同案不同判"，极易引起部分当事人的不满。在司法实践中伴随着"同案不同判"现象的存在，医疗损害责任纠纷案件也概莫能外。较之普通类型案件裁判，医疗损害责任纠纷案件的特殊性在于，争议事实具有极强的医学专业特性，缺乏医学专业知识的法律人难以独立作出正确判断。因此，医学专业权威的判断被顺理成章地引入裁判过程中。通常而言，医学专家权威判断的引入，目的是保障案件事实认定的科学性，进而保障裁判结果的公正性。所以，其对于最终的司法裁判结果具有关键性甚至决定性意义。但对相似的医疗损害纠纷，法院在实际案件审理中作出的判决却存在较大差异；即使法院所委托的鉴定部门作出了相似的医学判断，这种差异依旧很大。考虑到法官具有一定限度的自由裁量权，个案因其特有的事实或情况会影响裁判结果，这些差异产生的原因仍有待考量[1]。

（一）案例选择

医疗纠纷案件因涉及医学专业性而具有其特殊复杂性，对医疗纠纷"同案不同判"问题进行研究有多种选择路径。选择合适的案例是研究的第一步，其对分析医疗损害赔偿案件"同案不同判"现象有一定影响。在此，作为本书研究的"同案"设定条件如下：第一，诉讼标的种类相同或相似，即均是请求医疗损害或医疗事故损害赔偿纠纷案件。第二，由南京市两级法院审理。第三，适用法律相同。鉴于医疗纠纷处理法律适用中曾出现的二元化情形

---

[1] 需要说明的是，以南京市"原因力为轻微因素"案件为考量对象的基础工作，由笔者与华烨同学于2018年共同完成。恰巧，同样发生的江苏省的案例1所涉的鉴定原因力的判断，亦是轻微因素。虽然有一个时间差，但该调研对预测案例1的审判仍具有一定参考价值。

（自2010年7月1日起各级法院所受理的医疗纠纷案件才统一适用原《侵权责任法》）一定程度上会影响审判，故所选案件为原《侵权责任法》适用之后的案件。第四，案件涉及"医方存在过错，与患方损害有因果关系，原因力为轻微因素"或相似的判断意见。

以上述条件为基础，以法院地域为"南京市"、关键词为"医疗损害"和"轻微因素"等作为检索条件（检索日期为2018年7月11日），从"中国裁判文书网"检索出已公布的南京市内法院作出的生效裁判文书共105篇，再从中筛选出符合同案要求的案件，即案件涉及原因力须为轻微因素。[1]另外，增加部分筛查标准：排除案件为非侵权之诉；撤回起诉后重新起诉及移送管辖等情形，只算后一案件；一审案件与二审案件同时出现，视为同一案件并计以二审案件；再审案件未改判的，不另行计数。最终，检索获得82例案件。以下将以这些案件为研究对象进行统计分析，结合案情研究医疗纠纷"同案不同判"的相关问题。

（二）案件整体概况

1. 案件受理情况

（1）案件区域分布情况。根据此次筛选条件确定的案件共涉及12所法院，其中包括南京市中级人民法院和鼓楼区、秦淮区、玄武区、栖霞区、六合区、建邺区、雨花台区、江宁区、溧水区、高淳区等11个区基层人民法院（需说明的是浦口区的案件因上诉，已计在南京市中级人民法院名下，如表10所示）。根据预设条件筛选出的82例案件中，其中约61%为一审案件，共50例；约39%为二审案件，共32例。在二审案件中，医方单独上诉的案件为8例，患方单独上诉的案件为13例，医患双方均上诉的案件为11例。需要再次说明的是，本书研究中鉴于研究样本中的再审案件是基于一审或二审而来，且案件均未改判，故未将再审案件独立计数，而将其归入一审或二审案件中。

表10 案件区域分布统计

法院	中院	鼓楼	秦淮	玄武	栖霞	六合	建邺	雨花	江宁	溧水	高淳
数量	32例	31例	8例	2例	2例	2例	1例	1例	1例	1例	1例

---

[1] 参见陈杭平：《论"同案不同判"的产生与识别》，载《当代法学》2012年第5期。

不难看出,案件分布在各基层医院且数量有差异,这与南京地区医院的分布情况有关。鼓楼区医院数量尤其三级医院数量居各区首位,鼓楼区三级医院共12家,约占全市三级医院27家的45%(统计时间截至2018年2月28日,未含部队医疗机构)[1],在鼓楼区内医院就医的人数也随之较多。参考2019年的相关数据发现,鼓楼区总诊疗人次、住院人数、住院病人手术人次数均较多,分别占全市的27%、37%、40%;此外,南京市未出院人数为14 014人(1 883 190人-1 869 176人),鼓楼区未出院人数为3877人(701 567人-697 690人)(未出院人数约占全市的28%)。具体数据,如表11所示[2]。而根据我国分级诊疗规划,三甲医院重点诊疗急危重症和疑难复杂疾病,而在这些疾病的诊疗过程中更易引发纠纷,再加上"扎堆就医"现象的存在,所以鼓楼区医疗纠纷数量也会较多。另外,一般医疗损害赔偿案件的管辖法院为医方所在地法院即医院所在地法院,因此鼓楼区法院受理医疗损害赔偿案件数量最多,便在所难免。

表11 就诊人数分布

	总诊疗人次	入院人数	出院人数	住院病人手术人次数	平均每百门、急诊人次入院数
南京市	92 895 208人	1 883 190人	1 869 176人	729 104人	2.3人
鼓楼区	25 165 477人	701 567人	697 690人	291 720人	3人

(2)案件年份分布情况。在分析立案年份时,至少要考虑以下因素:第一,公布在裁判文书网上的案件均需已审结;第二,由于医疗纠纷案件案情复杂,一般需要专业机构进行医疗事故或医疗损害鉴定,案件审理时间较长,从立案到审结很可能要跨年份;第三,除例外情况,根据2010年最高人民法院印发《关于人民法院在互联网公布裁判文书的规定》的规定"人民法院的生效裁判文书可以在互联网公布",直到最高人民法院在2013年11月21日公布新的《关于人民法院在互联网公布裁判文书的规定》才明确规定从2014

---

[1] 参见 https://www.pinlue.com/article/2018/03/3013/005929562033.html,最后访问日期:2020年10月20日。

[2] 相关数据来源参见 http://wjw.nanjing.gov.cn/njswshjhsywyh/202009/t20200915_2406398.html; http://wjw.nanjing.gov.cn/njswshjhsywyh/202009/t20200915_2406284.html,最后访问日期:2020年10月20日。

年 1 月 1 日起"人民法院的生效裁判文书应当在互联网公布"。当然，并非所有案件都会上传互联网，考虑隐私等问题，特定案件是不上传的。由于上述种种原因，本书所筛选案件的立案年份分布呈梭状，如表12所示。

表 12 立案年份统计

立案年份	2013 年	2014 年	2015 年	2016 年	2017 年	2018 年
案件数量	13 例	8 例	26 例	24 例	10 例	1 例

2. 医疗鉴定意见情况

因涉及医学专业性问题，医学的不确定性让医疗纠纷案件变得复杂。就医疗过程中的诸多细节，医患双方可能看法不一。医患双方差异性的说辞，对没有医学知识背景的法官而言，均具有迷惑性。专家鉴定的介入协助，很多时候成为医疗纠纷案件不得已的必然选择。所选的 82 件案件中，仅涉及一次鉴定的案件共 31 例，约占案件总数的 38%；涉及二次鉴定的案件共 50 例，约占案件总数的 61%；未经委托进行鉴定的案件仅有 1 例，其是法院经审理直接认定医疗行为存在过错，过错与患方的损害后果存在因果关系，且原因力为轻微。未经鉴定的案件即[2014]鼓民初字第 4997 号民事判决书：医患双方均未申请司法鉴定，法院结合案件事实、专业理论要求和行业规范作出判断认为，医方行为与患方的损害后果之间存在一定因果关系，原因力大小为轻微因素，判决医方的责任比例为 15%。此案虽未经专业鉴定，但对其有责的判决结果，医患双方均未提起上诉。

上述存在鉴定意见的 81 例案件中，存在三种不同情形：①63 例案件（约占案件总数的 78%）：根据鉴定意见，法院认定医方原因力大小为轻微因素。下文将重点分析此类案件，其又可分为三类情况：第一类案件，共 28 例：仅涉及一次鉴定，且鉴定意见为轻微因素，医患双方对鉴定意见均无争议，法院将鉴定意见认定为案件事实依据之一。第二类案件，共 20 例：涉及两次鉴定，且鉴定意见均为轻微因素，法院将鉴定意见认定为案件事实依据之一。第三类案件，共 15 例：涉及两次鉴定，且两次鉴定意见存在差异，首次鉴定意见认为医方无过错或无因果关系但第二次鉴定意见认定为轻微因素，最后法院将第二次鉴定意见认定为案件事实依据之一。②15 例案件（约占案件总数的 17%）：根据鉴定意见，法院认定原因力大小为非轻微因素，并据此作出裁判。此类案件，又可分为两类情况：第一类案件，有 13 例：法院先后委托两个以上鉴定机构作出鉴定，一次鉴定意见为存在因果关系且原因力为轻微因素，另一次鉴定意见改变了之前的轻微因素原因力大小的判断结论，最终法院将较大原因力的鉴定意见作为认定事实的依据之一。第二类案件，有 2 例：鉴定专家组的专家无法形成统一意见，少数专家意见为原因力为轻微因素，多数专家意见为原因力为次要因素，法院最后根据多数专家意见确定医疗过错行为的原因力为次要因素。③3 例案件（约占案件总数的 5%）：法院未按鉴定意见判决，且较之鉴定意见，较重地认定了医方的赔偿责任，理由要么是不认同鉴定意见，要么是基于其他证据认为需要加重医方责任。

3. 案件判决情况

在选择查看案件判决情况中，比较分析案件赔偿比例而非赔偿具体金额，对医疗损害赔偿案件而言具有一定的合理性。首先，各案案情形态各异，具体赔偿金额不仅受因果关系的影响，还受案情其他因素如医疗费的差异、误工费的差异、三期（误工期、护理期、营养期）差异、损害后果的严重程度差异等因素影响。为有效避免因案件具体案情不同所造成的赔偿数额的差异，选择比较"同案"赔偿比例，能较为清晰、合理地分析案件判决是否"一致"，即可以将其作为判断案件是否属于"同案同判"的一个标准。

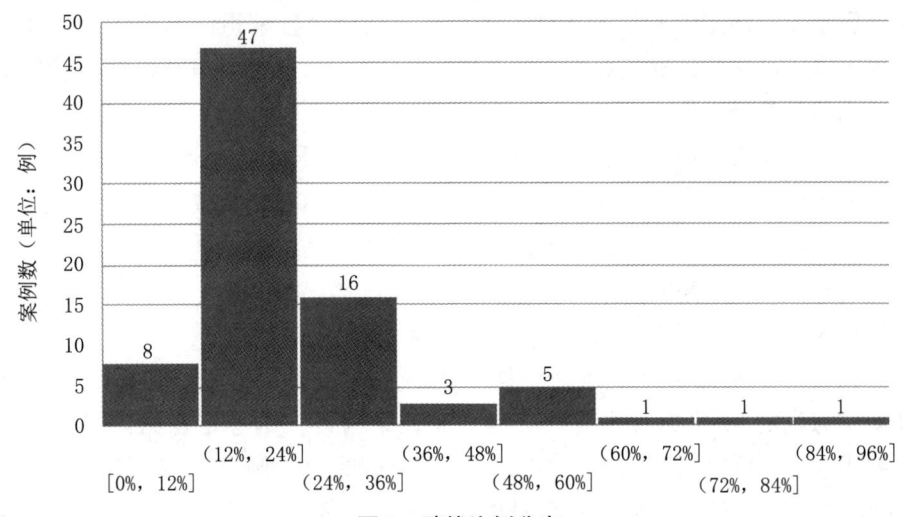

图 8　赔偿比例分布

比较分析所选案件，可以发现，法院判决医方赔偿比例最低的是"无需承担赔偿责任"即0%的赔偿责任，判决医方承担的最高赔偿比例为85%，大多数案件判决医方承担的赔偿比例是15%，医方承担赔偿责任的平均比例为24%。此外，所选案件中法院判决患方所获的精神损害赔偿额也同样存在差异：最低精神损害赔偿金额为0元，最高精神损害赔偿金额为50 000元（此金额为江苏省一般侵权人承担全责案件中的精神损害赔偿金额），平均精神损害赔偿金额为16 020.12元，大多数案件的精神损害赔偿金额为10 000元。还需要说明一个现象：在32例二审案件中，二审改判的案件有7例，改判率约为22%；且所有改判案件均提高了医方的赔偿比例，其中部分案件还提高了医方的精神损害赔偿金额。

综合分析图8数据，不难发现绝大多数案件中医方的赔偿责任比例在10%～30%之间，一定程度上可以认定属较广意义上的"同案同判"。但即使如此，也不能忽视少数个案间的巨大差距，赔偿最高比例（85%）与最低比例（0%）之间的情况，属普通人难以接受的差距。需要说明的是，0%的赔偿责任比例案件即［2016］苏01民终4071号中，并非在认定了医方存在轻微因素的前提下判处0%的责任，而是一审鉴定医方不存在过错，一审法院认为不应赔偿；二审鉴定医方存在轻微因素，二审法院判处医方承担15%的赔偿责任。不难设想，如果该案没有上诉、没有进行再次鉴定，就意味着本应由医方承担轻微因素责任的案件，法院没有判处医方承担任何责任，这对患方而言是不公平的。这类案件是存在的，所以将0%作为本书研究中一审案件判决赔偿的最低比例。

从这个意义上而言，在本书所选的案件中，"同案不同判"现象十分突出。故整体而言，在医疗损害纠纷诉讼中，"同案不同判"现象明显，而其是何种原因导致的，需要结合个案具体分析讨论。

（三）案件具体分析

1. 依据法院是否认同鉴定意见情况分析

（1）鉴定意见为"非轻微因素"，法院认同原因力较重的鉴定意见。存在鉴定意见的81例案件中，有4类"非轻微因素"的鉴定意见，共13例：主要因素（1例）、同等因素（4例）、次要因素（7例）、不存在因果关系（1例）。无一例外，只要鉴定意见中存在较重的责任因素判断，法官往往会就"重"避"轻"。其中前三类，因涉及案件的裁判事实没有依据轻微因素的专家意见，故不是本书的重点研究对象。鉴于本书预设的案件搜索条件为"原因力大小为轻微因素"，不难推断，"非轻微因素"鉴定意见的出现往往需要涉及两次以上鉴定，且存在"非轻微因素"与"轻微因素"两种鉴定意见。例如，在［2016］苏01民终7775号中，南京医学会的鉴定意见为"医方存在医疗过错，与患者死亡存在一定因果关系，原因力为轻微因素"，但江苏省医学会的鉴定意见为"医方诊治过程中的过错行为与患者死亡有一定因果关系，原因力大小为次要因素"。故原审法院认为"医院工作人员存在对病情的严重性认识不足，处置不够及时，特别是转院告知履行不到位的过错，一定程度上影响了患者得到更好医疗救治的机会，并与患者病情继续恶化、最终死亡有一定因果关系，医方应对此承担25%的责任"。不难发现，只要存在鉴定专家的意见支持，法院最后会选择认同原因力较重的鉴定意见。换言之，当出现轻重差异的鉴定结论时，法院往往会选择对患方有利的鉴定结论，而非对医方有利的鉴定结论。

（2）在较重责任鉴定意见基础之上，法院判决再加重医方责任。存在鉴定意见的81例案件中，有3例法院未依据鉴定意见进行裁判。这种情形不能简单认定为法院否定了鉴定意见所认定的原因力大小，实际情况是法院基于鉴定意见中确认的医方过错，再结合案件其他具体情形，作出了加重医方法律责任的判决。正如上文所述，医疗纠纷案件往往案情复杂，涉及许多医学专业领域内的证据。一般情况下，法院须根据当事人申请甚至依职权委托相关专业鉴定机构给出鉴定意见，当医患双方对鉴定意见均无异议时，法院往往会将该鉴定意见作为认定案件事实的重要依据。对于法院判决排除鉴定意见的3例案件，单从形式上分析，似乎已经存在背离"同案同判"情形。但根据2002年4月1日开始实施的最高人民法院《关于民事诉讼证据的若干规定》第71条之规定，即"人民法院委托鉴定部门作出的鉴定结论，当事人没有足以反驳的相反证据和理由的，可以认定其证明力"，不难推断，法院排除鉴定意见缘于当事人有足以反驳该鉴定意见的证据或理由。

第一例案件即［2015］宁民终字第4091号：虽然江苏省医学会作出的鉴定意见建议医方承担的责任大小为轻微因素，但是法院在综合考量医院的医疗条件、医疗水准、医疗过错程度及与患者之子死亡的因果关系的情况后，认定医院负次要责任并承担35%的赔偿责任。法院提升医院责任的理由是医院并没有尽到合理谨慎义务，医院作为三甲医院应该具备符合其专业要求且不低于行业一般水平的医学知识和技能，应当高度重视和评估各项高危因素、及时发现异常、严格按照规范使用药品，加强事前预防和事中处置，从而尽可能地减少风险。该案增强三甲医院的责任，虽一定程度上属于同案不同判，但为高水平的医院敲响了警钟，要求其应提高对患者生命健康权益的重视和保护；同时对不同等级的医院提出了不同要求，本身就符合社会现实，体现着个案的正义。

第二例案件即[2016]苏01民终6938号：案件中的两个鉴定意见分别为轻微因素和无因果关系，法院一般情况下会按照较重责任进行责任的认定，但法院采用的是在较重责任基础之上再加重医方责任。法院认为两级医学会的鉴定意见均认定医方在医疗过程中存在一定过错，但所出具的鉴定意见对于医院过错的认定并不全面，故对其是否存在因果关系，以及参与度的鉴定意见不予采信。法院认为患者损害后果产生的根本原因是术后可以预见但难以避免的并发症，"但卫生部之所以根据手术的难易程度制定手术分级目录，对不同级别的医疗机构进行不同的手术分级管理，明确各级医院对手术医师进行准入权限管理，正是为了确保每个患者能够在符合相应等级的医疗机构接受符合具备相应手术权限的医生的手术治疗，确保手术质量和安全。如果医疗机构违反手术分级制度的规定对患者进行治疗，即使术式选择准确，手术操作符合规范，也不能排除会对患者的手术效果产生不利后果，相应不利的法律后果应该由医方承担"；同时综合医院在保障患者知情权方面的不足、病历书写的不规范、会诊程序不规范等问题，最后认定医方的原因力为次要因素，对患者损失承担30%的责任。

第三例案件即[2014]鼓民初字第2175号中，共有三个鉴定意见，南京医学会作出的"轻微因素"，江苏省医学会作出的"次要因素"，司法鉴定科学技术研究所司法鉴定中心作出的"同等因素"。法院认为医院的过错行为与损害后果之间存在因果关系，其原因力大致相当于自身疾病参与度。另外，法院认为医方篡改病历的行为虽然在全案关于因果关系以及原因力的查明及判断上影响不大，但根据原《侵权责任法》第58条的立法目的，应当根据过错程度调增责任比例至70%。可见，在基于鉴定意见的基础上，鉴于医方还存在其他虽不一定造成损害结果的违规行为，法院认为有必要让医方承担更重的赔偿责任。

（3）鉴定意见认定轻微因素，法院认同其原因力判断，但赔偿比例在各

第三章 鉴定结论的公正性与科学性：矫正机制对交往机制的审视

案间存在较大差异。鉴定意见认定，医方存在医疗过错，医疗过错与患方损害后果间存在因果关系，原因力大小为轻微因素。法院认同该轻微因素的鉴定意见，并依此作出判决。这类案件一共有 63 例，几乎完全符合预设的"同案"的要求，是本书研究的主要研究对象。司法实践中，作为轻微因素时，建议医疗过错的理论参考值范围为 5% 至 15%，理论参考均值为 10%。[1]但即使完全是在"同案"情形下作出的判决中，医方的赔偿责任存在各种差异性比例：最低赔偿比例为 10%，最高赔偿比例为 85%，平均赔偿比例为 20%，大多数案件的赔偿比例为 20%。

根据鉴定次数与鉴定意见差异，这 63 例案件又可分为三类。第一类 28 例判决，即仅一次鉴定、鉴定意见为轻微因素且双方均无异议。此类案件中，医方的赔偿比例最低为 10%，最高为 30%。一定意义上可以认定，此类案件间的差异没有超出合理范围，基本符合"同案同判"要求。第二类 20 例判决，存在两次鉴定且鉴定意见均为轻微因素。法院根据鉴定意见，判决医方的赔偿比例为最高 85%，最低 10%，某种意义上明显属于"同案不同判"情形。第三类 15 例判决，存在两次鉴定且两次鉴定意见存在差异，第一次鉴定为无过错或无因果关系，第二次鉴定为轻微因素。此类案件中，法院判决医方赔偿的比例为最高 50%，最低 10%。最高比例的存在明显意味着"同案不同判"情形的存在。不难推断，多次鉴定且不同意见并存时，往往会呈现"同案不同判"情形。下面结合三个具体案情分析造成不同判的原因：

第一例案件即 [2016] 苏 0106 民初 5870 号中，有两个鉴定意见，意见均为"原因力为轻微因素"。而法院认为鉴定机构的"鉴定意见是对事实因果关系和原因力的判断，其中对医疗过错及因果关系的分析较一般证据更具证明力和采信力，但法律上因果关系的判断以及责任比例的划分，要根据医方的过错性质、程度以及患者损伤的严重程度等事实进行综合考量。医方在新生儿出生时的任何一点疏失都可能会造成患儿及其家庭的终生缺憾"。最后，法院酌定医方承担 40% 的赔偿责任。此案法院虽然认同鉴定意见，但是考虑到患方的损害程度以及患方损害对其家庭的影响，酌定加大了医方的赔偿比例。

---

[1] 参见夏文涛、徐洪新、蒋士浩主编：《医疗损害鉴定技术指引》，科学出版社 2020 年版，第 308 页。

第二例案件即［2014］苏审三民申字第0703号中，有两个鉴定意见，意见均为"原因力为轻微因素"。一审法院判决医院按60%的比例赔偿，二审法院改判医院按85%的比例赔偿，且均未在判决书中写清合理的裁判理由。尤其二审法院作出改判判决，并未写明"改"的理由，仅简单认定"一审判决认定事实清楚，但责任比例划分不当，依法应确定医院对患者损害后果承担85%民事赔偿责任，并对具体赔偿款作出调整"。对于本案鉴定意见为轻微因素，法院判决医方承担一般为主要责任者承担的责任比例的情况，法院应作出合理解释，这不仅是为了让医方信服，也是为了让其他阅读判决书的人不轻易认为法院滥用职权、区别对待双方当事人。

第三例案件即［2015］宁民终字第681号中，南京医学会作出的鉴定意见为"医方在术前检查方面有不完善之处，但与患者死亡不存在因果关系"，江苏省医学会的鉴定意见为"与患者死亡有因果关系，原因力大小为轻微因素"。法院认为"江苏省医学会的鉴定意见是对事实因果关系和原因力的判断，其中对医疗过错及因果关系的分析较一般证据更具证明力和采信力，但法律上因果关系的判断则涉及责任关系认定及责任程序的划分。原审法院认定部分事实有误，判决不当"，并认为医方手术前的准备不足，并未充分考虑疾病可能性而采取切除手术，忽视了手术的危险性，对患者的死亡应承担过错责任，同时患者自身的疾病及身体状况也是其死亡的原因，故将赔偿比例从25%改判为50%。此案中，法院虽然采纳了鉴定意见，但认为医方需要对患方承担更多的赔偿责任。

从个案中可以看出，法院未做到同案同判，甚至即使认同鉴定意见，仍会加大对弱势一方即患方的保护。而且，所有改判案件中均存在患方上诉情形，且部分案件说理不清，容易让法院遭遇有意偏袒患方的嫌疑。从长远角度来看，如果没有充分的说理，"同案不同判"会破坏裁判的公正性，会对司法的权威性产生一定的不利影响，还可能加深医患矛盾。在实践中，较之医方，患方确实处于弱势地位，相关法律规范在立法时均考虑这一现实，并设立了保护患方的条款。但法院在实践中应时刻秉持公正的理念，不能因医方的优势地位而肆意偏袒患方，尤其在改判案件中，法院判决增加医方赔偿责任比例时，应在判决书中详细载明改判的理由，以获取判决公信力。所以，就法治与裁判而言，超过司法实践中的参考值范围时，判决书的司法论证意义重大。

2. 依据案件其他情况展开分析

（1）依据患方损害结果情况展开分析。按照患方损害结果情况，可粗略分为"不构成损害""伤残"和"死亡"三类。其中，18 例患者伤残案件中，医方所承担的赔偿比例最低为 10%，最高为 85%，平均为 24%；43 例患者死亡案件中，医方所承担的赔偿比例最低 10%，最高为 50%，平均为 19%。通过这些案件不难看出，患者伤残案件的赔偿比例要高于患者死亡案件的赔偿比例，对此可以通过案例分析找到其中某些原因。

影响伤残案件赔偿比例高于死亡案件的因素有很多。第一，对赔偿金的计算方法不同。计算的患方损失一般包括医疗费、误工费、住院伙食补助、营养费、交通费、护理费、鉴定费、被扶养人生活费、精神损害抚慰金等，这是两者都具有的赔偿项目；若为伤残则还包括残疾赔偿金、残疾用具费和残疾生活补助费，若为死亡则存在丧葬费和死亡赔偿金等。丧葬费和死亡赔偿金是固定的，而且死亡赔偿金数额较大，致使患者损失总金额较高。以 2020 年江苏省为例，死亡赔偿金＝（上一年度全省居民人均工资性收入＋上一年度全省居民人均经营净收入）×上一年度全省平均负担系数×20 年（60 周岁以上的，年龄每增加一岁减少一年；75 周岁以上的，按 5 年计算），即（23 836＋5 636）×20×1.78＝1 049 203.2 元。在此高总额的基础上，法官认定赔偿比例往往会比较保守。而伤残赔偿金有可能因日后的生活情况、疾病状况变化而增加，而且对预期可能发生的损失生效裁判往往未作处理，需患者在因同一医疗行为所致的新损失发生后，再另案提起民事赔偿诉讼，如有些案件中因为患者尚在治疗未能作伤残鉴定，其现有实际产生的损失金额（如医疗费、误工费、营养费、交通住宿费）较为有限，甚至在这种情形法官会让当事人就精神损害抚慰金也要等伤残鉴定出来后再主张，从而使得在当下案件处理过程中法官支持的赔偿金额总值有限。在此基础上判定责任比例时，法官会基于判决金额的合理化而有意无意提高责任比例。第二，患者的自身原因。实际案件中死亡的患者多为年老体衰者，而且死亡结果一定程度上受其疾病自身转化的影响，而致残案件中的患者年龄分布广泛，二者年龄分布的差异或许也是其比例差异存在的重要原因之一。第三，法院可能基于对医疗损害致残患者的同情，认为对医方过错行为造成的损害于情于理均应加大赔偿力度，所以会出现伤残案件的判赔比例高于死亡案件的情形。可见，法官在论证过程中，不可避免地会考虑受害者个体的差异性，考虑当事人的生活经历、身心、社会状况和实际需求。[1]

（2）依据精神损害赔偿计算方法进行分析。正如上文所述，在同案案件的情形下，医方承担的精神损害赔偿额最低为0元，最高为50 000元，大多数案件为10 000元。除了金额差异外，在确定适用精神损害抚慰金后，不同法院对精神损害赔偿金数额确定的方式有时不同（计算方式的差异本身也会导致金额差异）：部分法院采用的是将确定的精神损害赔偿金额乘以判决赔偿比例来进行计算；部分法院采用的是将精神损害抚慰金单独计算，不按物质性赔偿的比例进行计算。司法实践中，精神损害赔偿计算方法没有统一，缘于立法中未将该计算方法统一。虽然相关司法解释明确，医疗机构因过错医疗行为给患者造成严重精神损害，患者有权要求医方承担相应的精神损害赔偿责任，但就精神损害赔偿具体数额的计算方法，未予明确规定。为此，因裁判者对精神损害赔偿认识不一，且存在较大的自由裁量权，"同案不同判"情形的出现，就在所难免了。

（四）"同案不同判"的现实基础

通常，法学被认为是一项关乎价值判断的科学，并无科学性；而医学被认为是自然学科，具有科学性。但在医事裁判中，裁判者无法回避法律学科难以自足的问题，必须求教于医学，才能做到既坚持裁判论证过程在法律上的融贯性，又能够合理地吸收医学领域的专业知识，进而相对准确地判断医疗纠纷中的是非曲直。委托专业鉴定机构作出鉴定意见，在法学和医学之间搭建起一座桥梁，即使法官不懂医学也能根据鉴定意见一定程度地了解医疗损害中存在的法律要件。所以某种程度上可以说，法官根据鉴定意见作出裁判，会让裁判更有说服力，因其符合价值判决的同时兼顾科学性。

本书研究仅以"医方存在医疗过错、医疗过错与患者损害存在因果关系、原因力为轻微因素"为预设条件进行探讨分析，难以准确地判断案件迥异不同的判决孰是孰非。但其中所存在的从0%到85%的比例差距，与民众期待的"同案同判"存在一定距离，并有可能影响到法院裁判的公信力。而且，较大差距也可能会导致医患矛盾加深：当法院判决医方承担较重赔偿责任时，医

---

〔1〕 Ch. Perelman, "Proof in Philosophy", *52 Hibbert Journal*, 1954, p.225, cited from Julius Ston 额, supra note 89, p.331, 转引自陈林林：《裁判的进路与方法——司法论证理论导论》，中国政法大学出版社2007年版，第40页。

方不满；当法院判决医方承担较轻赔偿责任时，患方不满。本书研究中，医方的上诉请求均未被采纳的同时，对于部分案件二审法院依据患方上诉意见改判增加医方的赔偿责任（增加比例均在10%以上，甚至高达25%）。这种现象，难免容易引发医方对裁判公正性的质疑。

结合具体的案情分析可以看出，造成医疗损害纠纷个案间的"同案不同判"有如下因素：第一，医院的水平。若医院是高水平的三甲综合医院，法院会默认医方应该尽到更高的注意义务，对过错需要承担更多的责任。第二，医方是否违规。一般情况下，医院因为过失行为给患者造成损害结果，行为与损害之间有因果关系，法院会按鉴定意见给出的责任比例进行责任分配。但是若医方出现违规操作，如违规书写病历、违反分级制度等，则即使鉴定专家认为医方的违规操作与损害结果之间没有必然的因果关系，法院也可能会增加医方的赔偿比例、惩罚医方的违规行为，这也符合相关法律对医院设立的特殊要求。医方的医疗过错行为不可逆转，其对患者生命健康造成的损害难以具体量化，且赔偿责任的目的不仅在于弥补患者伤残、死亡的损失，亦在于通过制裁侵权行为进一步规范医方的诊疗行为。第三，患方的损害后果情况。不同患者的身体、年龄、生活环境等个性因素，会影响到法官的裁量。而且大部分情况下法院都会同情作为弱势群体的患方，尤其是患者为幼儿时，或者造成患者伤残影响正常生活时，更是会加强对患者的保护，出现明显偏向患方的现象。第四，法官自由裁量权的存在。法院审判工作的依据具有多元性及不确定性，司法实践必然允许法官在法律规定的范围内自由裁量。看似明确的法律规范及司法解释，在实际适用中，会受法官个体的认知背景、知识框架、价值评价及经验等因素影响，导致不同法官对案件事实的不同认定、法律适用的差异、对法律精神的不同理解，进而出现"同案不同判"现象。[1]

对医疗损害"同案不同判"问题的审判实例分析，反映出诉讼中医疗纠纷的难点。调查发现，有理由的差异往往是可以接受的；但缺乏充分说理的同案不同判，则可能对医患关系和司法公正权威产生不利影响。"同案不同判"如果没有足够理由支撑，将容易引发当事人的不服和公众舆论的不满，

---

[1] 参见季程：《"同案不同判"现象研究》，载《辽宁公安司法管理干部学院学报》2012年第3期。

并可能损害法院裁判之公信力,影响司法判决的权威性和公正性,也容易造成人们对其行为的法律后果预见的难度增大,甚至因难以预见而无所适从。正所谓"无'理由'即无判决"。[1]可见,即使鉴定结论出来了,但因为判决结果仍存在不确定性,为自身权利而展开的较量在法庭内、法庭外仍将继续。医疗纠纷中同样的鉴定结论,不一样的判决结果,也无疑说明在涉及专业性问题时,法官并非一味地依从专家鉴定结论。当然,判决要获得民众真心的信服,需要进行充分的说理。否则,从整体判决结果看,会被认为在倾斜性地保护患者。此外,换一种视角解读,法官"同案不同判",未完全依从专家鉴定结论,也暴露出"内行鉴定内行""本行鉴定本行"不被绝对信任,但"外行又无法鉴定内行"这一现实的尴尬情形。鉴定体系应如何设计以保障客观、公正、让人信服的鉴定结论,仍是任重而道远的难题。总之,在医疗纠纷案件中,医疗结果本身存在不确定性以及案件事实也存在各式各样的差异,如疾病的差异、治疗方案的差异、病人体质的差异、病人损害的差异、医疗过错形态的差异等。这些不确定性与差异的出现,让审理此类案件的法院不得不协调各方利益,既要厘清各方主体间的法律关系、平衡各方主体如医院、病人及其近亲属、第三方之间的利益,又需实现法律效果和社会效果的有机统一;既要保护患者利益,又要顾及医方的权益,还应尊重医学发展规律。这些现实与要求的存在,无疑是"同案不同判"的现实基础。

五、公正而科学的矫正:医患关系新规制目标的法政策学根基

"医疗纠纷""医疗暴力""医患矛盾或冲突""就医难、就医贵"这些关键词,无疑折射出我国社会转型期医患关系存在的突出问题。而因为医疗直接关乎人的健康、生命,关乎所有自然人,医患关系具有不容忽视的重要性与广泛性,进而让医患关系尤其是医患冲突问题不得不引起国家与社会的高度关注。正如法学界的通识,当某一社会问题上升为公共性的议题时,才有可能推进相应制度的构建、改良或变革。"医改"的很多举措,都是直接或间接围绕医患冲突的化解而来的。但具体某项改革措施本身,又可能激发旧冲突或引发新矛盾。同时,转型社会中的法律规范也在变化中。作为行为模式,

---

[1] 陈林林:《裁判的进路与方法——司法论证理论导论》,中国政法大学出版社 2007 年版,第 1 页。

特定时期的法律规范会让相关行为主体形成特定的偏好。新的规范会形成新的偏好；新的偏好会引发新的矛盾；新的矛盾，又需要新的规范。于是，对医患冲突的研究将是一个需持久不懈的长期战役。事实上，任何社会、任何国家都存在医患冲突，而这个问题在我国现阶段更为凸显是有一定原因的，这需要持续、认真地观察与思考。

（一）医患关系交往的基数庞大

据不完全统计，我国拥有世界上最庞大的医疗服务系统，各级各类医疗机构多达一百万家。即便如此，我国的医疗资源也绝非绝对充裕。据统计，2019 年末，每千人口执业（助理）医师 2.77 人，每千人口注册护士 3.18 人；每万人口全科医生 2.61 人，每万人口专业公共卫生机构人员 6.41 人。[1]人都逃不脱生老病死的自然规律，难免要与医方打交道；而且很多社会问题，如暴力犯罪、交通事故、生产安全事故、自然灾害、环境污染、食品安全隐患、工作压力、快节奏的生活方式等，给民众身体带来的各种各样的损害都可能会让自然人以患者的身份出现在医方面前。可以毫不夸张地说，目前我国可能拥有世界上数额最庞大的患者群体。据统计，2019 年全国医疗卫生机构总诊疗人次达 87.2 亿人次。[2]每天，医务人员都在帮助患者与疾病、伤痛作斗争，对患者进行救治。而在这一救治过程中，患者与医方必然存在交往，如挂号、问诊、治疗、护理、协商沟通，等等。而只要存在交往的地方，就难免发生冲突。按照常理，两个互不交往的人，他们发生直接冲突的可能性微乎其微。而如果像医生与患者这样，在狭小的诊疗空间处理着生老病死、疾苦伤痛这样的棘手而重要的难题，冲突较之一般的社会关系会更多一些。

（二）受限于医疗本身的特殊性

事实上，基于人口众多这一现实，我国其他社会交往基数也很大，但为何医患冲突被称为难题，为什么冲突会更多？这主要源于医疗本身的特殊性。①医疗的专业性太强，虽然法律上明确了患者享有知情同意权，医方有告知义务，但是普通民众很难真正理解医学知识。②医疗救治行为如手术、药品

---

[1] 2019 年末，全国医疗卫生机构总数达 1 007 545 个。参见《2019 年我国卫生健康事业发展统计公报》，载 http://www.nhc.gov.cn/guihuaxxs/s10748/202006/ebfe31f24cc145b198dd730603ec4442.shtml，最后访问日期：2020 年 11 月 1 日。

[2] 《2019 年我国卫生健康事业发展统计公报》，载 http://www.nhc.gov.cn/guihuaxxs/s10748/202006/ebfe31f24cc145b198dd730603ec4442.shtml，最后访问日期：2020 年 11 月 12 日。

本身，往往具有侵害性、复杂性，其与疾痛本身交织在一起，难分彼此。③相对疾病，治愈永远只是相对的词汇；而且治疗效果本身具有不确定性，患者体质差异、配合度不同，结果可能截然不同。④较之一般人，一个身患疾病并备受疼痛折磨的患者，其沟通理解能力可能会差一些，与其交往难免更加困难，而如果医方工作任务过重，难以保证充分的沟通时间与精力，那医患双方有效交往的实现将更是难上加难。据统计，2019 年，医院医师日均担负诊疗 7.1 人次和住院 2.5 床日。[1]这些因素的存在，都增加了医患冲突的隐患。医疗纠纷产生的缘由可能形形色色，100 个纠纷，可能就存在 100 个缘由。但是有一点是相通的，那就是其中必然有一方认为自己的权益被另一方侵犯了。例如，患者认为医方侵害了其财产权、身体健康权、隐私权、肖像权、知情权、人格权，或者医方认为患方侵害了其财产权和生命健康权、扰乱了其医疗秩序等。所以，纠纷的处理，在当事者看来背后其实是权利救济，换言之，冲突背后往往是权利维护问题，医疗冲突也不例外。

(三) 受限于社会转型期

一般认为，任何社会关系的紧张，都源于人们某种偏好满足之期待落空后产生的不满与愤怒。不满与愤怒往往会以某种方式释放出来，医患冲突、医闹、杀医事件背后往往存在医方或患方某种或某些偏好未得到满足的情形。因此，将"偏好"这一概念用于分析医患矛盾，或许对于探寻医患矛盾的根源会有所帮助。[2]当然，"偏好"的含义是需要界定的，它可以被理解为一种基于个体立场的要求，或基于个体意志的选择，就如同经济学中颇有影响的"外露偏好"。[3]偏好的存在是有前提的，其意味着行动主体有选择的可能。在我国，医疗领域的偏好问题是随着社会的转型而凸显的。在计划经济时代，医疗服务是政府工作的一部分，诸如质量、效率、资源和准入之类的问题，可以适用行政化的方式得到处理，个体选择的可能性相对较小，个体

---

〔1〕《2019 年我国卫生健康事业发展统计公报》，载 http://www.nhc.gov.cn/guihuaxxs/s10748/202006/ebfe31f24cc145b198dd730603ec4442.shtml，最后访问日期：2020 年 11 月 12 日。

〔2〕参见［英］莱恩·多亚尔、伊恩·高夫：《人的需要理论》，汪淳波、张宝莹译，李秉勤、董ינר珠校，商务印书馆 2008 年版，第 6~9 页。

〔3〕参见［美］诺曼·E. 鲍伊：《经济伦理学——康德的观点》，夏镇平译，上海译文出版社 2006 年版，第 11 页。

第三章　鉴定结论的公正性与科学性：矫正机制对交往机制的审视

偏好受到高度压制，由此偏好问题不突出，因偏好未满足引发的冲突也不突出。只有当社会主义市场化切实推进，社会主体得以获得多种选择的可能性，方才有可能使个体偏好得以充分地展现。由此可见，有关偏好的规制理论更多是在市场机制下被凸显、有机会得以运用和发挥的。[1]因此，本书对患方与医方的偏好的阐释，是以已确立社会主义市场机制的中国社会为背景的。自1978年以来的社会转型中，多种经济形态并存的经济基础，是一个结合了经济转轨、社会进步与社会改革的复杂过程。在有限资源下，不同主体、不同行业、不同地域、不同利益群体间的摩擦、冲突、不满难以避免，甚至变得极端而尖锐。[2]在这种状态下，有些社会成员的期待值与其实际能获得的机会、资源、社会支持（以下统称"资源"）可能会失衡。[3]交往机制中存在的扎堆就医、医患双方的偏好冲突，又会倒逼资源配置机制作出相应调整。所以，以社会转型为背景的医患关系，必然会受到冲击。每一次推动改革的政策与强制规范，尤其是医疗政策与强制规范的出台，都会引发一些不稳定的因素出现。而对新不稳定因素引发的新问题，可能又需要调整政策与强制规范来加以解决。新政策与强制规范又会有新不稳定因素，甚至新旧不稳定因素同时并存。显然，社会转型往往不是直线型的[4]。医疗领域时常面对患者生命处于危难的时刻，这个领域的变革如果不合理、不科学，是可能带来严重后果的。理想的医患关系，无疑应该是医患双方的偏好都得到满足的状态。否则，冲突就在所难免。

总之，因矫正机制对交往机制的审视，需要司法裁判者在尽可能掌握案件事实、还原事件经过的基础上，对各方当事人进行法律责任的评判。但囿于医学的专业性，司法裁判中需引入医疗损害鉴定。法律人/鉴定专家在接触待决案件/医疗纠纷时，都能借由潜意识、直觉和经验得出一个初步的法律结论/医学结论，这种感性的判断能力，是法律/医学知识和实践经验的产物。[5]

---

[1] Nihal Hafez Afifi, Reinhard Busse, April Harding, *Private Participation in Health services*, World Bank, 2003, p.12.

[2] 参见刘思萱：《政策对我国司法裁判的影响——基于民商事审判的实证研究》，中国政法大学出版社2016年版，第212页。

[3] Robert K. Merton, *Social Theory and Social Structure*, Free Press, 1968, p.21.

[4] Caol Lee. Hamrin, *China and the Challenge of the Future: Changing Political Patterns*, Boulder, Westview Press, 1990, p.3.

[5] 参见[德]耶林：《法权感的产生》，王洪亮译，米健校，载《比较法研究》2002年第3期。

鉴定过程中，专家意见的形成往往是从直觉开始。罗素曾言：本能、直觉和洞察力，是形成确信的第一性因素，大师往往能够运用非逻辑方法，对未予细究的资料进行意识推论得出直觉"预感"，即便在纯粹逻辑领域，洞察力也是第一位的创造性因素。[1]专业直觉是专业积累的结果，并非毫无根据，是"法感"指引下的法律判断，或是"医感"指引下的医学判断。各种意见或因素或明或暗地参与了法律/医学判断的形成，对这些因素进行筛选、解析、格式化，便是论证的过程。毫无疑问，"预感"本身有时是错误的，法律发现与医学发现，都是反复试错和自我修正（或在外力帮助下修正）的过程。法感或医感，不应是路标，而是起点或动因。预感如何让人信服？事实上，结论最终的依据仍是规范和事实。"从事实到规范、从规范到事实"这一往返流转的过程，是对二者进行比较、分析、权衡、反复校验的过程，并最终形成具体、相对精准的对应关系。[2]所以，不论是判决论证，还是鉴定论证，都应遵守说理规则或准则，以避免争议和谬误。借鉴霍姆斯所言："法律不是神秘莫测的事物，而应是众所周知的知识。"[3]司法判决的科学性，可归结为判决论证的有效性和充分性，医疗纠纷往往取决于鉴定结论的公正性与科学性。清晰的思考、有效的论证、是否存在一些具体的规范和标准来指导、约束和评判鉴定专家的论证过程？预测鉴定专家或预测法官会用哪一条规则来说明自己的结论，"无章可循的任意性"，让这种预测变得很难。决定者的独立性和创造性之间，一直存在博弈关系。所以，不论是作为法律推理大前提的法律规范，还是作为医学推理大前提的诊疗规范，并不能像数学公理那样具有确定性和精确性，并不能随时推导出唯一的正确答案。而这样的结论，还是在确保裁判者中立基础上的探讨。在裁判者中立性难以绝对保证的前提下，在结论本身具有不确定性的前提下，裁判者的结论要想获得当事者的认同、社会公众的认同，程序正义显得尤为困难且重要。2021 年 1 月 6 日，国家卫生健康委员会发布的《关于加强医疗损害鉴定管理工作的通知》（国卫医函

---

〔1〕 Russell, "Mysticism and Logic", p. 3, "Denelopment of Science", p. 46, both cited from John C. H. Wu, "Juristic Logic, Old and New", p. 1, 转自陈林林：《裁判的进路与方法——司法论证理论导论》，中国政法大学出版社 2007 年版，第 29 页。

〔2〕 参见陈林林：《裁判的进路与方法——司法论证理论导论》，中国政法大学出版社 2007 年版，第 31 页。

〔3〕 参见陈林林：《裁判的进路与方法——司法论证理论导论》，中国政法大学出版社 2007 年版，总序。

第三章 鉴定结论的公正性与科学性：矫正机制对交往机制的审视

[2021] 1号）进一步明确同行评议、公正、科学、专家库建设不受行政区域限制等鉴定原则，鉴定主体要完善鉴定程序，医疗机构应反思自身存在的问题。鉴定制度的设计，亦是对医学特性的关照，是矫正机制对医患关系进行公正性、科学性审视的必然选择。同时，这种审视一定程度上，能反映出医患双方在交往机制中的偏好以及规制机制对偏好的满足程度。再次重申，从法政策学视角看，医患关系规制的目标，不是满足医患双方的所有偏好，而是使医患双方的偏好趋于理性化，即理性选择才是医患关系规制的目标。可见，基于审视所发现的问题，将是特定时期医患关系规制新目标与新模式确立及其践行的基础。医事法学与时俱进，与医疗纠纷实践中的困惑与进步同在，它总是在尝试去理解、尝试去解释、尝试去解决不断出现在医患关系实践中的困惑。在一定意义上可以说，医事法学的出现与发展是医疗领域法律实践不断进步的展示。

结 语

法政策学研究的进一步探索

沿着医患关系的确立，分析该社会关系的法律属性及其影响因素；跟随医患纠纷的发生、消解流程，剖析这一过程中涉及的尸检制度、病历管理制度、诉讼制度、鉴定制度，不难得出以下结论：第一，对医患关系作实质性思考，必须将医学特性作为构建、审视、完善医患关系规制的逻辑基础。第二，医患关系的契约性与公益性比例程度设置，对医患关系法律属性定位具有重要意义，而交往机制与矫正机制受制于法律属性的定位。第三，在从交往机制转入矫正机制的制度设计中，为避免引发新的冲突，让医方积极地、诚信地、合规范地引导患方，亦是对医学专业特性的尊重。第四，矫正机制对交往机制的审视，同样需关照医学特性，引入鉴定制度；这种审视，又将是医患关系新规制目标确立与践行的基础。可见，医患关系规制中的资源配置机制、交往机制、矫正机制并非各立门户的独立体，而是医患关系规制中相互衔接、相互交织的动态环节，彼此间存在作用与反作用的关系，不可割裂。为此，为避免"头痛医头，脚痛医脚"，在基于医患冲突的案例实证分析中，引入法政策学思路，对医患关系规制机制作"全景式""动态式"的关照具有重要现实意义。

纠纷化解机制属于社会关系的矫正机制。通过分析矫正机制中患方的诉求，可以发掘医患关系交往机制中医方的工作注意事项，以及适时调整医疗资源配置机制中资源的调配方向。从医疗损害赔偿案件的民事诉讼视角，就医患关系矫正机制的现状展开剖析与评估，不难发现，零和博弈式的传统诉讼机制尤其是追（究）责（任）与逃（避）责（任）间的较量，让医患双方的对立情绪与偏见被充分呈现。诉讼流程，一方面必然会存在医患双方的对立性，另一方面又能大大减少极端事件的发生。所以，司法矫正对医患关系的维系不可或缺，但也要掌握其存在的局限性。第一，侵权诉讼在处理医患纠纷时，面临现有瓶颈突破后，又会有新的瓶颈，甚至存在难以突破的瓶颈的情况，其制度设置为对抗式，医患关系对立面被强化，双方"宽容"空间有限。诉讼有时难以切实有效消解医患冲突，甚至会加剧双方的对立、削弱双方对彼此的信任、阻碍医学事业的进步。过分仰赖由现行法构筑的矫正机制来调整医患关系的思路，需要修正。第二，国内外不断兴起的非诉讼方式实践以及非对抗式诉讼模式探索，面临体制或操作层面上的难题。例如，就非对抗式诉讼模式，外国的研究显示其面临与诉讼的本质不相符[1]，因医患诉请的多样性而难以发生效力。而多元化的纠纷解决机制，需要处理好不同价值理念之纠纷处理方式间的合理衔接，以及避免彼此矛盾的价值理念给医患关系带来新的尴尬与困惑。可见，"事后"诉讼矫正机制虽有待完善却仍不得不依赖。而如何让医疗损害赔偿诉讼机制契合医患关系自身的特性，如何让制度符合逻辑，便是我们进一步研究的重点。因为就医方而言，如果诉讼让其不合理地、频繁地陷入法律责任风险中，医疗行业危机将会成为重大社会问题；同理，就患方而言，医疗诉讼程序如果不合理得艰难，又会让患方权利难以有效救济，甚至让更多的患方选择非诉讼的路径。并非说非诉讼路径不好，协商、调解[2]、仲裁[3]对于社会关系的修复、当事人损失的填补、诉累的减轻等方面具有自身的优势，但是它们的优势能有效发挥的前提是，作为法律救济的最后一道程序即诉讼本身正是公平合理的存在、并处于随时可起用的状态。如果失去这个前提，合法的非诉讼路径会被无序、混乱、欺诈所充斥。而如果诉讼与合法的非诉讼路径均不合理，医患间的交流与对话的交往机制就会演变为一场丛林社会的较量。可见，由于法的预测、引导作用，现实中的医患交往机制必然受到矫正机制的影响，又必然影响矫正机制的发挥，二者客观上形成循环关系。

诉讼虽仅是法政策学中的一个方面，但资源配置、交往机制的问题会以

---

[1] Elliott M. Abramson, "The Medical Malpractice Imbroglio: A Non-Adversarial Suggestion", 78 *Kentucky Law Journal*, 1990, p.293.

[2] 据统计，截至2013年底，全国共建立独立的医疗纠纷人民调解组织2925个，2013年共受理医疗纠纷人民调解案件53 189件，调解成功率达88%。参见《〈关于依法惩处涉医违法犯罪维护正常医疗秩序的意见〉的理解与适用》，载 https://www.court.gov.cn/shenpan-xiangqing-6924.html，最后访问日期：2020年10月20日。

[3] 王传友：《深圳成立医患纠纷仲裁院》，载 https://www.chinacourt.org/article/detail/2010/10/id/431091.shtml，最后访问日期：2020年11月25日。

某种形式在诉讼中体现出来；而且诉讼制度中的某个环节发生变化，又会影响到医患关系。但医患关系的改善不能简单依赖诉讼，还应该动态研究政策、法律给医患关系带来的影响。所以，除了试图从"事后"矫正解决问题，还应将法政策学中预防的理念贯彻到"事中"阶段即医患关系交往机制的完善；而交往机制的真正完善又需要从"事前"阶段即资源配置机制入手，如从医学教育、患者理性素养、科学有效的医事立法、社会对医学的支持、医疗公益性的保障等各个方面来加以实现。换言之，医患关系的规制，需要系统性思考与规划资源配置机制、交往机制以及矫正机制。

一、法律与政策均属于法的范畴，公正要求兼顾社会关系的特殊性

社会纠纷与冲突，就如同个体身体的各种疾病、疼痛与不适，医学技术处理身体的疾病，而法应对的是社会的各种"疾病"如社会秩序问题、民事争议、刑事犯罪。医学技术的目的在于维持身体的健康，而法的目的在于建构并维持健康、正常的社会秩序。在此意义上可以说，医学技术与法都是关乎健康的问题。法所处理的健康问题，是缘于部分社会个体内心的自私或恶所导致的社会不正义。彰显正义的资源分配机制、交换机制、矫正机制，是法应对社会健康问题即社会不正义的主要途径。随着社会的发展，法作为防止和解决冲突的重要社会控制方式，越来越重要。不尊重法，甚至没有法，社会秩序就会混乱，社会"生病"就在所难免。不得不强调的是，因医学是社会的重要组成部分、身体健康是社会健康的重要组成部分，所以就医患关系的规制，必须基于身体健康与社会健康之双重目的。[1]医患关系法律规制需要基于一个重要认知基础或者说是规制逻辑基础，那就是医疗行为的特性即医学专业性、不确定性、试错性、容错性、风险性、公益性、情感性等。正如前文所说，医学特性带来的风险性与医务人员过错带来的危害性，医学特性要求的容错性与社会矫正机制中的归责性，医学特性需要的试错性与民众所追求的医疗安全性，医学特性带来的不确定性与民众健康追求目标的唯一性，医学特有的专业性与社会关系规制的公平性，医患关系的契约性与非契约性，处于并存且相互之间会存在各种冲突与张力的状态。

---

〔1〕 参见曾日红、姜柏生：《医学与法学的类比及启示——科际整合在医学生法学教育中的运用》，载《医学与哲学（A）》2017年第6期。

二、医学特性会影响资源配置，进而影响医患关系的法律属性

医学直接关乎民众的健康与生命，医疗公益性的政策定位体现了国家或社会对民众健康资源配置的保障。医疗公益性与契约性的比例，最终会影响医患关系的法律属性定位。医患关系法律属性定位又直接影响私法范畴内司法矫正功能的发挥，现在学术上就其属行政法律关系、民事法律关系，还是消费者权利保护关系等，存在分歧。虽然现行法律将一般医患关系定位为民事法律关系，但法律属性分歧的原因本身仍具有合理性。其中，行政法律关系的主张，其至少揭示了政府及社会在医疗事业中应担负的责任与义务，以及医疗行为存在一定程度的"权力"属性。所以，即使普通医患关系（特定医患关系如涉及强制医疗具有直接的权力属性，在此不论）被定位为民事法律关系，也不可忽视行政机关对医患关系调整的意义与作用，以及医疗本身特性对诉讼中患方权利义务的影响。而消费者权利保护关系的提出，则反映出患方权利主张的高诉求。由于现实中的医疗行为具有多样性，医疗公益性与契约性的比例在不同的医疗行为中存在差异。所以，医患关系的法律属性定位是多层面的，行政法律关系、普通民事法律关系、消费者权利保护关系分别针对不同情形下的医患关系。资源配置机制是影响医患关系法律属性的重要因素之一，而不同的法律属性，其对应的医患关系交往机制与矫正机制是有差别的。

三、医学特性直接影响医患关系交往机制与矫正机制中的权利义务设置

医学的专业性，一方面使得医患关系交往机制中的患者不得不求助于医务人员，医疗父权主义必然存在很大空间；另一方面又使得矫正机制中的裁判主体不得不求助于来自医学领域的鉴定专家，鉴定制度的完善也将成为矫正机制是否公正的重要因素。而且，矫正机制的公平性不仅取决于矫正机制程序的公正性，还受医患关系交往机制中的程序公正性的影响。医患关系及其规制，由此也将变得复杂。对医患关系的规制，需要考虑医学自身的特性以及医患关系的特性。正如上文所言，在任何一种规制下的医患关系，都或多或少会受到资源配置的影响。在资源配置的影响下，在医患关系规制目标与路径不断转变或改革中，现实中医患双方各自诉求与偏好的冲突就会凸显出来，尤其在医疗结果与患者期待不一致时，患方会心生不满，引发纠纷与冲突。而人并不总能如制度预设的那样"理性"，"损人不利己"的极端行

为，偶尔会在特定情境中发生。医患矛盾，除去医生个人原因外（这主要是个案体现），更多体现的是患方的偏好、医方的偏好与法律或政策之间的失调。个体或群体的偏好，不仅可以从包括规制机制在内的社会环境中推导出来，还可能正是由包括规制机制在内的社会环境所塑造出来的。毕竟，规制机制尤其是法律所做的一般工作，就是塑造个人或群体选择时的程序、描述和语境。规制机制对权利义务的配置，终将影响人们的价值判断与偏好。[1]

四、进一步保护患者的合法权益

让患方感受到程序正义，让正义以看得见的方式呈现，这是医方获得患方信任、民众信任最好的方式。

（一）进一步保障病历复印权

规范应明确要求，医方将电子病历的修改痕迹完整提交给法院。需要说明的是，2010年3月1日开始施行的《病历书写基本规范》中的很多内容是针对纸质的病历资料，其一旦修改，必然留下痕迹并被直接查看到。但是，对于目前已经大量通行的电子病历而言，修改的痕迹如果不调取后台的资料，往往是看不到的。即使病历资料修改过，医院最初给患方、给法院的病历资料往往是不带修改记录的修改版。完整的病历资料，应该是包含了修改记录的病历资料，为此相关法律规范应明确将修改痕迹作为病历资料的一部分，复印给患方、法院，并依法予以封存，以保障患方的知情权及诉讼程序的流畅与高效。因为当病历本身的完整性受到质疑，患方将启动申请调取原始病历资料、调取、再举证质证等程序，从而会拖延诉讼进度，同时也影响该修改痕迹的可信度。虽然从技术的角度分析，医方所有的修改都能查询出来，但是这种查询需要时间成本、技术成本和不菲的物质成本。具体而言，当对病历本身进行技术鉴定或者勘验等确保电子材料的真实性时，有时勘验并不能代表真相，所以还需再鉴定。有时还面临相关鉴定的费用高、鉴定机构数量少且并非每个城市都设有相关鉴定主体的情况。在医疗纠纷诉讼中，鉴定医疗过错、因果关系及参与度等之前，如果还要鉴定"鉴定材料"本身的真实性，则办案时效必将拉长，甚至还会出现病历真实性无法鉴定的情形。

---

[1] 参见［美］凯斯·R.桑斯坦主编：《行为法律经济学》，涂永前、成凡、康娜译，北京大学出版社2006年版，导论第1~2页。

（二）进一步确保医患诉讼公平竞争

诉讼程序应进一步照顾患方无医学专业知识这一客观现实，以确保诉讼中医患双方公平地争取自己权利。事实上，患方没有医学专业知识这一客观事实不容忽视，诉讼程序中应保障患方寻求专业人士帮助或自行查询医学专业知识的时间和可及性，如建立相关的资料库或者设置有关公益组织以提供专业支持。现实诉讼程序中的很多环节，存在忽视或者无视这一问题的情形：①在医方没有在庭审前将所有病历资料复印给患方的情形下，法院有时要求患方对在庭审中才拿到的病历资料当庭核实、质证。这是不合理的，应先询问患方是否需要延期质证，因为有些患方连可申请延期质证都未必知晓。②在申请鉴定过程中，就医方的陈述，有些法院认为不需要提交给患方，在这种情况下直接让患方进入鉴定听证程序。当医方陈述与医方在庭审答辩、举证质证阶段的内容不完全一致时，患方听证前不作准备的话，其根本无法应对被专业术语包裹下的医学理由。③在鉴定过程中，有些听证的举行是采用"背对背"的模式：患方陈述时，医方不在场，医方不知道患方说了什么；医方陈述时，患方不在场，患方不知道医方说了什么；然后双方同时在场时，鉴定专家组让当事人补充陈述意见。但是，在不清楚对方说了什么，或者鉴定专家有时概括了一下对方的陈述内容（但是这种概括不一定全面，很可能漏掉了在医患一方或双方看来是其所需要的关键性内容），这让当事人尤其是一般情形下负有举证责任、没有医学专业知识的患方，难以应对与补充。事实上，在医疗纠纷诉讼中，患方不仅仅需要聘请律师，还需聘请医务人员作为他或她的医学专业顾问，一个提供法律帮助，一个提供医学帮助。假想存在既懂法律又懂医学的律师，就像假想存在既懂法律又懂医学的法官一样，是不现实的。所以，制度本身要假设不存在既懂法律又懂医学的律师，并在这一前提下设置医疗纠纷诉讼程序及相关内容。

2020年5月1日施行的最高人民法院《关于民事诉讼证据的若干规定》第37条、第38条设置的当事人异议以及鉴定人书面答复的规定，某种意义上体现了对患方及代理人不懂医学专业知识这一现实的尊重。当事人收到鉴定书并对鉴定书的内容有异议的，应当在人民法院指定期间内以书面方式提出。因为对于鉴定书的内容，当事人尤其是患方可能还需要求助专业人士才能真正理解，并提出有针对性的、有效的异议。对于这些异议，过去就是简单地让当事人交专家出庭费以请专家到庭来答复异议，接受询问。这样的设置对庭审效率而言是有好处的，对于有专业医学知识的医方而言也是能够接受的；但是，对于没有专业知识的患方而言，就会因难以应对而陷入被动处境。因为即使他的异议经过专业人士帮忙提出来，对于鉴定人的专业答复，患方在专业人士不在场的庭审询问中是很难应对的。患方能获取到医学专家帮助本身就不容易了，再让患方聘请医学专业人士出庭以对应鉴定专家的答复，这无疑会增加患方的应对难度与成本。因为，患方不仅要预交专家出庭费以请鉴定专家出庭，还要再出钱请其他专家出庭。而且，其他医学专家怎么会轻易地为患方出庭对抗、质疑作为自己同行的鉴定专家呢？所以，当事人有异议，可以选择让鉴定人先书面答复，对书面答复还有异议的再预交出庭费用、申请鉴定专家出庭，这是对现实的尊重，也是对公正判决的一大保障。患方更愿意接受书面答复，因为如果庭上直接质询，当患方说出一个过错时，医方很容易找到一个医学上的理由来应对；但对于该医学上的理由，患者及其代理人在没有专业人士的帮助下，是很难当场反驳的；而书面质询能给予患方求助专家的时间和可能。

（三）进一步确保鉴定的公正性与科学性

在两份鉴定意见不一致的情况下，司法实践中，一些法院惯用的"以鉴代审"的做法似乎也无济于事。值得注意的是，自2020年5月1日起开始实施的最高人民法院《关于民事诉讼证据的若干规定》第40条第4款规定"重新鉴定的，原鉴定意见不得作为认定案件事实的根据"。但是，现实是具有多样性的，"重新鉴定的"是什么含义，一旦启动重新鉴定，原鉴定意见就一律不得作为认定案件事实的根据？如果这样，其实有一点偏颇。以案例1而言，患方对鉴定结论中的有些结论是认可的，所以在医方认可鉴定结论的前提下，对于患方认可的那部分鉴定结论内容，法院应该是可以采纳的。此外，"重新鉴定"会因鉴定机构的认识差异出现不予受理、退案、没有相关技术，或者比原来的鉴定结论更不利于患方等情形。此时，第一次鉴定结论被采信仍是可能的，尤其是其中已被医患双方均认可的部分内容；再或者患方认可鉴定结论中医方过错的认定，但是不认可鉴定结论中医方的过错与患者损害后果无因果关系或仅为轻微因果关系或次要因果关系的认定。

（四）医方应积极引导患方参与医疗风险防范

对疾病的治疗是需要医患双方配合的，患方不能只是简单被动地接受，但医方应引导患者做一个合格的决策者、参与者，甚至是主导者。就案例1

而言，医方对患方的漏诊，患方也是有一定责任的，其应该在签署知情同意书的同时，留意是否存在漏诊，并提醒医务工作人员。当然，作为非专业人员，患者并不能判断漏诊是否存在、漏诊部分内容对手术风险确认的影响，但是提醒医方无疑能一定程度上避免此类事件的发生。或许，指导患方如何就医、如何与医方沟通、如何防范医疗风险，亦是一个重要的议题，应引起高度重视。基于对医方的信任，患方最初没有对其进行任何怀疑。无疑，在纠纷发生前，患方总是过于信任医方；而纠纷发生后，患方又总是过于不信任医方。其从一个极端，走向了另一个极端。而患者基于对自己健康的高度警惕，就要设法帮助医生避免漏诊，就像诉讼当事人尤其是其代理人，种种努力就是帮助法官不要错判。医生不只负责"你"一个患者，法官不只审查"你"的案子，但是"你"负责"你"身体，"你"负责"你"的案件，"你"对自己的身体、案件中的细节，有时是最清楚的。帮助医生作出准确的诊断、帮助法官作出公正的判决，其实就是帮助"你"自己。

五、扎堆就医出路——分级诊疗制度

扎堆就医会引发一系列矛盾，让医患双方的偏好都难以得到满足。就扎堆就医问题的排解，不少国家和地区不断摸索甚至已经设计出高度复杂的规制网络。其基本的思路是，在保障私人利益的前提下，充分发挥政府、专业协会、服务提供者的组织、社区团体以及日渐增多的患者组织的引导作用，使得患者的个体选择发生转变，就医行为不仅能够体现私人理性而且还能体现公共理性。[1]我国也早已开始注意引导患者的行为，为了从根本上解决看病难的问题，大力提倡分级诊疗制度。患者生病后首先进入社区医疗机构，实行社区首诊制，再到二级医院，二级医院解决不了才到三级医院，最后再到更大型的医院。对应于其他国家的经验，这一规制策略真正发挥作用是有前提的，即国家采取有针对性的措施，切实改善基层医疗机构的业务能力和服务态度，以此保障患者的利益。否则，扎堆看病的偏好仍然会凸显。

（一）面临的问题

分级诊疗，无疑限制了患者医疗服务的选择自由。在日渐强调自由、平

---

〔1〕 Nihal Hafez Afifi, Reinhard Busse, April Harding, *Private Participation in Health services*, World Bank, 2003, p. 12.

等、多元化选择、不断满足民众需求的大前提下，限制患者的自由选择、带有行政色彩的分级诊疗，似乎是背道而驰。而但凡存在这样的现象，即某种需求自身有足够的正当性，也符合社会发展潮流，却被限制，十之八九是因为该需求在权益位阶、价值比拼中，处于相对劣势，被更高的权益与价值所"委屈"了。分级诊疗的目的，一方面是避免扎堆就医问题，另一方面是实现医疗资源有限前提下的资源优化配置。其是宏观意义上，为大多数人的利益而牺牲少数人的利益之政策举措。但其宏观意义上的目标在现实中能否实现，还取决于各种措施是否到位。否则，可能会出现少数人利益牺牲后，大多数人利益的目标也未必实现的后果。当然，从动态的视角观察，分级诊疗是格局设计，如果格局本身合理了，即便短时间内各种措施没有到位或难以到位，目标暂没有如期实现，但当格局定下来，并在需求与现实中不断发展、适应与博弈，定会在某一段时间后实现目标。但究竟是患者完全没有选择权的分级诊疗模式（第一种）好，还是完全交给患者自由选择模式（第二种）好，又或者在分级诊疗的前提下、允许一定条件下患者自由选择的模式（第三种）好？这是在打破现有格局、创造新格局前，不得不思考的问题。完全交给患者自由选择模式已然被证明，存在"扎堆就医"、基层医疗闲置、大病小治、小病大治等不科学、不合理现象。而采用第三种即在分级诊疗的前提下、允许一定条件下患者自由选择的模式，是在尊重医疗资源有限前提下，尽可能照顾患者选择权的前提下，充分保障大多数人利益的医疗政策与制度选择。随着格局的改变，医疗领域还将出现值得注意的新情况，需要进一步思考与解决。第三种分级诊疗模式同样需要考虑成本，如时间、财力等，如果患者属于不需考虑成本、只追求医疗效果的主体，其意愿较之需要考虑成本的普通民众的意愿，更容易被满足。当然这个问题未必是新问题，只要允许选择空间的存在，总有部分人的意愿会更多地被满足。而在患者完全没有选择权的分级诊疗模式中，权力者的意愿也可能更容易被满足，因为在这种模式下实际上是行政权力完全干预的医疗模式。就好比分蛋糕的人，并不是最后拿蛋糕的人，甚至就是第一个拿蛋糕的人。蛋糕划分大小不一，医疗因人三六九等，差异化带来的不平等就是很自然的事情。而且财力上占优势的主体或技术上占优势的主体，会以各种方式通过权力者或通过医疗者而超越分级诊疗制度，获取自己想要的医疗服务。所以，每种模式都可能会存在不合理的地方，进行选择时应选择相对更合理的模式。当然，不公平终究是不公平，对已选模式还需要进一步完善，必成必然。而且在第三种模式中，平等竞争机制如何发挥作用，双向转诊、上下联动、急慢分治医疗中的法律风险如何分担，都是需要探索的。或许在格局规划中，法律风险不是首要考虑的因素，如何更大范围地增强医疗资源的有效利用才是首要目标。任何目标的实现都会有各种大大小小的障碍，利弊权衡，两害相权取其轻、两利相权取其大的道理，或许在任何领域都是相通的。

(二) 配套措施

为了落实分级诊疗制度，需要一系列的配套措施。医疗公益性，客观上可满足患者低成本的需求。其会通过价格进而引导患者的决策。终归，价格虽不是判断价值的唯一标准，但却是决策作出的重要依据之一。[1] 分级诊疗试图将分级诊疗与医疗公益性相结合，要获得公益性就需要遵守分级诊疗制度。不同政策，相互结合。但健康、生命是很难定价的，甚至可以说是无价的，除法律外，任何人不能给别人的健康生命定价，但是每个人可以一定程度上给自己的健康生命定个价。这一点在法律层面上可以说，属于人的自我决定权内容。其实，法律的定价亦是无奈的选择，因为判决要具有可执行性，法律要计算赔偿金额。为追求无价的健康、生命，支付力所能及的价格，患者往往都是愿意的。选择是得失评估的结果，但得失价值评判或者说现实中选择者选择的意愿，受制于其资源、机遇、局限，受制于各项直接影响甚至操纵其决策的因素。不断提升患者选择的空间，是国家给予民众福祉的体现。

事实上，分级诊疗制度，伴随的是专家号的门诊费上涨。而门诊费的上涨，让部分经济能力有限的患者，可能难以获得足够就诊的机会。而且门诊费是多次的，这笔费用可能不低。甚至有时第一次就诊仅是开检查单，检查结果出来后还需重新挂号就诊（大多数医方允许患者在检查当天可不用另行挂号；有些医方允许患者在特定时间内可免费解读检查报告，但如果涉及具体医疗行为的实施则需重新挂号），治疗还需不断复诊。这又何尝不是受供需关系、市场经济的影响。经济实力的优势，此时必然显现。这何尝又不是一种不平等的表现，有钱人小病大治，无钱人大病小治，换一种方式出现了。保障基本医疗，但是基本医疗是一个相对的概念，当患者身患重疾、处于生死一线时，就医不正是基本需求吗？而重疾往往更需要权威专家诊治，诊疗

---

[1] 参见［美］爱德华多·波特：《一切皆有价》，赵德亮译，中信出版社2011年版，第8页。

费用的上升，将会直接影响到其基本医疗需求。过去是门诊费用不高，治疗的费用高。现在"最贵"挂号费高达1200元现象[1]是否合理，尚存争议。事实上，真正需要知名专家的患者未必有钱挂专家的号。上海警察与医学专家之间的冲突[2]，反映出两个具有不同职业理念的主体对对方职业的认识冲突。就警察而言，法律面前人人平等，民众与名医没有区别，任何职业主体均没有超越法律的特权，社会治安、法律尊严应得到维护。就医生而言，其工作关乎患者的生命健康，无论任何理由离开正在值班的医疗岗位，将影响到很多患者的就医安排以及身体健康，所以坚守岗位是第一位的。而仔细分析事件的导火线不难发现，其是患者"扎堆就医"给医患关系带来冲击的一个体现。这一事件后的一段时间，很多医院的专家，不愿意为患者"加号"

---

[1] 何勇：《评论："挂号费1200元"合理吗？》，载《新京报》2014年4月3日。

[2] 2019年4月24日15时49分，上海市公安局浦东分局接到110报警，报警人陈某称其丈夫在浦建路上海仁济医院内遭医生殴打。经初步调查，陈某在丈夫韩某的陪同下，根据此前医生赵某的复诊预约，于当日上午10时30分许，至上海仁济医院（东院）挂号就诊。12时50分许，医生赵某为其就诊，由于需要调取此前拍摄的CT片，双方约定于15时30分再次前来就诊。当日15时20分许，韩某进入诊室寻找医生，被告知须等候就诊。约10分钟后，韩某再次要求医生为其妻子诊治，赵某告知其继续等候。韩某坚持不肯离开，与赵某发生言语争执，赵某欲将韩某推出诊室，双方继而发生肢体冲突。根据报警人陈某指控其丈夫遭到赵某殴打的情况，现场处置民警经初步了解，双方确实发生过肢体冲突，且发现韩某身上有多处明显伤痕。为进一步开展调查，现场处置民警依据《治安管理处罚法》有关规定，要求涉事医生赵某去派出所配合调查。赵某以接诊和开会为由拒绝前往派出所，造成现场其他医务人员、患者及家属围观。为防止矛盾升级，民警先行将韩某夫妇带至派出所调查。现场处置民警在等候赵某继续接诊约20分钟后，提出由院方安排其他医生继续接诊，赵某拒不接受。民警遂对赵某口头传唤，在遭到赵某拒绝后，将其强制带离诊室。在强制带离至候诊大厅时，赵某与民警发生肢体冲突。为此，民警依法使用手铐将赵某强制传唤至派出所内接受调查。经验伤，韩某右侧第10根肋骨骨折，右侧第9、11根肋骨疑似骨裂，赵某上肢及右颈外侧软组织挫伤。参见《上海警方回应"仁济医院专家因拒绝接诊插队病人被警方戴上手铐带走"事件》，载https://www.sohu.com/a/310514276_114731，最后访问日期：2019年4月26日。中国医师协会申明：①在医疗机构内如果发生患者不遵守诊疗秩序的行为，首先应当由职能部门或安保部门协助维持秩序，以防事态扩大，这也是处理突发事件的一个基本原则，医院相关部门在处理类似事件时不应当缺位；②发生在医疗机构内的医患冲突不同于普通的民事冲突，"尊医重卫"不只是一句口号，还应表现在具体行动中，对医务人员慎用械具也是"尊医重卫"的应有之义；③医生护佑人民的健康权和生命权，警察维护社会秩序和法律的尊严。"白大褂"和"蓝警服"都是人民群众最值得信赖的职业群体，应当彼此互相支持配合。在维护医疗秩序的前提下，"尊医重卫"和尊重警察的执法权应当兼顾，医务人员应行使和遵守公民的权利和义务，配合警方执法行为；④上海仁济医院4.24冲突作为个案应引起相关各方的思考：我们如何杜绝类似事件再次发生！相信上海警方、上海仁济医院以及本事件的患方能够互相理解、各自反思，用理性构建美好的社会氛围。参见《中国医师协会就上海仁济医院4.24冲突的声明》，载http://www.cmda.net/jrtt/12831.jhtml，最后访问日期：2019年4月27日。

了。医学专家号终归是稀缺资源,专家们拒绝"加号",其实又何尝不是在拒绝一次救死扶伤的机会,与医疗职业的宗旨相违背。而且即便是复诊患者,没有挂到专家号,专家们也拒绝加号,这又何尝不是中断治疗的连续性,甚至延误治疗的体现。

医疗服务虽有特殊性,但需求客观上是有层次性的。问题的关键是,谁能判断病情重与不重?而且从预防的角度来看,预防更重要,在病轻的时候及时获得最好的救治,成本是最低的。正所谓,良医治未病。同时,医学中有一种特殊预防,被称为预后。它要求医生对疾病发展过程和后果作出预测,这样做是为了创设和运用有效治疗手段控制诊疗的主动权。[1]这种预后能力在不同医疗主体间是存在差异的,这也就是人们为什么总是追求最好的医疗、扎堆就医的真正原因。不计成本的医疗,往往并非理性的结果,而是感性的集中表现。让感性有发展的空间,这本就是社会文明进步的重要体现与彰显。但是,利用人的感性,诱导患者不理性地接受治疗,以谋取利益,则应该受到谴责,如魏则西事件[2]。

六、重视医患关系中资源配置机制、交往机制与矫正机制间的作用与反作用

如上所述,医患冲突是一综合性社会问题,法与政策都在试图通过促成制度性的理性选择来加以消解。而实现制度性理性选择的前提是,法与政策构成的规制体系本身是科学合理的。这种理性选择一定是制度性的,绝对不能仅仅将希望寄托在社会关系主体自身的内省上。患者知情同意权,是协调医患双方偏好冲突的重要机制之一。知情同意权,作为一项法律权利,是个

---

[1] 参见[美]约翰·伯纳姆:《什么是医学史》,颜宜葳译,张大庆校,北京大学出版社2010年版,第13页。

[2] "魏则西事件"因网络媒体的介入而进入公众的视野:21岁的魏则西,于2014年4月被检查出身患滑膜肉瘤,经百度搜索该病信息,其查看到武警北京总队第二医院(三甲医院)排名前列,在咨询医院时被告知"生物免疫疗法"为"斯坦福技术""有效率百分之八九十,保命20年没问题"。2015年9月起,魏则西先后4次前往该医院接受该疗法,花费20多万元,后于2016年4月12日去世。魏则西生前打听到"生物免疫疗法"是被国外临床淘汰的技术,便将其治疗之事通过网络公之于众。随后媒体爆料,主治魏则西的武警北京总队第二医院生物诊疗中心早已外包给"莆田系",其网站域名属个人所有;且有相当数量的部队医院部分科室被"莆田系"外包。参见http://news.sina.cn/news_ zt/weizexi?vt=4&pos=108&wm=4007&fr-om=timeline&isappinstalled=0,最后访问日期:2016年5月29日。

医患关系规制的法政策学研究——基于医患冲突的实证分析

规范性的预设,但其有时与事实可能存在无法逾越的鸿沟:在事实层面,医患之间可能更多的是一种体现传统的医疗父权主义精神的关系;在规范层面,医患之间则是一种体现法律父权主义精神的关系。在交往机制中,冲突的化解需要沟通,知情同意制度作为对医患偏好的重要调整机制,其设立让沟通变成了医方的义务。当这种沟通难以在医患之间成功实现时,便需要第三方尤其是公权力部门以及司法部门参与沟通与处理。鉴于司法救济作为最后一道救济路径,属于医患关系矫正机制,其在医患冲突化解中面临医疗父权主义与患方权利保护、医学特性与司法公正的协调问题。医疗过错以及因果关系的举证责任的合理分配、病历真实性的保障、医疗损害鉴定程序的中立性、科学性与公正性的保障,都会影响到矫正机制功能的发挥,并对交往机制产生影响。而这些保障问题,又属于资源配置至少是权利资源的配置问题。所以,不难发现,医患关系规制中的资源配置机制、交往机制、矫正机制存在作用与反作用的循环关系。在整个规制过程中,社会关系主体会形成一定的偏好,人们在追求自身偏好的过程中,会导致一些不公平、不合理的社会现象,例如一方的偏好追求会损害到另一方的合法权益,甚至引发社会问题。在对这些不合理现象或社会问题的处理中,必然会涉及法律与政策的调整。而且,在调整后的社会规制机制运行过程中,人们又会产生新的偏好,新的偏好又可能引发新的社会问题;新的社会问题又会催生新的社会规制措施……法律会通过立法、执法、司法等方式发挥作用,政策则往往通过资源配置等方式发挥作用。由于法律机制具有相对的稳定性,其改变需要特定复杂的程序;而政策相对较为灵活,程序较之法律要简单、高效。所以,在社会问题的处理过程中,二者往往存在一定的先后关系,一般先从政策开始,进而才是法律改变。于是,在"政策已启动"而"法律尚未变化"的这个阶段,会有不同情形出现。第一,如果新政策针对的是法律尚未涉及的内容,那么作为广义法律渊源的一种,政策便可以很合理地进入到法律执行、法律适用过程中,对法律的影响是正面的。罗纳德·德沃金称,对于没有明确的规则指示应如何判决的疑难案件,恰当的判决可以来自政策也可以来自原则[1]。第二,如果政策涉及的内容法律已经涉及,则新政策与现有法律之间出现冲突的状态就

---

[1] 参见[美]罗纳德·德沃金:《认真对待权利》,信春鹰、吴玉章译,中国大百科全书出版社1998年版,第118页。

时常发生。对此,行政执法主体会倾向于执行政策,而司法主体则会存在意见不一的情形。而司法与政策间的关系争议由来已久。反对意见认为,法应严格区别于公共政策,二者属"法"与"非法"的关系,公共政策主要是指尚未被整合进法律之中的政府政策和惯例,司法应该恪守具有国家强制力效力的制定法,政策不能成为法律效力的来源[1]。而且有学者担心,"毫无顾忌地用新的政策去废止、搁置、修正、改变现行法律规范"会影响法律的权威[2];法律政策化,会造成法律短期行为严重,难以形成长期稳定的秩序[3]。事实上,研究可以分科,但动态、复杂社会问题的解决却不能分科进行,而需打破学科界限。法与政策相区别,仅系静态观察之结果;从动态视角看,二者具有深刻的关联性,且只有揭示其关联性才有可能切实解决好相应的社会问题。法律是相对稳定与保守的,而且无论如何反对,政策都在以各种方式实际影响着司法。首先,政策会影响到司法的适用标准设立即法律的制定,如自2020年6月1日起施行的《基本医疗卫生与健康促进法》正是针对党中央、国务院在基本医疗卫生与健康促进方面的战略部署作出了顶层的、制度性的、基本的安排。其次,政策会通过直接途径如成为个案裁判的依据、影响司法管辖范围的标准、成为法律责任承担的要件等方式,影响司法裁判。最后,政策还会通过间接途径如政策进入司法解释、政策融入司法文件、政策植入司法会议等方式,影响司法裁判。[4]

由此,毫无疑问的是,完美的规制机制似乎能将"坏人"的"恶"控制住,完美的"好人"能将不完美规制机制的"缺陷"适当"消融",但当不完美的规制机制与"坏人"相组合时,机制的缺陷就会被彻底暴露。人与机制的关系,其实是很微妙的。努力培养高素质的医务人员并提升患者素养,与努力构建完善的规制机制,二者同等重要。

---

〔1〕 参见〔美〕E.博登海默:《法理学:法律哲学与法律方法》(修订版),邓正来译,中国政法大学出版社2004年版,第132页。

〔2〕 参见武树臣:《从"阶级本位·政策法"时代到"国、民本位·混合法"时代——中国法律文化六十年》,载《法学杂志》2009年第9期。

〔3〕 参见蔡定剑:《历史与变革——新中国法制建设的历程》,中国政法大学出版社1999年版,第270页。

〔4〕 参见刘思萱:《政策对我国司法裁判的影响——基于民商事审判的实证研究》,中国政法大学出版社2016年版,第146~189页。

参考文献

一、著作类

1. 夏文涛、徐洪新、蒋士浩主编:《医疗损害鉴定技术指引》,科学出版社 2020 年版。
2. 陈林林:《裁判的进路与方法——司法论证理论导论》,中国政法大学出版社 2007 年版。
3. 赵西巨:《医事法研究》,法律出版社 2008 年版。
4. 古津贤、李大钦主编:《多学科视角下的医患关系研究》,天津人民出版社 2009 年版。
5. 刘鑫:《医疗侵权纠纷处理机制重建——现行〈医疗事故处理条例〉评述》,中国人民公安大学出版社 2010 年版。
6. 张维迎:《博弈论与信息经济学》,上海三联书店、上海人民出版社 1996 年版。
7. 全国人大常委会法制工作委员会民法室编:《中华人民共和国侵权责任法:条文说明、立法理由及相关规定》,北京大学出版社 2010 年版。
8. 庄洪胜、刘志新、吴立涛编著:《医疗纠纷侵权责任:损害鉴定与赔偿》,中国法制出版社 2010 年版。
9. 杨立新:《从契约到身份的回归》,法律出版社 2007 年版。
10. 国家法官学院案例开发研究中心编:《中国法院 2012 年度案例:侵权赔偿纠纷》,中国法制出版社 2012 年版。
11. 蔡定剑:《历史与变革——新中国法制建设的历程》,中国政法大学出版社 1999 年版。
12. 刘思萱:《政策对我国司法裁判的影响——基于民商事审判的实证研究》,中国政法大学出版社 2016 年版。
13. 夏芸:《医疗事故赔偿法——来自日本法的启示》,法律出版社 2007 年版。
14. 宋冰编:《程序、正义与现代化——外国法学家在华演讲录》,中国政法大学出版社 1998 年版。
15. 胡晓翔、姜柏生编著:《冷眼观潮:卫生法学争鸣问题探究》,东南大学出版社 2001 年版。

16. 陈欣：《保险法》（第 3 版），北京大学出版社 2010 年版。
17. 王一方：《医学是什么》，北京大学出版社 2010 年版。
18. 刘星：《法律是什么》，中国政法大学出版社 1998 年版。
19. 卫生部统计信息中心编：《中国医患关系调查研究：第四次国家卫生服务调查专题研究报告（二）》，中国协和医科大学出版社 2010 年版。
20. 赵旭东：《法律与文化：法律人类学研究与中国经验》，北京大学出版社 2011 年版。
21. 季国忠、杨莉主编：《医政管理规范之一：病历书写规范》（第 2 版），东南大学出版社 2015 年版。
22. 申卫星主编：《卫生法学原论》，人民出版社 2022 年版。
23. 姜柏生编著：《医学受试者权利保护研究》，中国政法大学出版社 2022 年版。
24. 朱柏松等：《医疗过失举证责任之比较》，华中科技大学出版社 2010 年版。
25. ［荷］米夏埃尔·富尔、［奥］赫尔穆特·考茨欧主编：《医疗事故侵权案例比较研究》，丁道勤、杨秀英译，中国法制出版社 2012 年版。
26. ［美］费雷德里克·M. 阿尔伯特、［挪］格雷厄姆·杜克斯：《全球医药政策：药品的可持续发展》，翟宏丽、张立新主译，中国政法大学出版社 2016 年版。
27. ［美］詹姆斯·亨德森：《健康经济学》（第 2 版），向运华等译，人民邮电出版社 2008 年版。
28. ［英］乔纳森·赫林：《医事法与伦理》，石雷、曹志建译，华中科技大学出版社 2022 年版。
29. ［美］罗纳德·德沃金：《认真对待权利》，信春鹰、吴玉章译，中国大百科全书出版社 1998 年版。
30. ［美］E. 博登海默：《法理学：法律哲学与法律方法》（修订版），邓正来译，中国政法大学出版社 2004 年版。
31. ［日］内田贵：《现代契约法的新发展与一般条款》，胡宝海译，载梁慧星主编：《民商法论丛·谢怀栻先生从事民法五十周年纪念特辑》（第 2 卷），法律出版社 1994 年版。
32. ［英］Ian R. 麦克尼尔：《新社会契约论》，雷喜宁、潘勤译，中国政法大学出版社 2004 年版。
33. ［美］阿瑟·克莱曼：《疾痛的故事：苦难、治愈与人的境况》，方筱丽译，上海译文出版社 2010 年版。
34. ［美］凯博文：《苦痛和疾病的社会根源》，郭金华译，上海三联书店 2008 年版。
35. ［英］P.S. 阿蒂亚：《"中彩"的损害赔偿》，李利敏、李昊译，北京大学出版社 2012 年版。
36. ［美］赞恩：《法律的故事（最新最全译本 增订版）》，于庆生译，中国法制出版社 2014 年版。

37. ［美］约翰·伯纳姆：《什么是医学史》，颜宜葳译，张大庆校，北京大学出版社 2010 年版。

38. ［意］卡斯蒂廖尼：《医学史》（上、下册），程之范主译，广西师范大学出版社 2003 年版。

39. ［美］爱德华多·波特：《一切皆有价》，赵德亮译，中信出版社 2011 年版。

40. ［美］凯斯·R. 桑斯坦主编：《行为法律经济学》，涂永前、成凡、康娜译，北京大学出版社 2006 年版。

41. ［美］诺曼·E. 鲍伊：《经济伦理学——康德的观点》，夏镇平译，上海译文出版社 2006 年版。

42. ［英］莱恩·多亚尔、伊恩·高夫：《人的需要理论》，汪淳波、张宝莹译，商务印书馆 2008 年版。

43. ［日］植木哲：《医疗法律学》，冷罗生等译，法律出版社 2006 年版。

44. ［美］保罗·斯皮格尔曼、布里特·巴雷特：《患者第二：改善医患关系之根本》，林贤聪译，电子工业出版社 2017 年版。

45. ［美］劳伦斯·O. 戈斯廷：《全球卫生法》，翟宏丽、张立新译，中国政法大学出版社 2016 年版。

46. ［德］乌尔里希·马格努斯主编：《社会保障法对侵权法的影响》，李威娜译，中国法制出版社 2012 年版。

47. ［美］菲利普·朗曼：《最好的医疗模式：公立医院改革的美国版解决方案》，李玲等译，北京大学出版社 2011 年版。

48. ［美］詹姆斯·戈德雷：《现代合同理论的哲学起源》，张家勇译，法律出版社 2006 年版。

49. ［美］乔治·萨顿：《希腊黄金时代的古代科学》，鲁旭东译，大象出版社 2010 年版。

50. ［美］斯塔夫里阿诺斯：《全球通史：从史前史到 21 世纪》，吴象婴等译，吴象婴审校，北京大学出版社 2006 年版。

51. ［美］彼得·M. 布劳：《社会生活中的交换与权力》，李国武译，商务印书馆 2008 年版。

52. Delf Buchwald, Der Begriff der rationalen juristschen Begrüendung: Zur Theorie der juridischen Vernunft, Baden-Baden, Nomos Verlagsgesellschaft, 1990.

53. Sven Steinmo, "The New Institutionalism", in Barry Clark and Joe Foweraker eds., *The Encyclope-dia of Democratic Thought*, London: Routledge, 2001.

二、论文类

1. 武树臣：《从"阶级本位·政策法"时代到"国、民本位·混合法"时代——中国法律文化六十年》，载《法学杂志》2009 年第 9 期。
2. 梁艳超等：《北京市医患关系现状的医方因素及对策研究》，载《中国医院》2010 年第 1 期。
3. 孙笑侠、郭春镇：《美国的法律家长主义理论与实践》，载《法律科学（西北政法学院学报）》2005 年第 6 期。
4. 陈杭平：《论"同案不同判"的产生与识别》，载《当代法学》2012 年第 5 期。
5. 曾日红、姜柏生：《医学与法学的类比及启示——科际整合在医学生法学教育中的运用》，载《医学与哲学（A）》2017 年第 6 期。
6. 曾日红：《反思医患关系治理中的法律父权主义——从知情同意权切入》，载《浙江社会科学》2012 年第 9 期。
7. 季程：《"同案不同判"现象研究》，载《辽宁公安司法管理干部学院学报》2012 年第 3 期。
8. 肖健、严金海、吕群蓉：《医学伦理决策中的道德原则冲突及其排序》，载《中国医学伦理学》2010 年第 2 期。
9. 陈云良：《保护道歉规则在医疗纠纷中的确立与运用》，载《中外法学》2020 年第 6 期。
10. 蒋士浩、邵高蔚：《医疗损害鉴定专家鉴定组构成之探讨》，载《江苏卫生事业管理》2022 年第 4 期。
11. 沈冠伶：《武器平等原则于医疗诉讼之适用》，载《月旦法学杂志》2001 年第 127 期。
12. 季卫东：《法律程序的意义——对中国法制建设的另一种思考》，载《中国社会科学》1993 年第 1 期。
13. 顾昕：《新中国 70 年医疗政策的大转型：走向行政、市场与社群治理的互补嵌入性》，载《学习与探索》2019 年第 7 期。
14. 周安平：《社会交换与法律》，载《法制与社会发展》2012 年第 2 期。
15. 纪建文：《关系视角下中国的医患契约与医患纠纷》，载《法学论坛》2006 年第 6 期。
16. 时颖：《医患关系社会法属性分析及法律适用》，载《新疆大学学报（哲学·人文社会科学版）》2011 年第 2 期。
17. 中国卫生监督协会：《建国 70 年我国卫生法制建设成效》，载《中国卫生法制》2019 年第 5 期。
18. 胡晓翔：《从新冠肺炎的诊治费用谈起》，载《月旦医事法报告》2020 年第 45 期。
19. 解亘：《法政策学——有关制度设计的学问》，载《环球法律评论》2005 年第 2 期。
20. 孙笑侠：《论行业法》，载《中国法学》2013 年第 1 期。
21. 孙笑侠：《程序的法理》，中国社会科学院研究生院 2000 年博士学位论文。
22. Nihal Hafez Afifi, Reinhard Busse, April Harding, *Private Participation in Health services*, World Bank, 2003.

23. Elliott M. Abramson,"The Medical Malpractice Imbroglio: A Non-Adversarial Suggestion", Vol. 78, *Kentucky Law Journal*, 1990.
24. The Health and Disability Commissioner, (*Code of Health and disability Consumers' Rights*) *Regulations* 1996, Statutory Regulations, 1996, No. 78.

后 记

　　抛开人人都具有的患者身份,我对医患关系的关注缘于2003年参加广东省公务员考试时遇到了以"医患关系"为主题的申论题。2009年,我在导师周安平教授门下读博。在规划研究选题时,我明白,太抽象的理论研究再美好,我抓不住、掌控不了,所以我要选择一个实实在在、自己能触摸到的社会事务来研究。对医患关系规制研究方向的选择,一方面是发现导师曾发表过该领域的论文,心想他可能有一些心得并会支持这个选题;另一方面是了却自己当年公考失利的心结,救赎一下自己青年时受伤的心灵。

　　医患关系研究的选题获得导师认可时,我对从何开始其实是茫然的。导师让我先从患者知情同意权开始。于是,沿着这条路线,我对知情同意权的由来与现状进行了梳理。而为了帮助我更有针对性地进行研究,导师送给了我一整套波伊曼编著的《现代生死丛书》以及德沃金等著的《安乐死和医生协助自杀》等,并且时不时将自己查阅到的有关医患问题的文章和书籍推荐给我,如阿瑟·克莱曼的《疾痛的故事》。导师还叮嘱我,医患问题不仅是法律问题,更是一个社会问题,社会学专业、历史学专业等对这个问题的研究或许更深入,并会对法学研究有很大帮助。所以,对医患关系的研究不应仅限听法学院的课,还应该听听社会学、历史学、文学等其他学科的课程。于是,读博期间我不管听得懂听不懂,有空就跑到鼓楼校区北教学楼、逸夫楼、逸夫科技楼各个教室,大班课、小班课、研讨会、学术讲座都听,涉猎人类学、社会学、历史学、文学、法学、宗教等领域。我发现自己没什么优点,但擅长当学生,喜欢坐在教室听课、自习的感觉,虽然我不清楚自己到底学到了多少,深深浅浅或许都有一些,但当时自己确实在努力地学习。当然,也要感谢南大老师们敞开教室门,让我可以随意穿梭,畅意聆听。

也正是在导师的指引下，我到处涉猎医学人文类的书籍。很庆幸读博期间，鼓楼校区的图书馆还没有受校区搬迁影响。印象中在三楼一借阅室，进门左手，穿过左右两边一行行高高的书架，直到尽头，有一长通排、数十列的医学类书籍。医学专业的书我那时不敢触碰，作为文科生，面对它们，内心是畏惧的；但其大概有三、四列书架让我很惊讶，那里整齐地排列着医学史、医学伦理学、医学社会学、健康经济学等领域的书籍。我很惊叹图书馆工作人员把医学及医学人文书籍当作一个独立特行的类别，单独作一个特殊主题加以陈列。对这些书籍，我同样不管看得懂、看不懂，都一本本借来看。对自己很喜欢的书，再用学校给的书籍经费购买，因为我看书时喜欢写写画画，图书馆的书我只能用铅笔轻描淡写而且还书前还得清除（事实上有些没清除就还了，抱歉！）；另外，很多书我要看二遍、三遍甚至更多遍，才能领会其含义。听了不少课、看了不少书，虽然对课程内容、书中知识，我的掌握非常有限，但积累到一定程度，内心就有一些自信了。那就是在医疗规范领域，别人说的事务我基本能听懂，大致明白其内容，知道问题方向所在。

在听课、看书期间，我也尝试写文章。但可能受过去公文写作的影响，我的论文更像是工作报告，学术味太淡。导师不得不逐字逐句地教我如何把工作报告式论文修改为有点学术味道的论文。博三那年其实是最辛苦的，从个人容貌来看，这一年直接让我由青年步入了中年，期间经历了学业压力、就业压力、各种精神焦虑、身体不适等。此时，导师一方面倾力为我的论文提修改意见，另一方面还帮我联系工作，为我在就业中遇到的一些问题出谋划策，并想方设法在精神上给我支持、宽慰与鼓励。在导师的指导下，我终于顺利毕业并因医患关系规制这一研究方向而顺利找到心仪的工作。

从当初决定研究医患关系，到后来因研究医患关系规制而成功进入南京医科大学从教，接触到姜柏生教授、顾加栋教授、胡晓翔处长等医事法学专家并得到他们诚挚的教导与栽培，一晃，十几载过去了。工作期间，导师仍以各种方式指导我，让我"回炉"与师弟师妹一起听课，推荐涉及医事法领域的资料。我还成功申请到叶金强教授的访学机会，再回母校参加学术例会讨论及叶老师、周老师、解亘老师等的课程学习。宋亚辉同学一直给予我帮助，提供医患关系领域的研究资料、帮我修改论文，尤其在我 2015 年申报国家社会科学基金项目时给了我很多宝贵意见。

感谢父母与亲友的栽培与关爱，我深知今日的一点成长，离不开个人的

后 记

努力，更离不开家庭、家族的帮助。感谢女儿时不时地催促，她对我事业与健康的关注，就如同我对她学业与健康的关注。感谢熊静波老师倾心的帮助与指导，其"天花板"级的标准，我虽不能企及，但确深有启发与收获。此外，我接触到了真真切切的医疗损害案件，与纠纷中的患方或医方就案件的事实与法律、法理与情理进行了细致、全面而深入的沟通与交流，并获得授权，可在保护个人信息前提下将这些案件用于教学与研究。我还有幸得到临床一线医学专业人士的指导、进入医学课堂请教各种医学知识与信息，学会了如何看病历，掌握了长期医嘱、临时医嘱、病程与护理记录，会诊制度、病历管理规范等知识，了解医院管理中的细节与注意事项。总之，在医患关系规制研究的过程中，我获得了太多的帮助与指导，纸上未提及的，心上铭记！

积累了这么久，而我预想中的专著，简短、有内容、有点启发的小专著，迟迟未出版！其实，书稿在我手头很久了，期间有很多新的法律规范陆续出台，我不得不增加或修改内容，框架、案例也几经更换。一直不敢拿去出版，是因为我不确信、不清楚其是否已能称为学术专著。事实上，我现在仍不确信、仍不清楚！所以，我只能说，作为一个曾经的法官、作为一个医科大学的法学老师、作为一个兼职律师，我现真诚地将自己对医事法的学习笔记与心得，呈现给大家！

曾日红

2023 年 9 月 19 日